心理臨床講義

伊藤直文:編　村山正治｜平木典子｜村瀬嘉代子:講師

lectures on
clinical psychology

序　文

　近年の心理臨床分野の発展，拡大にはめざましいものがある。書店には多くの臨床心理学関連の書籍が並び，臨床心理士，心理カウンセリングなどの言葉がメディアに登場することも珍しくない。

　わが国に限っても，臨床心理学の歴史は戦前にまで辿ることができるが，この2～30年の間に，社会と心理臨床との関係が劇的に変化したことは間違いないだろう。こうした変化の中で，心理臨床家に期待される役割，専門性の質も刻々と変化しつつあるように見える。臨床心理士認定開始から20数年が経過し，心理援助職の国資格化も具体的課題となっているこの時期に，最近の急激な変化をも包含した視野で，心理臨床の原点からの歩みをふり返り，今後を展望することには大いに意味があると考えた。

　折しも2013年，他に先駆けて創設された大正大学カウンセリング研究所が50周年を迎えたのを機に，定例研修会のテーマを「臨床心理学の原点とこれから」とし，本書に登場する3人の先達をお招きして，講演をお願いすることになった。この企画に金剛出版が関心を持って下さり，ご講演を原稿化し，一書を編むことになったのである。その記録が本書第Ⅰ部に当たる。

　3先生のご講演については，本文を読んで頂くのが一番だが，ご紹介を兼ねて一言記しておきたい。村山正治先生は，臨床の課題が「適応の時代」から「オンリーワン時代」に変化してきていると指摘され，先生が50年間にわたってかかわってこられた福人研（福岡人間関係研究会）の軌跡を辿るなかで，オンリーワンの時代に向けてのコミュニティや人間像の新しいあり方を示してくださった。平木典子先生は，ご自身の専門的キャリアの発展に重ねながら，わが国では職業的なものに限定して理解されがちなキャリアの概念について，「ライフキャリア」という観点から詳しく論じてくださり，人がいくつもの役割を統合して生きていく過程を支援する心理臨床のあり方について提言をいただいた。村瀬嘉代子先生は，転換期にあって，心理臨床の本質に根ざして心理援助職に必要とされる資質について，先生ご自身の体験を踏まえながらお話しくださり，人間性，社会性，専門性が統合されながら，与えられた時と所に応じて

役割を果たすことのできる心理士像を示してくださった。

　3先生のお話を伺い，改めて原稿となったものを読ませていただくと，まったく異なる視点，切り口からのお話でありながら，思いがけない共通点に気づくことができる。ここでは私たちが学ぶべきものとして2点のみ触れておきたい。一つ目は，先生方の持つ時代，社会への確かで広い視野である。臨床心理学は，個人の心の極めて微妙な動きや質の違いに焦点を当てる。だからこそ心理臨床家は細やかな感受性や技能を磨く努力をするわけだが，このことはともすると社会や時代への大きな視野の不足を生ずることが少なくないように思う。今転換期にあるのは心理臨床だけではない。私たちは，これまで以上に時代や社会への広い視野を身につけて行く必要があるだろう。少し社会を見回せばわかることだが，教育，福祉，医療，産業，警察，司法などの各領域は，いずれも独自の機構と公的予算枠を持つ社会の基本的（実質的）構成体である。それに対し「心理」や「精神」といった領域は，現代社会において格段に重要性を増してはいるものの，これら諸分野と同じ意味で社会の構成体にはなりえない。心理学は，「教育が教育らしくあるために」「医療が医療本来の目的を果すために」「産業が真に国民の幸福に繋がるものであるために」これらの諸領域のなかにあって，触媒として，潤滑油として機能するものなのではなかろうか。だとすれば，心理臨床家こそ，社会と時代への広く，繊細でバランスのとれた視点を持っている必要があるに違いない。

　二つ目は，使われた言葉は様々だが，今後の心理臨床における「実体験」の重要性についてである。人が成長してくる環境や社会構造の変化によって，支援を必要とする人々の示す課題も変わってきており，かつての「内界」の言語化と自己洞察を通じた方法のみによっては，改善の難しい事柄が多くなっている。これからの心理臨床においては，グループや実生活での経験をどのように治療に組み込んでいくかが課題になるだろう。これは，援助対象についてだけではなく，われわれ援助者側の資質向上のためにも大いに考えていかなければならないことを示してくださっていると感じたのである。

　第Ⅱ部は，3先生のお話を踏まえ，後日改めて行ったインタビューの記録である。大学院生なども加えたインタビューであり，率直な疑問にも懇切にお答えいただき，より先生方の肉声が伝わるものになったのではないかと思っている。第Ⅰ部と第Ⅱ部は，先生毎に続けて読んで頂くのもよいだろう。

　第Ⅲ部には，大正大学臨床心理学科に在籍する教員が，それぞれの領域，関

心の中から，現在の課題を示し，今後を展望した論考を掲載した。必ずしもすべての領域をカバーしているわけではないが，それぞれの領域における当面する課題が提示されているものと思う。

　本書の全体を通読することで，心理臨床の過去から現在，そして近い将来の課題とその先の展望を読み取っていただければ幸いである。

　ご講演だけでなくインタビューにまでお付き合い頂いた村山正治先生，平木典子先生，村瀬嘉代子先生には改めて厚く御礼申し上げたい。また，研修会実施の段階からかかわってくださり，本書出版に至る道筋を粘り強く導いてくださった金剛出版 弓手正樹さんには本当にお世話になった。金剛出版 立石正信社長にも，本企画に格別のご理解をいただき，研修の際にもお運びいただいた。心より感謝申し上げる。

　本書出版のアイデアを最初に発想してくださったのは，森岡由紀子先生であった。また，青木聡先生が編集の過程での面倒な調整作業を進んで引き受けて下さったことを記し，感謝申し上げる。

　研修実施や講演の原稿化にあたっては，大正大学カウンセリング研究所および学科，専攻のスタッフである西牧陽子，恩田久美子，西谷晋二，保科保子，宮腰辰男，渡部麻美子，岸本沙良，藤田由季の各氏に，ずいぶんと負担をおかけした。その他，一人一人お名前はあげないが，大正大学大学院臨床心理学専攻在学生の皆さんにも，様々な役割を担っていただいた。併せて，御礼申し上げたい。

平成 27 年 7 月

伊藤　直文

目　次

序　文 …………………………………………………………… 伊藤　直文　3

第Ⅰ部　心理臨床講義

福岡人間関係研究会・あるパーソン・センタードコミュニティの創設・
展開・活動から学んできたこと
　　21世紀における人間・組織・リーダー・コミュニケーションのあり方に示唆するもの
………………………………………………………………… 村山　正治　11

心理療法におけるライフ・キャリア開発という視点 ……… 平木　典子　49

心理臨床の本質とこれから
　　専門性と人間性，そして社会性 ………………………… 村瀬　嘉代子　89

第Ⅱ部　講師にきく

村山正治先生にきく
　　……………………［インタビュー・構成］日笠摩子（保坂　怜・笠井恵美）135

平木典子先生との対話
　　［インタビュー・構成］森岡由起子（生地　新：司会，柴田康順，福島　靖，吉村梨紗）
………………………………………………………………………………………159

村瀬嘉代子先生インタビュー ………［インタビュー］伊藤直文・西牧陽子　175

第Ⅲ部　心理臨床の諸相

教育相談・スクールカウンセリングのこれからと"原点"
………………………………………………………………… 卯月　研次　195

面会交流支援と心理臨床 ……………………………………… 青木　　聡　202

発達障害と心理臨床……………………………………井潤　知美　209

クレバーハンス　臨床心理学への示唆………………玉井　邦夫　215

支援者にとっての被害者／被災者支援………………柳田　多美　230

組織臨床コンサルタントという発想…………………廣川　進　236

心理臨床の倫理と社会常識……………………………伊藤　直文　242

第Ⅰ部

心理臨床講義

福岡人間関係研究会・あるパーソン・センタードコミュニティの創設・展開・活動から学んできたこと

21世紀における人間・組織・リーダー・コミュニケーションのあり方に示唆するもの

村山　正治

　ご紹介に預かりました村山でございます。本日はお忙しいなか，お集まりいただいて大変嬉しいです。それから，心理臨床の原点とこれからという，大正大学のカウンセリング研究所という，日本ですばらしい業績をあげている研究所の50周年記念にお招きいただいたことを大変光栄に存じております。

　そういう意味で，私のテーマは，表題の通りとしたんですけれども，まずですね，最初に少しパワポにないことをお話します。つまり，心理療法の原点とこれからというところに実はひっかかってお話したいんです。私は，やはり心理療法とか心理臨床とかっていうものが今，大きな転換期にあるというふうに思っています。

　そういう意味で，この心理療法の原点とこれからというタイトルは，とてもタイムリーなタイトルだと思いますね。それに対して，私の考えをまずいくつか述べさせてもらいたいんです。やっぱり現代をどう理解しているか，どういうふうにみるかという問題と，心理臨床がそれにどうかかわるかということがどうしても，抜きにはできないと考えています。

オンリーワンの時代

　私は，第1番目は現代はやっぱりオンリーワンの時代なんだと（宇野，2010）。つまり，人間一人一人が自分の自己実現というか，自分の可能性を実現することができる時代に生きているんだっていうふうに私は思っています。それは，私がちょうど九州大学の教員になった1967年の頃はですね，これはカウンセリングの世界がまだ「適応の時代」でした。つまり人を治して，それ

を社会のシステムにはめこむという時代だったと思います。
　それで，大学紛争とか様々なことが，あの当時，60 年代は，世界のいわゆる「パラダイムシフト」が起こった時代で，科学についての考え方とか，人間についての考え方とか，もちろん心理療法についての考え方，社会についての考え方，様々なことについて，見直しが行われた時代なんですね。私は京都市のカウンセリングセンターで，不登校の子どもの治療でいわば売り出したんですね。私自身がかなり不登校の気がありましたんで，不登校の子どもは得意だったんですね。つまり，あまり違和感がなく面接ができたっていうこともあったんでしょう。だけども大学紛争に行ってみるとですね，やっぱりあの辺りを契機に，社会適応という問題から自己実現ということに臨床心理の世界がスイッチされたと私は思っています。
　私が強く影響を受けているジェンドリン（1981）とかロジャース（1967）とか，有名な先生方の本を読みましても，あの頃からですね。カウンセリングが病理モデルから成長モデルに変わってくる。そういう流れのなかで，1960 年代，70 年代中心にアメリカではエンカウンターグループ運動が起こりまして，いわば正常者のための心理療法という言われ方がありますけれども，一般の市民たちが自分の気持ちを確認したり，自分自身の新しい方向を見据えたり，そういうためにいわば自然に発生してきた，社会的に発生してきた運動なんですね。
　ロジャースはその中心人物の一人ではありましたけれども，決してロジャースが作ったわけではなくて，アメリカ社会のなかの大きな，大きくいえば，人類史のなかで一つの大きな動きが出てきたんだ，そのなかの一つなんだっていうふうに私は理解しております。そういう意味で転換期なんですね。
　でも今の日本って，あんまり居心地がよくないなあということも感じています。ちょっと最近減りましたけれども，相変わらず 3 万人の自殺者も，内閣府とか心理臨床も協力して自殺予防の研究と実践をしたりとかいろんなことでやっています。また私は，留学していた時にモデルの一つであったアメリカはどうも，1％の富裕者が富を独占しているようなことが起こってきて，60 年代に考えられていた社会的な変革をもう一度改めて問い直さなきゃいけない，つまり，富の再配分のこともういっぺん言われて，反対や抗議，いろんな種のデモが起こりましたね。
　そういうふうに考えると心理臨床の社会的役割を考えてみる必要があるという問題意識に沿って，言い換えると，自分らしく生きるということはどういう

ことなのだろう，それに対して心理臨床はなにができるのかということなんですね。私は「福岡人間関係研究会」というコミュニティ活動をエンカウンターグループを媒介にしてやってきたことは，その一つのやり方です。それが第一点ですね。

コモンファクターの時代

それから二番目は，心理療法がコモンファクターの時代（Cooper, 2008），つまり，いろんな流派を超えて効果の共通要因が分かりかけてきた時代というふうに思っています。これは，ノクロスという有名な，ミック・クーパーの「カウンセリングの効果に関する研究」が出てますが，2002年に，実は重要な研究が出まして，ランバートのパイと呼ばれています。

心理療法の効果を100％に分けると，アメリカの従来の1960年代から90年代の初めまでの論文をメタ分析すると，（これは推計ですけど）心理療法の流派に関係なく普通の効果要因が出てきそうなのだと。これは私には衝撃的なデータです。

心理療法で私はPCAの視点を大切にしていますが，流派により必ずしも効果は規定されないよ，ということが出てしまったからです。これから注目しなきゃいけないところだと思いますが，効果要因を100％とすると，実はクライエントの変数と，治療外で変化が起こるっていうのが実は100％の内の40％。大きいんですよ。クライエントのファクターがいかに大きいかということが目玉の一つだと思います。

治療関係

それから治療関係，セラピストとクライエントさんとの関係は30％で次に大きい要因です。だからプロフェッショナルもそこで頑張るということがありますけども。それからスキルが15％，これ受けたら何とかなりそうだという期待効果が15％，つまり専門家が関与しそうなのは30％の効果，関係の問題とスキル15％で，45％が専門家だということが出てきて，治療同盟とか凝集性とかフィードバックとか共感とか，ロジャースたちの肯定的関心とか，共感が結構効果には関係しているということが出てきちゃって，専門家が直視しな

いといけない事実がいろいろ出てきそうなのです。

　ロジャースは「事実は味方である」（Rogers, 1967）と述べています。つまり，どんなに自分たちに都合の悪いことが出てきても，それは事実だから，それを踏まえて次に展開する，うまくいかないとこが出てきたら，事実がハッキリしてからうまくやるようにすればいいのであって，事実は恐くはないんだよって，偉い人ですね。私はそんなに偉くないから怖いですけど。

　でも脱線しちゃうけど，ロジャースにはそういうところがあって，私たちが彼の研究所にいたころ，あるグループのプロジェクトが，'失敗だ失敗だって話があって，仲間で聞いてたのね。で，ロジャースに「先生あれは失敗だったんですね」というと返事しないんだよね。いろいろ聞くと，「じゃあ，お前気になっているならアドレスを教えるからそこに出かけて聞いてこい」と言われました。私は行ったけど結局はよくわかんなかった。向こうに行って当事者にインタビューしたりしたんだけど，結局わからない。でも要するにロジャースが言いたかったのは，お前が自分の目で確認しろよと，彼は失敗とも成功ともそれについては言いませんでした。

　ロジャースから私が習ったうちの一つ大事な点は「Shoji, 君はこれどう考えるんだ」っていう，おそらくロジャースの立場からみると「それは俺の考えだろう。君はどう考えるんだ」というのをすごく鍛えられました。自分の感覚，自分の判断，それを大事にすることだと。つまりロジャースからは，偉い人の学説をどうだこうだ言うんじゃなくて，お前はそれについてどういうふうに考えるんだということをやっぱりきちっと考えろというメッセージをたくさんもらっています。

　だから大事なのは，欧米ではリサーチがたくさん行われてきて，心理療法の世界もある意味で厳しい世界っていうかな，効果がある程度，測定できるデータが出てきた。ただ，これは誤解がないように言っておきますけども，効果測定というのは実は難しいんですよね。つまり，人間のどの側面を計るかでもって全然違うわけですよね。だから，効果効果って言われると，何を計った効果なの？　っていうことを私らは忘れてしまってはいけないと思います。

　人間はいろいろな基準，人を見る基準をもってますよ。だから，基準は何かをしっかりしておかないと，効果が出たからこれが正しいんだみたいな論に私達は引きずりこまれてはいけない。確かにあるレベルで計ったことは，基準はこうなんだということがわかることは大事なんですけどね。人間はそんなに単

純なものではなくて，非常に複雑で，生命体でどんどん変わっていきますからね。もちろん，測定は大事ですけども，基準というものは非常に考えないと。

人間は多様であると，多様性をモデルにしている現代で，一つの基準だけで効果あるなあって言われると非常に危険ですよね。ということがあって，測定は非常に大事ですけども，だから測定できないもので効果的なものがたくさんあるというふうに考えないといけないと私は思います。そういうことが一つ。

新しい科学観

これで終わりますけど，やっぱり私は，もう一つの転換期は，新しい科学観が，今求められていると思います。つまり，心理臨床のパラダイムシフトが起こっていると考えています。

例えば，60年代はご存知のように，人間性心理学が出てきて，人間の見方を変えたわけですけども，それから，ロジャーズなんか出てきて，カウンセリングとは専門家が解答をもっているんじゃなくて，クライエントさんが実は解答をもっているんだ，それを明確にしていくっていうのが，こちらの仕事だっていう，いわばそういうパラダイムシフトを作ったわけです。今また，科学とは何かというのを問われている。

日本では河合隼雄が出てきて，日本心理学会に対抗して事例研究を出してきた。つまり，リサーチだけが科学じゃないよ。当時のいわば一つの考え方ですね。彼はそれを破って事例研究も科学だと主張した。これはとても勇気があり，見識がある主張だと思いますね。だけど，今もう一度，事例研究を見直す時期がきていると私は思う。なぜかというと，事例をやる人は量的研究とか質的研究とか単純に考えてて，そうじゃなくて，事例研究のポイントは私から見ると，セラピストがどれだけコミットしたかというか，それがないとね，事例研究とは呼べないですよ。レポートでは。だから，量的研究，質的研究で分類すると，ただ研究法の一つになっちゃうと，その人のかかわりが出ないですね。

そういって注意してみると，河合隼雄は，「事例研究法」という言葉は一つも使ってないです。「事例研究」って言ってますよ。人間って「法」となると一般化しすぎるから，そこで，個人がどこまでそれにコミットしているのか問わない研究になりやすい。それはぼくは危ない。危ないというより，クリエイティブなものが出てこない。新しい見方が出てこない。方法にとどまっている

限りっていうのがあって，それで今，転換期だなっていうふうに思ってます。

　大体その三つのことを考えると，今，やっぱり大きな転換期にきていて，心理療法の原点っていうのをもう一度考えるというのがとっても大事なことだっていうふうに思っています。

自分にとってのエンカウンターグループ体験

　前置きちょっと長くなってきました。それから，私自身は臨床体験としてエンカウンターグループを40年以上にわたって一生懸命やってきたんですが，私にとってはエンカウンターグループとはなんなんだろうなあっていうふうに思っているんですけども，私は大学紛争からエンカウンターグループに入り込んだんですけども，今の私から見ると個人的には，エンカウンターグループは研究フィールドだったんですね。今でもそうですけど。自分のメインの仕事は「**仲間と一緒に行うエンカウンターグループの実践と研究フィールド**」です。

　二番目は，「**ともに学ぶ仲間達とのコミュニティである**」。仲間と一緒にいろんな楽しい，おもしろい，新しいことをたくさんやってきたつもりです。仲間たちの成長とお互いの理解かな。そういうコミュニティを作ってきた。例えばさっき紹介いただいた「PCAGIP」とか新しい事例検討法を九重のエンカウンターグループで一緒だった方と一緒にやってるんですね。

　それから三番目は，「**心理的成長の場である**」。私自身は教育分析は受けたことがないし，私にとってはグループ体験が，自分がいろんな参加者からフィードバックを受けるという意味で，とても大事な体験なんですね。昔，だいぶ攻撃されて，くたびれて参っちゃって，しばらく仲間から話を聞いてもらいました。新しい自分の動きができなったことも結構あります。

　それから人間の多様性について学びました。人間は，同じ人一人もいないよっていうか。人間の多様性，人間一人一人はやっぱり別々の人間なんだなあっていうのをずいぶん感じました。それから，リピーターが多い世界ですと，やっぱりその人のペースなんですけれども，リピーターを見ると，例えば5年に一遍来るとか，10年に一遍来るとか。そういうのは「**定点観測**」っていう言葉使えば，たまたまそういう機会に恵まれて，確実に人間ってペースは違うけれども，人間って変化に対する信頼感っていうのを，なんか教えていただいたのはやっぱり私はグループ体験だと思っていますね。

私にとっては，心理療法の原点を考えるうえで，エンカウンターグループは非常に貴重な体験です。だから，エンカウンターグループの課題は何かが問われます。社会的なことを考えると，私は戦後，アメリカ民主主義をロジャースのカウンセリング原理から学んだのです。エンカウンターグループと従来の集団療法とか，Tグループとどこが違うんだろう。

始めに個人ありき

　共通点はたくさんありますけども，つまり個人を中心に考えるところが決定的に違うところなんじゃないか。「始めに個人ありき」（村山，2014）という考え方が，多分，あの少なくとも私がやっているグループはそうですし，日本の文化は今まで集団が先にあって，「集団ありき」で個人は集団に合わされる，集団の枠にはめ込まれるっていうのがグループ体験だったと思うんです。それは，やっぱりひっくり返さなきゃならいけない。つまり，始めに個人ありきで，そこが，エンカウンターグループを日本でやっていく意味だと私は思ってるんです。オンリーワン，私の時代と考えていますから。

　日本の社会は，戦後民主主義が入ってきましたが，やはり個人と社会，あるいは個人と集団という葛藤があります。例えば，震災のときでもそうですよね。絆っていうことで，避難した人に対しては，非国民という言葉を使いましたよ。つまり，地域コミュニティから逃げて行ってしまうと受け取る。でも個人にとっては，女性にとっては，お母さんにとっては，子どもを守るためには当然出なければいけないという必然性がある。でもそれは絆論からいうと，逃げることになるのです。一体，絆っていうのはなんだとかね。つまり日本の社会で，個人を育てるということと，集団ということと，どんなふうにバランスをとっていくのか。これは実は大きな課題なんですね。

　私がエンカウンターグループを実践し，生きているグループをやっている理由の一つは，個人と集団との新しい距離をどう体験するかです。

　これは学校でもそうですね。クラスがあって，いじめの問題を考えても，やっぱり個人とクラスの関係とかね。日本文化とか日本社会の，個人と集団との葛藤をどんなふうに社会のなかでバランスを取っていけるのかが，私は臨床心理の大きな課題だっていうふうに思っています。

自己肯定感と自己実現

　それから，もう一つ，この前グループの話したら，「**あんたそんなグループたくさん出たら，村山先生，あんたどんなふうに変わったんですか**」って言われた。素晴らしい問いなんだけれども。私の考えでは「**変わってないが，でも変わった**」それはね，何が変わったかというと，私自身は変わってないですよ。変わってない。変わったということがあるとすれば，自分の欠点とか，自分の弱点にそんなに囚われなくなった。それを一生懸命直して，何とかしなきゃっていう強迫性が少なくなった。ということは，かなり自分に対する肯定感が出てきている。そこは，ずいぶん変わりました。

　こういうことから考えると，その自己実現は，実は何なんだろうなと。今は自己実現の時代と私は言いましたけれども，自己実現って何なんだろうっていうことを考えると，エンカウンターグループでメリットが少ない人にいろいろ聞いてみると，自分じゃない人間になろうとすることを一生懸命，求め過ぎるような気がするんです。それがどうも危ない。自己実現のところで大事なのは，今の自分の良いところ，すでに自分にある良いところを見つける。それを肯定することがすべてのスタートだと思いますね。それはすごく大事なことです。最近，国際比較調査研究があります。

　青少年問題研究所が去年の4月に出版したデータ，韓国とアメリカ，中国，日本の各国高校生，大体2千人くらいを対象に比較研究していて面白いですよね。これでびっくりするのは，「**自分をダメな人間と思っている**」というのは日本は83％，他の国は30％，つまり日本の高校生はものすごく自己肯定感が低い，これは大変なことですよね。自分を肯定できなければ，自分の能力を発揮できませんから。これは日本の文化の大きな問題です。

コミュニティとは？

　大事な点は，パーソンセンタードアプローチの基本仮説です。基本は変わってないです。つまり，人間は生物として自己実現の力を持っていることがポイントの一つ。それは，一致・無条件の肯定的関心・共感の三条件を備えた対人関係のなかで発揮できるというのが二番目のポイントです。あらゆる対人関係

でこの三条件は通用する。教師だろうと母親だろうとカウンセラーだろうと，提供すればその人は力を発揮する。非常にシンプルな基本的な定義です。

戦後，アメリカの文化を導入してきて，そこが従来の日本の考え方になかなかうまく統合されてない。繰り返しますが，私はエンカウンターがそれを統合する一つの考えだと思って実践してるんです。

そのなかで，人間はやっぱりコミュニティのなかで生きていくわけで，福人研も一つのコミュニティですから，コミュニティの話をしておきます。これは広井良典さんの本，『コミュニティを問いなおす』によりますと，コミュニティというのは，人間がそれに対して何らかの帰属意識を持ち，かつその構成メンバーの間に一定の連帯ないし相互扶助の意識が働いている集団と定義しています。コミュニティというのは 94 通りの定義があるというんですね。これが一番集約である。これだと家族とかもみんなコミュニティに入りますよね。帰属意識があるし，構成メンバーが一定の連帯ないし相互扶助がある。もちろん私達がやっている福岡人間関係研究会も当然コミュニティに入るんです。

地域コミュニティと時間コミュニティ

それともう一つ，ご紹介をしておきますが，広井良典（2009）によれば，「時間コミュニティ」ないしは「テーマコミュニティ」と，「地域コミュニティ」という二つに分けているんですね。つまり，地域コミュニティは，例えば，福島県とか何々村とか地域をバックにして生活しているコミュニティです。市町村の単位とかそういうね。

それから，時間コミュニティないしはテーマコミュニティ。福岡人間関係研究会（村山，1993；村山正治，2010；村山尚子，2010；永原，2012）は，どちらかと言うとその両方，例えば，3泊4日のワークショップのときだけがコミュニティなんです。あとは散っちゃいますよね。だからそれはテーマコミュニティないし，時間コミュニティという言葉があると，なるほど私達のやっていることが理解できる。明らかに「地域コミュニティ」じゃない。同じコミュニティと言っても地域コミュニティじゃないですね。

そういう意味で，これも結論的に言ってしまうと，現代人は，これからの個人と社会の問題，集団の問題と考えるときに，現代の心理臨床から論ずれば，地域コミュニティと時間コミュニティの両方に出入りすることが，バランスを

とるときに一番大事なんじゃないか。つまり，地域コミュニティというのは明らかに利益集団とか利害にかかわりますよ。どうしても。だけど私達がやってきたような「エンカウンターワークショップ」という時間コミュニティは，日常から切り離して自由に話すことができます。そこで人間はいろんな心理的自由さを獲得できますよね。考え方の発想，つまり利害に縛られないところで話ができる。それがテーマコミュニティないし時間コミュニティの意義ですけどね。両方を我々が生きることでバランスが取れる。地域にも足を残せるし，自分を確認したり，十分他人と接触できるような場を時間コミュニティということで充実できる。これから現代人が生きていくためにはその二つが大事なのではないかというふうに思っています。自己実現の時代の重要な臨床活動であると確信しています。

福岡人間関係研究会の誕生

　1968年，全国的な大学紛争の中で九州大学教養部において，教官の村山正治と十数人の学生が集まり，会合を持つようになったのが研究会の始まりです。大学紛争のときに私は九州大学教養部の教官で，珍しい体験を致しました。封鎖とか様々なことが起こりました。そのとき，一部の学生達からずいぶん吊し上げられたりしましたね。
　一つ印象に残っているのは，「**あんた方はカウンセリング，カウンセリングっていって留年の学生を元に戻すけど，じゃあ留年の制度そのものは変えるとかそういうことは考えないのか**」みたいなことを言われた記憶がありますね。つまり，カウンセリングと社会的な繋がりがどうなんだ，あるいは社会システムとの繋がりはどうなんだ，どう考えるか？　っていう問いだったと思います。
　でも，私はやぶれかぶれで仕方ない。だって，そんなこと言ったって，今，自殺したいって言う人を助けなきゃ，社会が変わらなきゃダメだって言ったってしょうがないだろとか。理屈を言って，そのときは何とか逃れましたけれども。でも，そこは，大事な点なんですね。これはすぐに解決できるような問題ではなくて，でも，これはやっぱり私達は個人で生きているし社会に生きてる。その二つの視点を，どうしても持ってるってことが非常に大事だっていうふうに思いました。学生が言うように，すぐなんでも解決すると思いませんが。
　パラダイムシフトについて，これはもう60年代。それから，当時，ロジャー

スとジェンドリンの影響。ジェンドリンは，シカゴの「**チェンジズ**」という，やっぱり新しい，従来の臨床にない社会モデルを構築して結構やってましたね。それから，ロジャースはエンカウンターグループ使って，当時，世界平和運動やってました。つまり，アメリカと対立している国の大統領クラスを集めて，エンカウンターやって，人間が相互理解できれば国が変わるという発想です。それで，1987 年のノーベル平和賞の候補に実際なりましたから。87 年に死んじゃったから貰えませんでしたけど。つまり，そんなことをこの頃はやっていました。

大学紛争のときの全共斗系の学生たちと私はゼミをやってたんです。要するに一番目は，大事なことは一人一人を大事にするような組織を作ろう。二番目は，一人一人の可能性を発展させるような組織を作ろう。つまりカウンセリングをやるだけじゃなくって，カウンセリングを活かすための組織を考えようという発想でした。

三つ目は，やはり「物事はプロセスが大切である」という考え方です。なぜこんなことを考えるようになったかっていうと，当時やっぱり私も覚えてますけど，大学紛争で非常に派手な動きをした人達をみると，言ったこととやったことが全然違う。人間ってこんなもんかっていうか，ずいぶん騙されたような感じもたくさんありましたしね。つまり，言うこととやることがものすごく違う。

ロジャースは確かに自己一致と言って，面接場面では言ったこととやることが人間としては一致しているのがいいんだという考えでした。だから，紛争をやってる一部の人に対して非常に不快感を持ちました。自分の都合のいいときだけ来て，良いところだけ取って，自分がリーダーになれるときだけ来てとかいろいろありました。私のゼミは全共闘系の人達が中心でした。

1968 年から現在まで 50 年にわたる活動の実際

今度，活動は何をやったかっていうことをちょっとお話します（村山，1993）。これ（図 1）があった方が分かりやすいと思うんですけれども，何をやっていたかっていうと，エンカウンターグループの実践です。昔は夏と冬に 4 泊 5 日間のワークショップを 1 回ずつやっていました。これは 40 年続いたけど，2012 年でやめました。私自身がもうくたびれちゃって。それから年取ってくるとやっぱり集中力が落ちるんですよ。4 泊 5 日持たないですね。だから私はもう降りるって言って。これが「九重エンカウンターグループ」とよばれ

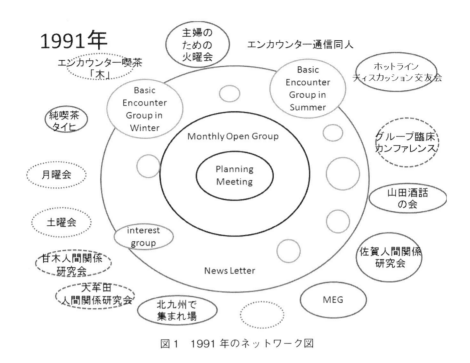

図1　1991年のネットワーク図

て，日本では一番有名なエンカウンタープログラムでした。大体冬やるのに夏に締切になっちゃうくらい人気がありました。

　私達と院生仲間が行ったエンカウンターグループの研究の大半は，この二つのグループの成果ですね。大事なのは，マンスリー・オープン・グループ・プランニングがありますが，これは一年に一度，新年に集まって，今年何やるかっていうのをプランを立てる。それが真ん中にあるんですね。それからそれを繋ぐものがニュースレター。月一回，手書きで書いたりなんかもしましたけどそれを出す。その二つが中心で，マンスリー・グループは，月例会と称して，これは3時間ぐらいのオープン・グループで，誰が参加しても構わない。これは無料。元々，社会運動的なニュアンスがあったのでこれは無料です。これは村山尚子が中心で現在も続いています。

　これは私のマンションの一室を使ってます。昔こういうグループをやってたって人たちの話を聞くと，皆で金出して買うと，後で仲間割れしたときに大変だと。裁判沙汰になる。これは本当大変な例を知ってるんですね。だからそ

れは私がとにかく借金して購入して，私の私有物です。昔，九州大学でもやってたんだけど，学校ってやっぱり管理がうるさいんですよね。規則とかいろんなのがあって。やっぱりエンカウンター流の自由さにはなかなか向かないところがあって，何時までに帰れとか，届け出が出ないとか面倒くさい。

　鍵開け人っていうのだけ決めておいて，そこで何でもしていいと。私たちの組織は，できるだけ事務体制を少なくする。ですから，あまり規約とかそういうのを一切作らない。いつでも辞められる。つまり，基本的には人のためにやってるんじゃないよ，自分のためにやってるんだよ，だから参加料も別にとらない，ということです。合宿グループの方は参加費はとりますよ。

つなぎの大切さ

　それから「エンカウンター通信」が大事。こういうのやるときに組織としては，絶対「つなぎ」がいる。私たちの会は，基本的にはエンカウンター・グループの参加者たちのつながりの会なんです。月例会は出なくても構わない，誰が出てもいいということも一つありますけど。月例会は時間コミュニティと地域コミュニティをつなぐ役割を果たしています。

　さっきの時間コミュニティと地域コミュニティをつなぐっていう話の実例をあげましょう。これはITの社員さんでしたかね。東京出身の方で，福岡に転勤されたんですよ。そして，いろいろ調べたら「福人研」っていうのがあった。そして来られて，月例会には必ず参加する。それこそカメラのプロだったりして，日食のときにはどっかの島まで行って撮影されるとかね。あんまり喋らない方ですけれども。東京に2〜3年前に転勤で帰られましたけれど，ときどきやっぱり福岡に来て，東京のエンカウンターに出てるって聞きました。

　そういうように，やっぱり時間コミュニティっていう使い方。だから月例会は意外と地域じゃないんです。例えば鹿児島，福岡，大阪，そういうとこから来ます。福岡の人は必ずしも多くない。

　それから私たちは宣伝をしないのも特色の一つです。だって大勢参加されたら大変ですからね。つまり，自分たちが楽しむんだっていうのがやっぱり基本なので，宣伝をするとサービスをしなきゃいけない。もちろんサービスはある程度しますけれど，目的は違う。新聞に出さないというやり方でずっとやっていました。通信は400号で終わるんですね。この頃は，やっぱり通信がなくな

りましたので，ホームページを作ってインターネットで一応広告を出している。でもこれはやっぱり大したもんだね。インターネットは私はあんまり使えないけれども，ものすごい，人とつながることの意味はすごく大きいんじゃないでしょうか。このITは膨大な可能性を秘めてるように思えますね。私は良く使いこなせない。怖いからあのフェイスブックとかも一切入ったことないから，やると後で大変な気がするし，やることが遅いから年中それにかかって何も仕事できなくなる可能性もあるので，私は楽しんで使う事より慣れるのに精一杯です。

サテライト・ネットワーク

　もう一つ大事な点が，福人研の三重円の外側にある名前のついた楕円形の枠です。左側の太枠でできている，ここがミソなんです。これは，要するに私達がネットワークとして大事にしているところは，福人研のグループに出た人で，後でこういう人たちがリーダーになって，それぞれ自分の拠点を作る。これは私達が訓練してやったっていうのではなくて，自然発生的にできる訳ですから。これすごいでしょ。こういうのを私達は「**サテライト・ネットワーク**」というふうに呼んでいます。これは，私達の作っている人間関係の支部とかそういう話ではなくて，福人研とネットワークは基本的には対等な，上下関係ありません。対等な関係でやっている。そういうことで，これだけたくさんできるんですね。

　エンカウンター喫茶なんてやってる人がいたり，純喫茶「タイヒ」，タイヒってなんか休みっていう何かの言葉らしいですけど，月曜会っていうのがあったり，これは高松里さんがやってますが，あとは土曜会っていうのがあったり，それから甘木，大牟田とか大体，福岡関係なんですね。こんなふうにして次々に自分たちで自発的にネットワークができるっていうのがエンカウンター・グループの威力だったと思います。

　つまり，自分がいろいろグループに出た結果，自分はこういうグループをやりたいっていうことでそれぞれ名前をつけてますね。山田酒話の会なんてこれは精神科医の人ですけど，今はやってませんね。繰り返し言うように，自分が辞めたくなったら辞める。だから，規約とか何かを作らない。ずっと続けたければ続けるし，辞めたければ辞めるってことがある。これがやっぱり福人研の

ネットワークの面白さ。つまり，自分のためにやってるところ。その辺は，福祉の方から考えたらどうなんのかな，そんなんでいいのかな，と言われそうですけど。

運営ミーティングがあって，EG通信局があって，エンカウンター通信も実は40年のうち20年は無料配布でした。だけど，だんだんお金がかかるようになったりして，最近，通信なくなるまでは，確か3千円いただいていた。タイヒとか月曜会っていうのはリーダーがいます。

こういうことがあるんです。例えばね，私と私の家内と一緒に夫婦エンカウンターをやろうっていうプロジェクトがあったんです。通信に広告出したら参加者ゼロ。だから私たち夫婦が企画しても出席しなくてよいということです。出なくちゃいけないってことはないわけです。これはアメリカで学んだことです。ロジャースの研究所で学んだことです。メンバーに知らせるが，つまり来なくてもそれはしょうがない。その代わり，知らせることは知らせる。つまり，コミュニティを守るっていう意味では必ず連絡はする。でも，来る来ないはお前さんの考え，主体的な判断だよ。だから，絶対来なきゃ，村山がやるから来なきゃいかんよとは言わないですよ。やっぱり個人の判断とか，つながりを持っているけど個人の判断を大事にする。

つまり，日本の今までのコミュニティは会長とか，そういうモデルが多すぎて，その人がやったら来なくちゃいけないっていうもので，ずいぶん嫌なものにたくさん来てる。そういうのをできるだけ少なくしようっていうことで，デメリットもありますが。そんなふうにこれは考えているんです。あの事件は私ショックでした。つまり，私たち夫婦にとっては必要だったんだなあと思うんだけど，他の人にはそんなにピンとこなかったんだ。そういうことで，以後やってません。

それから，リサーチはやっぱり九大の学生が中心で多かったから。リサーチ，結構エンカウンターの，やっぱりロジャースの教えもそうだし。やっぱり我々は事実をつかまないとだめだ，本当に効果があるのかないのか，それはやっぱり研究をやらないとだめだ，という思想で結構やってました。最近はリサーチをやるっていうのは難しい。「金出してモルモットにするな」みたいなね。許可得られなくてね。だから，そういうのやるときにはこれはリサーチで，お金は例えば，被験者になってくれるなら安くするとか，そういうふうに予め広告して募集しないと今はリサーチはできません。

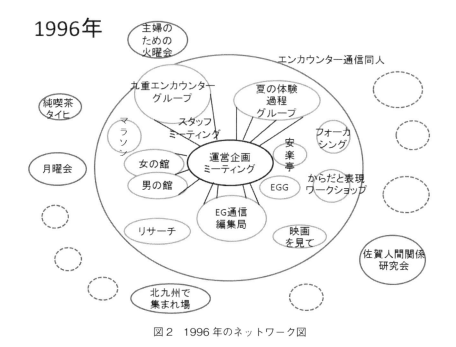

図2　1996年のネットワーク図

グループを出ることとフロア・ファシリテーターの役割

　それから，この「**安楽亭**」っていうのを見てください（図2）。この個人のお名前ですけど，安楽亭知ってますか。これは実はセーフティネットなんです。毎年，グループに入らないファシリテーターを一人置いておく制度です。

　セッションで沈黙が続くと，帰っちゃう人がいます。後で探すの大変なんです。私は初期の頃はグループを出る人はいけない人だと思ってた。でも，最近はグループを出て自分を守るってことがむしろ大事なんだ。だからグループを出てもらうことは大事，つまり，凝集性が低まるからグループを出たらいかんっていうことは，ファシリテーター初期の頃は思ってました。今は違います。その代わり，そこでそれを保護してくれる，話し相手を置いておくんです。だからグループに入らないファシリテーターを一人入れてるんです。そこで，できれば，話してなるべくグループに帰ってもらうようにはしてもらいますけどね。

そうすると結構，そこで話して救われるんだよね。結構戻ってきます。

だからそう意味で，安全弁というか，それからグループっていうものは実はそういうものなのではないかっていうふうにだんだん考えて。代々，山田宗良さん，安楽稔さん，今は高松里さん（九大の准教授）がやってくれていました。この人は，コーヒーを入れるのが名人なんですよね。みんな，グループに出るのはコーヒーを飲みに行くためなんじゃないかって，本末転倒なところも出てきたりして，それは活用のしかたですから。

だから，だんだん昔から比べると，ややグループの輪は，規則性はちょっと薄くなってますけども，本人の自由度が高くなってきますね。だから，ご存じのように，グループを分けたり，そのグループがメンバー変更なしで4泊5日なら，ずっとやるので，やっぱりグループに合わない人が出てきたりすることがあるのね。今みたいなところで，補ったりすることになりますね。

所属感の確保

それから，グループでは，こういうことがありました。「**天岩戸方式**」っていうのがありましてね。天照大神の天岩戸ね。あれをもじったんですが。あるメンバーの人がどうも出たくない，っておっしゃるもんだから，「何かあったらあんた出れる？」っておたずねしました。「隣の部屋で寝ていたい」っていうご返事でした。九重の大学の研修所ですから，襖で仕切って，隣にコタツが入ってる。そこに寝て参加するっていうの。そしたらおもしろいですね，私達もちょっとだけ戸を開けといて，少し聞こえるようにしておく。そして，お茶とかなんか出たときは，「お茶いるかー？」って言って，つないでおく。これ大事なんですよ。つまり，グループの所属感はちゃんと維持するように。あんたがグループセッションにいなくても，私達は所属感，あんたがいてくれるということを前提にしてるよっていうのをね。これはものすごく大事です。所属感の確保っていうのは。

そういうふうにやってると，その方は確か娘さんのことで来ていたと思うんですけども，話題が娘さんになったら，ババババーッと隣室から出てきて，それで喋りました。鎌田道彦が「参加しない参加のしかた」っていう言葉を使ってますけども，要するに，そういう参加のしかたってあっていいんじゃないのか。

これは，もう一つ私の例です。隣の部屋でずーっとその方は病気で寝てまし

た。グループの4泊5日全部。私達がどこかに出たりしても，ちゃんとお土産買ってきたり，やっぱりつなぎがいるんですよね。それがね，あとでアンケート見たら，その人は高い評価なんですよ。「えー！　何これ!?」と思ったら，実はそういうあり方を認めてもらったということが，彼女にとっては初めての体験。つまり，病気で隣で寝ていても参加していたっていうこと。その方は後からグループのメンバーと結婚しましたよ。そういうことも起こるっていうか，人間っていうのは予測つきませんのでね。

　私たちが大事にしているのは所属感。これはグループをやってみて，ものすごく大事ですね。さっきの私と家内がやった夫婦エンカウンターなんていうのはダメプログラムなんですけど，でも連絡はとりました。所属感っていうのは，そういうことでつなぎっていうのは，すごく大事だと思います。そうすると，あとで，来やすいんですよ。これは行かないけども，これだったら行くとかね。つながり感を維持できるのです。

多様なグループ活動の展開

　そういうことやってるうちに，じゃあ自分に向くプランを立てればいいじゃないかって話になって，こんなたくさんのネットワークができるわけです。これは自分のやりたいことがやれるという一種の自己実現のメリットなんです。さっき言ったように誰も行かない可能性はありますよ。それはしょうがないですよね。また次のこと考えて。

　そういうことで，いま，フォーカシングのグループも結構あって，それから竹内敏晴を呼んだりして，いろいろフォーカシングの大事さというのを私達もずっとやってますね。やっぱり体の感じっていうか，自分の生の体の感じに触れるっていう意味では，フォーカシングは抜群の意味があると思いますね。グループ体験のなかでも実際フォーカシングプロセスみたいなものは起こりますよね。そういう意味では，すごくフォーカシングは，私にとっても大事なんですね。

　最近は，九重エンカウンター（図3）,冬はやめたんですが，右の方に湯布院っていうのがありまして，夏は湯布院で一泊でやろうかって人が出てきて，それは湯布院で今年もやりますけども，やっぱりコーディネーターの人が出てきて，それやるよーって言ってこういうのができてきました。

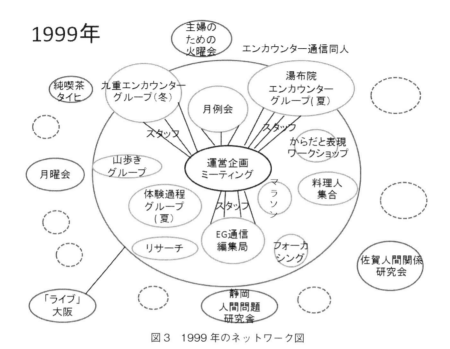

図3　1999年のネットワーク図

　それから「料理人集合」っていうのは，とりあえず美味しいもの食べようかって人たちがいて，メンバーで好きな人がそれぞれ料理して食べる。一つの流れは，トライアスロンの人がいて，Mさんですが，私は「M菌」って言ってんですけども，つまり感染させる病原体の。Mさんは，トライアスロン出てたりして，結構，みんな沖縄まで応援に行ったりとか，自分も出たりとか，そんな遊びをやってる。まあ，体験過程グループは夏やったりしてますね。かなり，キチッと勉強するというか。

　それから大阪に，ライブ大阪って，これは今でもやっぱり，メンバーの人がやって，月例会をやってますね。

　図4は5年前のね，これも大体似たパターンですかね。「料理を作る人食べる人」「インターネット掲示板」っていうのは，掲示板でインターネット好きな人が……，これはちょっとやってみたんですが，中傷するような言葉が流れて危ないですね。ですから，メンバーに投稿者を絞って，パスワードを使うって形で今，維持してますけど，やっぱりエンカウンターは，ITは，ものすご

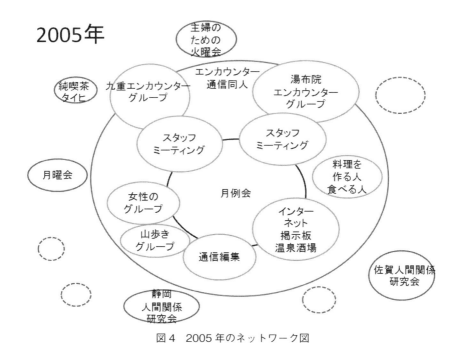

図4　2005年のネットワーク図

くいい道具なんだけど，すごく危なさもあって，なかなか手放しでインターネットだけで会をやるっていうのは，私達はそこまで……。いいあれなんだとは思いますけど，うまくいかないですね。

　それから，女性のグループとか，山歩きのグループとか，そんなことやって楽しんでいます。私も，このグループの人たちはアルプスなんかに行く人たちですけど，私なんかが行くときなんかは，村山正治に合わせないと，あいつがすぐにくたびれてダメだからなんて言って，私が行ける安全な山に連れてってくれたり。あとは，私は温泉があるから，あとはみんなで行ってきてよ，って言って私だけ温泉で山歩かないとかそういうのはありますけど，そういうふうにして参加しています。

　大体こんなかたちで，いろんなサテライトネットワークと呼んでる，エンカウンターグループの体験者が自分でやりたいことを，だんだん仲間と一緒に，その人がリーダーになって，それぞれのグループを作っていくということですね。

表1 エンカウンターグループ（EG）を媒介としたコミュニティの意義

①意思決定のプロセスを大切にする場
②個人が自分自身の体験過程に触れていく場
③相異を尊重する場
④模索
⑤自己確認とつながりの場
⑥人間関係の政治
⑦EG体験と日常性のつながり
⑧治さない，抱えながら生きる，ありのままの自分

EGを媒介としたコミュニティの意義

　表1に書いてあることの大事なことを説明したいと思っています。やっぱり，個人と集団，社会という問題で一番大事な点は，やっぱり，人との違いを大事にするっていうことだと思いますね。だから，それが個を尊重する場はそういう意味でね。やっぱりお互いに意見を言って，違いは違い，を確認するっていうのは非常に大事なことですね。
　それから，意志決定のプロセスを大事にするっていう，これもすごく大事な点は，急いで決めない。スタッフミーティングでも，みんなでいろんな意見を出す。そして，新しい事例研究法のPCAGIP法（村山，2012）じゃないけど，黒板にざっと書いて，今年はこんなことやろうかみたいな，大体みんな書いてもらって，そのなかで「僕やめた」って人も出るし，自分の意見を素直に出せるっていう場が非常に大事です。まずは出すことですよね。プロセスの流れを丁寧に大切にしていく。
　エンカウンターグループの一つの効用は，他人のなかでいろいろなフィードバックを受けるなかで，今の自分を確認する。普通は，会社で働いたり，いろんな仕事をして，それはいいんだけども，実は自分を見失うことがまま起こる。そういうときに，いわばカウンセリングに行くって手もあるし，我々はグループでやる，そういうことをお互いにグループで確認する。
　六番目は，ちょっとかっこつけですけど，政治ってのはいわゆる「国会でやる政治」っていうことじゃないですね。政治という言葉の使い方が二通りあっ

て,「国会でやる政治」ってことと,もう一つ最近の使い方では「人間関係における意思決定をどこに置くか」って意味で,そういう意味で「政治」という言葉を使うんです。

　だから,例えば PCA と精神分析の人間関係の政治っていえば,PCA はできるだけクライエントさんのほうに決定権を与えようとする。それから精神分析は,セラピストが持つというね。そういう意味の使い方をしますけど,これはそういう意味です。別に政治運動をしているわけではありません。自分と社会っていうのを考えるときにすごく大事なことなんですね。どこに決定権を置くかっていうことでね。八番のところで大事なのは,やっぱり私達の場合には,できるだけ今の自分を大事にするということで動いていますよね。

グループ体験で何が起こっているのか

　ここでちょっと,じゃあ何が起こっているのかなっていうことを説明しますね。これは村山尚子が参加者の感想を整理した研究の成果に基づいています。

　エンカウンターグループを体験した人に,どんなことが起こっているかも整理しています。まずは安全感です。グループ体験で何が起こっているかというと,「見捨てられ不安とかない安心感が楽しかった」,「楽に呼吸できた」,「自由な自分がいた」,これは参加者のアンケートからとっています。やっぱり安全感というのが非常に大事なんだということが第一点ですね。

　それから,ここ大事なんですよね。自分と異なる考えや生き方をそのまま受け止めていくことの難しさ。すぐにそんなことをできるというふうに言ってませんよ。これは難しいことを体験するってことが,まずは,そういうことをやっていける一つのステップなんですね。「人とのつきあいに光が見えてきた」,「心の通じ合う人とゆっくり話すことができた」かっていうことが,一つですね。「一緒の船に乗っていると感じた」「みんな違ってみんないい」。詩人の金子みすゞのセリフですが。やっぱり初めての出会いから信頼感が生まれるまでの大切さ,難しさですね。やっぱり難しいけれども 4 泊 5 日のなかでだんだん信頼感がうまれてくるプロセスがおもしろいね。

　それから,三番目はやっぱり自己肯定感です。これは先ほどのところから強調しました。これはもう私はエンカウンターグループでは非常に大事だと思っていることですが,「自分の悪いところだけでなく良いところも受け入れられ

た」,「自分のことを少し信じられるようになった」,「起こった出来事を力にしていける力が自分にあると思える」,「自分は何かあったときに直ちに思いを整理したり対応したりすることの難しい人間だなということも感じた」。こういうように，何かいいことばっかりじゃなくて，ありのままの自分をやっぱり確認する。今の自分を確認するってことは，結構大事なことですね。

「まだごちゃごちゃな自分，他人のメッセージが気になってしまう自分もいる」,「実生活ではつぶれそうになる自分もいる。でもこれから，自分の気持ちを感じられるように，少しだけできるかもしれない」,「粘らなきゃいけないから，このままでよいというふうになった」。自己肯定感です。

「現実との向き合い方」。グループの大事な点は，現実とどう向き合うかってことが,「どうにもならない現実とどのように付き合うかヒントを得た」「答えへの歩き方が得られるようになった」。つまり歩き方ですよ，答えじゃなくて，答えへの歩き方が得られた。「自分のことを少し信じて動ける感じがする」,「ハッキリした自己イメージはできなかったが，もう少し迷ってみよう」。こんなこと。でも現代社会の一つは迷うことを非常に罪悪視しますからね。安心して迷えることも，このグループの一つの特色だと思います。

「引き受けていかなければならないことに向き合う準備ができたようだ，少し辛いが不快ではない」。こういう感じの，いわば自己受容というか結構厳しい現実に向かい合う力が出て来るみたいなところはグループから生まれる。いいですね。「苦しみながらも何かが生まれるのを待つ」,「人に頼っても大丈夫なんだ」。これも結構すごい人なんでしょうね，人に頼らないで，頼ったらいけないっていう。生き方から変化している。

ファシリテーターの在り方

実はですね，この調査でファシリテーターに関することでは「人柄に触れて良かった」という記述と,「ファシリテーターの方がお二人とも人間としてしっかり自分に向き合うメンバーにかかわって下さる姿勢に勇気づけられた」っていうのはね，二つぐらいしかないです。

初期の頃ね，私，野島一彦と一緒に調査してね。やはりファシリテーターのことがあんまり出て来ないんでショックでした。ファシリテーターって何やってんだ！　と。最近は，なるほどそれはそうなんだという，つまりね，ファシ

リテーターの役目はまさにファシリテーターなので，他の人たちが安心していられるような場を作るのがファシリテーターであって，ファシリテーターの偉さを誇示することっていうのはないんだっていうことがだんだん分かってきたんですね。その分，つまりエンカウンターの一番の良いところは，メンバー同士のつながりが抜群に広がっていく。だから，ファシリテーターである私達が知らないグループネットワークたくさんあります。九重エンカウンターグループに出た人が，仲間作ったりしてね。ファシリテーターっていうのは人とのつながりを作るものなんだろうなというふうに思います（私のファシリテーター論は質問欄に詳しく述べています）。

　それで，後で少しファシリテーターなんかも触れますが，実は最近，私思ってるんですけども，グループというのは，作るという感じよりは，もちろん作るという要素はあるんですが，やっぱり「**生まれてくるもの**」なんじゃないのかなぁっていう，生まれないときもあるんですけどね，難産のときもあって。生まれてくるものなんじゃないのかなって思うようになりましたね。

　つまり，プロセス論はあるんだけど，そういうふうにしようとしたらできないものみたいです。やっぱり生まれるしかしょうがないというか。それをどう待ったりという感じがしますね。

　つい一年前，グループをやっていて，昨日のM1（大学院の1年生）の人にやったような夢セッションをあるところでやるということになっていたんですね，1泊2日の会で。どうもあんまり夢にのりそうもないんですよ，その流れでは。でも，夢セッションは大事だし，どうしようかな。引率の教員の先生方もこんなんじゃのりませんよって。生徒はこれのりませんって話で。私も困ってしまって。翌日の朝，夢を見た。なんかね。震災の夢で，ものすごい，川か海か訳分からないけど，キリンとか象とか，大きな建物とかバーッと流れてくる。流れててね。これはとても向こう岸に渡れそうにない感じでした。それでね，私はどう渡るか思案していると，ぱっとね。そこを渡る人がいて，そのときだけこうぱっと道が開けた。「あ，これは私も渡れるかもしれないな」みたいな気持ちがそのときに起こって目が覚めた。朝6時でした。それでセッションのはじめに学生全員に，いろいろ私迷ったんだけど，やっぱり夢セッションをやらせてもらえますかって言ったのね。やってくれてよかったんですけど。

　だから，ファシリテーターってずいぶん迷うんだなということと，迷うなかで，そこで自分で何が起こってくるのか，迷いのなかで何が起こってくるか

自分の気持ちに注目している。ここから私が学習したのは，「**あきらめないこと。必ず何か起きそうだから，なんとかなるよと思っていることがすごく大事なファシリテーターのファクター**」だと思うよね。なぜかというとね。ファシリテーターがだめだと思うと，うまくいけそうな芽っていうのが見えなくなるんです。こちらがあきらめたら。危ないんだよね。だから，そう簡単じゃないですけど，グループを信頼するということの一つはこちらがあきらめないこと。なぜあきらめないのがいいかというと，やっぱり芽がたくさん，グループが今動かないんだけれどこう転換していくような芽が必ず出て来るんですよ。それを見ることが，あきらめなければできる。あきらめたら一切それがみえなくなって，それこそそこで終わりになっちゃうのね。そういうことを最近体験して，なんとかなるもんだなあ。そういうときに全体をよく見たりして，全体を見る力，何が起こっているか見る力，それから自分のなかで何が起こっているか，全体のなかで何が起こっているか見る力が結構いるということを学習しています。

寛容さと企画力

そういうことでエンカウンターグループの効用をお話してきました。日常のつながりといえば，さっき言ったように私達の場合は，九重のエンカウンターだけと違って，月例会をやっていますね。やっぱり日常に戻ってきたときに，自分で何をやりたいかを考えて，つまり，誰でもが企画者になれる。あるいは自分でやりたいことをやることができるという，そういうこうことができる場になっている。それがやっぱり福人研の新しいモデルなのではないかなと思います。

私も「生まれてきている」って言葉が好きなんです（表2）。経験から生まれてきて，作ったっていうよりは，やっぱり，生まれてきた。さっき言ったように，「**参加するネットワーク**」で，お客じゃない，みんな来た人はお客じゃない，だからお金とってないわけで。月例会は誰でも参加できるし，それから固定したリーダーを置かないっていうのは，今は私が代表になっているんですが，昔は代表はなかったんですよね。だけど，だんだん代表がいるような状態になって，あんまりいい状態ではないです。

最小限の構造とは，さっき言ったように，規則作らないとか。グループ体験

表２　生まれてきている運営上の原則

①参加するネットワーク
②固定したリーダーをおかない
③必要最小限の構造
④定款など作らない
⑤エンカウンターグループが連携の絆
⑥小規模な人数
⑦異なった価値観，多様な価値観を許容する寛容さ，忍耐力
⑧関心のある人が企画し，興味のある人が参加する

が連携の絆。小規模の人数，異なった価値観，多様な価値観を共有する。つまり，これから例えば，グローバリゼーションの潮流のなかで，一番どういう能力が大事かっていうと，私は，一つは寛容度だと思います。違った考え方に対してどれだけ，寛容になれるかっていう能力がこれからすごく大事になってくる。それから，つまり違った価値観をどれだけ許容できるかって。二番目はやっぱり企画力。つまり，今ある問題を速くやるってことだけじゃなくて，「**新しい問題設定**」ができるかどうかが，非常に大きな課題になっていますね。だから，そういう意味で，そういうことを意図したわけじゃないんですけども，福人研で私達がやってきたことは，現代のグローバリゼーションのなかで個人の持っているパーソナルパワーを生かす組織を製造してきたところが，未来の臨床活動につながる非常に大事なことをやってきているんだなぁって，ちょっとオーバーかもしれませんが，そんなふうなことを考えてやってます。

おわりに

　エンカウンター教育を通じて，個人と集団は，日本でぶつかっている一番大きな葛藤だと思いますが，そういうことに取り組む一つのことをやってきたように組織としては思います。
　一つは，自己実現モデルという考え方ですね。自己実現については，私は，自分にないものを押し付けるというということは自己実現ではないと思ってます。自分にあるものを大事にするっていうことが自己実現と理解しています。
　それから，すべてのことは人間関係で決めていく。他の規則とか，そういう

ものはできるだけ少なくして，お互いの人間関係でもって決めていくというのが，二番目のことですね。

　それから，三番目は，現代社会ですごく必要なのは多様性モデルです。つまりいろんな人，それぞれ人間一人一人，例えば，人間は一人一人別々な存在だとロジャースの人格論の第一条に書いてありますよね。そして，他の人間はそれを知ることは結局できない。だから，専門家がよく知ってるんじゃなくて，結局はその人しか自分のことを，人間は知ることはできないと，彼の人格理論の第一条に書いてありますよね。そういう人間が生きていくときに，絶対，人とのつながりが必要ですから，そういうなかで生きていくにはやっぱり多様なモデルがいる。「バラバラで一緒」っていうことが，どうしてもいるんではないか。

　ある意味で，今日のPCAGIPで出された事例のイメージはそういうところがあって，やっぱり一人一人の生き方がちゃんとそれなりにある程度保障されてて，でもいろいろ困ることがあるんだけれども，全体にバラバラで一緒っていうことは変ですけど，それぞれ別々に自分の世界をちゃんと持ちながら，でも，きちっと一緒に生活しているみたいな，そういうモデルを実はあのとき考えていました。

　四番目は，ネットワークモデルというか，それぞれ自分のやりたいことを，皆と話すなかで作っていくっていうかな。そういうことでネットワークモデルというのを作りました。その際，上下関係，支部とか本部とか作らない。それぞれが対等のウエイトでつながっていくということが，私達が福人研でやってきたモデルとしての意味であることを一応まとめにしておきますね。

まとめ：要約

　私は冒頭に21世紀の時代精神は「私の時代」「自己実現の時代」と認識していることを述べた。

　紆余曲折があるものの，価値観の多様性を認める方向に発展していくものと認識している。とするならば，この時代に必要な心理臨床の在り方は，一人一人の相異性を認め，その生き方を支援する方向である。

　その一形態として，50年にわたって体験と研究を行ってきた一つのコミュニテイとして，福岡人間関係研究会の活動をとりあげた。この活動から生まれてきたリーダーの在り方，ネットワークコミュニティの形成過程，あたらしい

人間像などを具体的に提示し，その意義を述べてきた。一つの21世紀方向に動くコミュニティ臨床の実際を提示し，招待講演の主題である「心理臨床の原点とこれから」にこたえる私の提案としたい。

質疑応答

〈司会〉　ありがとうございました。まとまらないっておっしゃってましたけど，最後のようやく見つかったメモからのまとめで，私たち伺っているほうももう一回提示されたと思います。こういう福岡人間関係研究会での活動から，あの今後の新しい社会のなかで，個人と集団が，あるいは私達が，時間コミュニティと地域コミュニティをどのように作っていくかということに関するヒントを教えていただいたように思いますけれども，最初のパワーポイントに入る前の，今の時代でこういう問題があるっていうお話から，そういったパワーポイントを使っての，福人研の活動，どこの部分から質問をしていただいたら良いかちょっとわかりませんけれども，質問がでたところからでよろしいですかね。飛び跳ねたりするかもしれませんけども，皆さんが聴かれながらメモされて，気になったなってクエスチョンがついてるところからご質問いただけたらと思います。手を挙げていただいたらマイクが参ります。

〈質問者1〉　どうもありがとうございました。エンカウンターグループの感想のところで安心感，安全感っていうのが，効果というか結果としてできていて，ファシリテーターの役割として，そういう場を維持するのが大事だというふうにおっしゃっていたんですけども，そういうことは多分，エンカウンターグループ以外の場でも大事な部分かと思うのですが，そういう場を作るときに気をつけていらっしゃるというようなことはなんですか？

〈村山〉　最後のほう聞こえなかった。

〈司会〉　安心感をつくるためにエンカウンターグループ以外の場でも，そのメンバーの安心感を作るために先生が気を付けられていることってどういうことですか？　という質問でした。

〈フロア1〉　エンカウンターグループのなかで結構ですので。それは他のところでも応用できると思いますので。

〈村山〉　エンカウンターグループのなかでね。一種のファシリテーター論をやれば良いんですね。ファシリテーター論（村山，2014）みたいなことで

やらせていただきます。私が気を付けていることは，13項目あります。
〈司会〉　13項目。皆さんメモの準備を……（笑）。
〈村山〉　今のにお答えしようとするとそうなってしまうので。一つはね，「①全体を見れること」です。グループ全体，クラス全体を見れること。グループのなかで何が起こっているかを全体を感じ取れる。それが第一点ね。うまいこと質問してもらった。おさらいみたいなもんで。

　「②グループへの所属感を保証する」。さっき言いましたように，見捨てられ不安を，「絶対あなたはいなくっても，出ていったりしても，このグループのメンバーなんですよ」っていうことにすごくエネルギーを使う。だからさっき言ったように，必ず知らせておくとか，帰ってきたら必ず連絡するとか，そういうことをすごく大事にしてますね。これは，やっぱり日本人の場合は特に大事じゃないですかね。アメリカのグループはね，ファシリテーターがつまらないとみんな来ないんですよ。あれはちょっとビックリしましたね。残ったのは日本人だけで，ファシリテーターが泣いちゃってるからサポートしたりしていました。でもね，ある意味アメリカの象徴かなって。つまり，日本人の私達はつながりを大事にしますよね，多分。

　3番目は初期に起こりやすい「③攻撃された人を守る」。やっぱりファシリテーターの重要な役割です。特に初期に起こりやすいです。何か変わった服装をしているとかね。特にグループ慣れした人が，そういう人を見つけて「お前は……」とか言いやすいですね。それでその人を絶対守らなければいけないっていうことが大事です。これは，二人ファシリテーターを入れると，そこが楽なんですね。例えば，「私はどうしてもあの人を受け入れられない」と言われたことあるんですよ。するともう一人のファシリテーターが「よくわかる」ってなことがあるので，私は二人ファシリテーターいるのが好きなんです。自分が抱えられない部分を，抱えることができるので，そういう意味で，それはこちらのキャパシティの問題で，一人でやれるのも確かに良いなあとは思うんですが，私は二人使う方が楽なんです。

　それから4番目は「④一人一人のペースを守る」。だから発言しない人OK。そういうときには，セッション終了時に「何か一言ありますか？」っていう声を掛ける。でも，喋ることを強要しない。さっき言いましたように，ずっと病気で寝てた人が一番良かったりするわけですから。つまりね，発言の量じゃないんですね，グループは。やっぱり，どれだけそこにきちっと受

け入れられて肯定された感じでそこにいるかっていうこと。それがその人にとって非常に大事なこと。自分の存在をきちっと受け止めてもらってたということの方が，ベラベラ喋ることよりは，大事なんじゃないかなって，それを教えてくれているんだと思う。さっきのような例はね。それを気を付けておく。

　それから，これはフォーカシングから学んだことでありますけれども，「⑤ファシリテーターの感触を大事にする」。そのときの感じ，何をここで私は感じているのか。ときにはそれを伝える，皆さんに伝えるということも大事でしょうし，さっきの私みたいに夢のなかで悩んじゃうなんて。そういう悩み方もありますけれども，やっぱり，ファシリテーターがそこで何を感じているかを，これはやっぱりフォーカシングから私はずいぶん影響を受けましたね。そのなかで，どういうふうに自分が生きているかを掴むんです。感じ良く。

　それから「⑥ファシリテーターはオブザーバーではなくその場に内面的に参加している」。プレゼンスという言葉と似ているのかもしれませんが，その場にファシリテーターも生きているということが大事だと思いますね。もっともときに眠ったりしていることもあるのですが。

　それから7番目「⑦評価的言動は非常に要注意」。日本人は特にそうですが，評価的な言動には過敏ですよね。しかも大事なのは，ファシリテーターは権威者なんですよ，日本では。ラホイアプログラムのファシリテーター訓練グループでは，誰がファシリテーターなのかわかんないなんてこともあるんですけど，日本は絶対違いますね。ですからファシリテーターの発言は，ぐっと重いんです。だから，「あんたのこういうところが困るよね～」みたいなことを言うと，メンバーは要するにファシリテーターから「私は，お前の人格はダメだ」っていうラベルを貼られたというふうに受け取ります。ですから，ファシリテーターになったらそこらへんはすごく，自分のその場の感じっていうのは言いますけど，相手の人に対する評価的な言葉は非常に相手を傷つけやすいです。

　「⑧自分でわからないことは素直に認める」。ですから第3セッションで間違ったこと言ったら，第4セッションで修正する。特に，これは私にとって絶対必要なことで訂正します。

　それから9番目は，ある種の「⑨楽天性」。楽天的に考える。最近の言葉

を使えば,「なんとかなるよ」。グループは生き物だし,なんとかなるよっていう感じを持てると良いです。さっき言ったようにいろいろ展開するような芽が見えるから。

やっぱりそれに応じて「⑩自分の気持ちを表現することができる」っていうことがあります。

それから11番目,「⑪柔軟性と決定する力」。グループのなかでものすごく変化したりしますし,いろんな展開に対してマニュアル通りにいかないことが非常に多いですよね。そんなときは,まぁしょうがない,ファシリテーターが,あるいは,これは昔やったんですけども,二人のファシリテーターでやってて,明日何やるかっていうことについてどうしても二人で一致しないのね。徹夜でディスカッションしたのに一致しない。「しょうがないから,明日二人で,これだけこんな考えたんだけど決まらなかったって生徒に言っちゃおうか」って。これ良かったです。「先生方そんなに考えてくれたんだ」というふうね,それから「私達はこうやるよ。」って言ってくれました。だからそういうことも,あるわけですね。でもそれ言うのはちょっと勇気が要るけれども,今の事態に対してどれだけ自分が柔軟に動けるかということが一つありますね。

それから12番目は「⑫共感」ですけれども,できるだけ相手の目線で見る努力をする。

これで最後,13番目は,これはね,決定的。さっきの話じゃないですが,私の場合は少なくとも「⑬グループを無理にあんまり進めないようにする」。つまり,グループの持っている力というものを信頼する方がずっと良い。こちらが無理に,グループを進めようとするといろんなトラブルが起こる。後で,トラブルが起こります。そのときはやるけれども,後で反動きますよね。それからメンバーが責任をとらない。「ファシリテーターがやれって言ったからやっただけじゃないの」みたいな話になっちゃうんですよ。だから,次のステップに進むときに,皆が外に出るかとか,いやいやだ,とかそういうことがね,結構起こりますね。そういうときにできるだけ忠実に皆の意見を丁寧に拾う,そうすると大体なんか方向性が出てきますよ。

これも昔,筋湯にある雪深い九大山の家で,寒いところですからね,部屋にこたつがあるんですよね。こたつが部屋の真ん中にあると,メンバーの顔がよく見えないですよね。でも大事だから見ないといけないし,ちょっ

と外したりして。それでこたつが要るか要らないかということになったときに，今でも憶えてますけど。皆の体感温度というのは一人一人違うんですね。人間って皆36℃かと思ったら違う。一人一人違うんでね，寒さの感じも違うんですよ。あれは今でも憶えてますけど。結局ぐたぐたそれやってる内にね，「やっぱり取ろうかぁ」って話におさまった。だからそういうことを話してみると「そういうこともあるのなら良いか。」ってなってくるんだけども，そういうふうにやらないで，バチッと誰かが決めると，皆日本人は比較的に従いますよ。だけど，後で大変ですよ。いろんなことが起ります。つまり「あのとき無視された俺の気持ちをどうするんだ」みたいなことが結構起こったりするんで大事ですね。以上のようなことで私は広い意味で安全感を作ってると。よろしいですか？

〈質問者1〉　ありがとうございました。

〈司会〉　ありがとうございました。ご質問で大切なことを再確認させてもらったと思います。13のなかで，もう少し覚えやすいように少なくしたいなぁと。やっぱり，一番最後にもとても大事なことが出てくるのでなかなか短くはなりませんね。

〈村山〉　やっぱりそれと関係しているけども，それこそ今大事なことは最後におっしゃっていただいてヒントをいただいたんですが，最近，PCAGIPをやるようになって学習してることが一つあるんです。それは，結局，何が今必要かということを知ってるのは，やっぱりクライエントさんなんだということです。

　これは，2，3年前ですけども，マーガレット・ワーナーっていうPCAの有名なカウンセラーで難しい人をやってるカウンセラーの話のなかにも一つ出ていましたけれども，要するに彼女は，クライエントから何か要求があれば，それはやるということを強調してました。

　PCAGIPやるようになってわかるんですけども，例えば，カウンセラーがまず自分のクライエントさんについて，こんなふうな状況でねっていうのを今日みたいなマップ作るでしょ。そうすると大体わかってくるのは，クライエントさんが実はいろんな援助を受けているということ。それで自分もその一つなんだってことが普通カウンセラーはわからないんですね。自分が全力でやってるから，いつも自分だけが援助してると思ってる。そうではない。もう少し言い方を変えれば，クライエントさんは必要なことをやっている。

だから，カウンセラーにしたら逆に言ったら，自分に何ができるかということをしっかりカウンセラーは作らないとダメだと思う。
　このクライエントに自分は何が役に立ってるのか。東亜大学に行ってから発達障害系の子どもとのプレイセラピーと，私はお母さんの面接やってて一年半くらいやってて，高校に行くことになって終わりになったんですね。そのときに，そのお母さんは確か保健師さんなんですけど，いろいろな話をしてくれて，ぎょっとしたんです。つまり，私達との関係では情緒的な問題に取り組むって目的で来てました。言語訓練はここ，○○はここ，というふうに。この辺はおそらく５，６カ所まわってたんです。で，私達は一つも知らなかった。てめぇのとこだけ来て。それはこちらの不明ですけど，でも，PCAGIPやってみてますます状況がよくわかるようになってきています。
　クライエントさんは自分が助けになることで，誰がそれを知っていて，どういう専門家がいるのかってことをかなりよく知ってるんじゃないか。そういうことをしきりに考えるようになりますよね。とすれば，私は何を提供できるのか。それからクライエントの要求してこないってことにあんまり，余計にもう少し助けてあげないといけないと思っていろいろやらないほうが良さそうだなっていうことを学習しています。
　これは，まだまだ確認するデータが少ないから，私のグループ体験ほど明確に言えませんけど。
〈司会〉　でも，全体を知ってるのはクライエントさんで，全体を見るために，PCAGIPっていうグループ体験を使ったケースカンファレンスは役に立ったっていうことで。
〈村山〉　そうですね，それが意外とあのピカマップは役に立つんですよ。つまり，自分の援助システムのトータルが分かる。そのなかで自分は，ここやっているんだっていうのが意外と見えるから。こっちも自分の援助行動の意味がはっきりするし，ここを丁寧にやっておけば，少なくともこのクライエントは大丈夫だろうって。
〈司会〉　さらに新しいお話に展開していますけれども，皆さんのなかでご質問がありましたら。
〈質問者２〉　どうもありがとうございました。ちょっと違った視点になるかも知れないんですけど，今，大学で学生相談をしているんですけど，いろんな大学の状況とかで，エンカウンターグループとかそのような，自分と向き合

うグループ，構成的エンカウンターとはちょっと違うんですけど，非構成的グループの参加者って，あんまり集まりにくくなっているという印象がすごくあります。ただ，私も自分が経験したことがあるので，すごく意味のあるものだと分かっていながらも，集まってくれないということにはどうしようもないなという思いもあって，そういう今の学生に，いかにそういうものを体験してもらったらいいんだろうかと思い悩んでいる部分があって，そこについて，村山先生の意見をお聞かせいただけたらと思います。

〈村山〉　大変いい質問です。どうしてかというと，私は今回は「**ベーシック・エンカウンター**」と言われるものから学んだことをかなりしゃべっています。実はもう一つ私が学んでいるのは「**PCAグループ**」と呼んでいる，ベーシックとか，構成型っていうのにこだわらないほうが統合的なやり方が役に立つということをやっています。

　特に，大学とか学校で，授業でやることの意味なんですが，学生相談は昔はベーシックエンカウンターは盛んでしたけど，ここ十年来，参加しないですよね。つまり，あんまり深いグループ体験を望まない。そんなことやる必要ないと思ってる。昔やってるようなエンカウンター。そうではなくて，やっぱり自分の肯定感をどう見つけるかっていうのがポイントです。

　それから「**初期不安**」をどういうふうに緩和するか。だって，大学新入生はみんな，もともと大学には行きたくないのに来てるとか，仕方なしに親から行けって言われて来た人とか多いじゃないですか。そういう学生達を，ちょっと紹介したり，自分だけがそう思ってるんじゃなくて，みんなそう思ってるんだっていう初期不安を緩和するプログラムっていうのを実際，私達は作っています。必要なら後でお渡ししますよ。

　これからの学生相談はもっとそういうことをやらなきゃだめだと思ってます。そうすると学生相談の来談につながるんです。それがベースとなって相談室に来るようになりますよ。それからたまり場モデルでね，峰松先生のサイコリトリートモデルに似ています。そうすると，ある大学でやってみたら，前は七人退学した人がいたのが今年は二人。それは私達のグループのせいだけじゃないと思うけど，そういうふうに所属感が変わってきたことの影響も大きいと考えます。

　それからさっき言ったように，学生のネット感覚が私達の予想しないところで起こるんです。だから，学生同士の連帯感がすごいつながる。そういう

グループをやるのがベターである。
　今，私も関心を持っているところで，日本の教育を変えていく一つのツールはやっぱりグループだと思っている。そのためには，やっぱり肯定感をどう，つまり，今の自分をどれだけ大事にしてもらうかっていうフィードバックと，初期不安，特に入学初期の不安をどれだけ緩和できるかっていうことが一番のポイントだと思う。学生相談室が主体でそういうことをやってくれると，学生援助につながると思います。

〈質問者2〉　ありがとうございます。

〈司会〉　ありがとうございます。エンカウンターグループをやることが目的ではなくて，自己肯定感を強めて，所属感を強めてっていう，本来の目的を再確認させてもらったように思います。他にいかがでしょうか。

〈質問者3〉　今，仕事のなかで，小児科の思春期の病棟では，どこの病棟もグループでやるんですね。エンカウンターとは少し違うんですけれども，何かテーマを決めて，話し合ったりするなかで正解がなくて，いわゆる，特に看護師さんから見て，治療っぽくないと思われます。確かに先生がおっしゃるように治療は治すとか当てはめるとかではないというあたりが，精神科の先生にはこういうふうに，お互いに理解し合うのは大事だよねと分かってもらえるのですが，看護師さんは自分は看護するための人間であって，何かちゃんと役に立つことはしてあげたいけど，グループに参加するのはどうなんだろうみたいな感じが，私はときどきリーダーをやるので気になっています。やっぱり先ほどの質問にもあったように，こういうのは自分にとって必要だって，そんなに言葉の方がコミットできないと，それはそれで人の多様性でそうだとは思うんですけど，やっぱりいろんな人に出会っていくのが大事な思春期の子にとって，これをやっていきたいというのを，他の医療援助者のなかでシェアしていくためのヒントをいただければと。

〈村山〉　実は，私がこういうことを考えるきっかけの一つになったのは看護師さんとのグループだったんです。なぜかというと，看護師さんの仕事って，ほとんどがグループワークじゃないですか。でも，グループは嫌いだとおっしゃるんですよ。なぜだろうとお聞きしたら，グループ体験は人に合わせるだけなんだということをおっしゃいました。つまり，自分をどんどん失くしていくのがグループなんだとその方はおっしゃっていた。どうも似たような感じがするんですね。今までのグループっていうのは，規範に合わせること

が目的だったと思う。

　私は看護師さんのために結構行くんですけど。さっきの安全感ってことに関係すると，第１セッションはボディワークしかやらないんです。そしてグループにしないんです。一人一人勝手にボディーワークをやる。つまり，一人でいてもらう安心感。喋らなくていい，自己開示なんて難しいことなんかやらない。そんなの冗談じゃない，そんな馬鹿なことやれるかい。そういうことをやらせないで，まずは，「こういうことやらせやがって！」っていう気持ちも OK だっていうふうにやっていくと，つまり，ここに来ても大丈夫なんだ，やりたくないことを無理にやらなくても大丈夫だ，自分のペースで動いて大丈夫なんだっていう，その辺のセッションを実は２回ぐらい組みます。そうすると，意外と看護師さんは割合，規範をお求めなんですよ。講習会には来なきゃいかんっていうふうな，私達に合わせて，先生は何を狙ってるんですかって質問をよくするんだよね。そういうんじゃないんだよね，あんたの気持ちが大事なんだから，あんたの今の気持ちで動いてもらっていいんだよって結構言いますね。そうすると意外と安心してもらえます。今度私達のやり方を送りますよ。

　私達はいくつか看護師さんの研修を頼まれていてやっぱり今みたいなやり方で結構，ネットがつくれますよ。だからやっぱり看護師さんは，すごく人の期待に応えなきゃいけないっていう訓練をものすごく受けますから，必ず私達がやったらあの先生は何を望んでいるんだ，それに合うように動かなきゃっていう姿勢がすごく強いので，それを少し緩めてもらって，あなたの思うように動けていいんですよ，今の感じをきちんと感じ取ってもらってもいいんですよとか。そういうときはフォーカシングっぽいものを使いますけれども。そうすると，すごく安心してもらえますね。ということをやっています。意外と楽になるみたいです。そこからですね。初期不安の緩和っていうのは，その辺りをまずはやったら，意外と動きたいと思ってるんですよ。だけど人に変なこといって批判されたら嫌だし……とかそういうことがあって。そんなんでよろしいですか？

〈司会〉　ちょっと，他の部署の方にグループの効果をというより，看護師さんへのグループ体験においての話になりましたが，それで大丈夫ですか？　もう一人声があがっていたので。

〈質問者４〉　ありがとうございました。感想ですが，今日，繰り返し先生が自

己肯定感の話をされていたんですけど，私は去年台湾でベーシックエンカウンターグループをやってきたんですが，9セッションの内の6セッション目でまさにそういう展開になりまして，日本から来た参加者はこんなに自己肯定感が，我々低かったのかっていうのをまざまざと気づかされることがあって，これは本当にどうにかしなきゃいけないなと思いながら，この低さが当たり前だっていうことに満足しているんじゃないかというところに気づかされまして，特に東アジア地域でエンカウンターグループをすることで，突きつけられることって非常に多かったって気がしましたので，先生の今日のお話は，本当に今日は実感をもって理解することができました．ありがとうございました．

〈村山〉　ありがとうございました．

（2013 年 5 月 25 日　於：大正大学巣鴨校舎）

❏ 参考文献

Cooper, M.（2008）Essential Research Findings: In Counseling and Psychotherapy. SAGE Publications Ltd.（清水幹夫他訳（2012）エビデンスにもとずくカウンセリング効果の研究．岩崎学術出版社．）

Gendlin, E. T.（1981）Focusing. 2nd ed. Bantam Books.（村山正治他訳（1982）フォーカシング．福村出版．）

広井良典（2009）コミュニテイを問いなおす．ちくま新書．

村瀬嘉代子（2003）統合的心理療法の考え方．金剛出版．

村山尚子（2010）福岡人間関係研究会のコミュニティ．エンカウンター通信 400 号記念特集号，129-132，福岡人間関係研究会．

村山正治（1993）エンカウンターグループとコミュニティーパーソンセンタードアプローチの展開．ナカニシヤ出版．

村山正治（2005）ロジャースをめぐって―臨床を生きる発想と方法．金剛出版．

村山正治（2010）福岡人間関係研究会 40 年の活動を支えた考え方．エンカウンター通信 400 号記念特集号，2-5，福岡人間関係研究会．

村山正治（2012）新しい事例検討法 PCAGIP 入門―パーソン・センタード・アプローチの視点から．創元社．

村山正治（2014）「自分らしさ」を認める PCA グループ入門―新しいエンカウンターグループ法．創元社．

村山正治（2015）村山正治監修，井出智博，吉川麻衣子編，心理臨床の学び方―鉱脈を探す，体験を深める．創元社．

永原伸彦（2012）コミュニティにおける実践．人間性心理学会ハンドブック，118-125，

日本人間性心理学会，創元社．
Rogers, C. R.（村山正治訳）(1967) 人間論（ロージャズ全集 12 巻）．岩崎学術出版社．
青少年問題研究所（2012）高校生の生活意識と留学に関する調査．
宇野重規（2010）〈私〉時代のデモクラシー．岩波書店．

心理療法における
ライフ・キャリア開発という視点

平木　典子

　平木でございます。どうぞよろしくお願いいたします。
　大正大学のカウンセリング研究所は，歴史がとても長く，伝統ある研究所だということは知っておりましたが，今年50周年を迎えると聞き，様々な道のりを歩んでこられたことを想像しました。これからの私の話を聞いていただくと，その一端がお分かりいただけると思います。本大学のカウンセリング研究所の50周年，本当におめでとうございます。そして，今日は，その歴史のひとときに参加させていただきまして，ありがとうございました。とても光栄に思っております。
　50周年を記念するこの研修会のシリーズのテーマ「心理臨床の原点とこれから」にちなみ，私が選びましたテーマは，心理臨床の世界の片隅で自分の関心のあることを密かにやり始め，自分なりに今たどり着いたところに関することです。そんなお話しをするチャンスを与えていただいたことでも，この場をとても貴重に思っております。私のカウンセリング・心理臨床の原点をふり返り，このテーマに託して心理臨床のこれからを展望してみたいと思います。

講演の概要

　本日は，私自身の専門的キャリア発達を大きく三つに分け，それぞれの時期のテーマについて簡単に説明し，ライフ・キャリア開発のテーマへと進めて参りますが，まず，その概要について簡単に紹介します。

カウンセリングとの出会い

　私の心理臨床の原点はカウンセリングです。ここで言うカウンセリングとは，私の師ウイリアムソンの考え方で，それは心理療法を含めて人が一生をどのよ

うに生きていくかを援けることという意味になります。
　私は英文学科を卒業した後，仕事をしながら自分の適性や生きがいについて考えているとき，カウンセリングという学生を支援する方法があることを知りました。1960年代の初めですから，ここにご出席の方々のなかにはまだ生まれてなかった人もいらっしゃるでしょう。当時，北米ではヴォケーショナル・カウンセリング，あるいはキャリア・カウンセリングというカウンセリングの考え方があり，それは進路を含めたキャリア（生涯の生き方）の支援であり，それを引き受けるカウンセラーの専門訓練が大学院で行われていました。
　私は女性であっても専業主婦になるのではなく，自分なりに仕事をしていくことを考えていたのですが，九州の田舎で仕事をする女性のモデルは少なく，たまたま津田塾大学卒業の英語の先生が勧めてくださった津田塾大学の英文学科に，教師か通訳の仕事をイメージして入学したのでした。ところが，女性が経済的にどう自立して生きていくかという視点だけで選んだ進路は，必ずしも自分に適しているとは思えなくなりました。当時，一般教養で受けた社会心理学や英国史などが面白く，熱心にレポートを書いたのですが，英語を中心とした職業には向いてないと思い始めていました。今思い返すと，この頃からキャリア・カウンセリングの専門用語で言う「内的キャリア」（人生の質や意味）を探り始めていたのだと思います。卒業後，英文の専門誌の編集の仕事を始めましたが，自分にとってそれが一生の仕事とは思えず，1年で辞めました。一方，英語の教師の免許をもっていましたので，いつでも教師になれば，生活上の自立はできるという安心感もありました。
　母校の学生部で仕事をしながら，本気になってやりたいことを探そうと考えていたときに，北米で発展していた学生カウンセリングという学生支援の方法論があることを知ったのです。学生部で仕事をする上でも，自分の一生の仕事を確かめる上でも，ともかく2年間，専門職としての学生支援に取り組んでみようと決心して，留学を決めたのでした。
　幸い，キャリア・カウンセリングのメッカとも言われたミネソタ大学のウイリアムソン教授のもとに留学することができ，キャリア・カウンセリングの学びが始まりました。
　当時，北米ではキャリアを視野に入れたカウンセリングは，教育的支援の一環として，教育心理学の大学院における専門教育のテーマの一つでした。つまり，職業も含めて人が一生をどう生きるか，生涯で問題や危機（病気や失業な

ど）に出会ったとき，一人ひとりがその危機をどう乗り越えるか，そこで何を選択し，どう生きようとするかを支援することです。キャリア支援という大きな傘の下には，心理的支援，発達支援，進路支援などがありましたが，それは何を選ぶかの支援と言うよりも，どう選ぶかの支援であったことに思い至ります。それは，私にとって不確実で，変化の激しい現代，まさに必要な支援だという思いと重なります。私の心理療法・カウンセリングの第一のテーマは，一貫して変化，転機，迷い，葛藤のなかでの選択力の開発でもあり，今日のテーマにつながっています。

家族療法から心理療法の統合へ

キャリア・カウンセリングという支援の原点は自分のなかに通奏低音のようにずっと流れていますが，帰国後，学生相談の仕事に就いて学生を支援していると，学生の家族のことが気になり始めました。青年期の学生の自立を援けるのも邪魔するのも家族のように見えて，現実の家族を理解しないと学生の心理的支援はできないように思い，あらためて学んだのが家族療法でした。それは私自身のキャリア発達を促進した二番目のテーマです。

大学では，カウンセラーが一人ということもあって，どちらかと言うとキャリア支援というよりは一対一の心理療法，治療的カウンセリングに明け暮れました。つまり，キャリアを考える前の心理的癒しを必要とする学生の対応にほとんどの時間をとられていたのです。そして，そこには境界性パーソナリティ障害の学生とともに苦しむ家族がおり，一方では親の意のままに子どもをコントロールしている親にも出会いました。家族療法の知見は，心理療法やカウンセリングは個人を対象にしていても，その人を取り巻く人々との関係性に注目することをうながしました。つまり，心理的支援とはクライエントや家族といかに協働して苦しみや問題をのり越える作業を進めるかということであり，苦しむ人々と環境との関係性を抜きにしての支援はクライエントのみを問題視する偏った見方であることに気づかされました。つまり，ときには大学というコミュニティをも視野に入れた変化の支援が必要だということにも目を開かれたのです。

北米では，家族療法は1960年代に開発され，心理療法・カウンセリングのパラダイムの変換に大きく貢献していましたが，日本には1980年代に入って紹介されました。当時，カウンセリングや心理療法は各流派による理論・技法を正確に実践することであり，狭い専門性のなかで各流派が対立しながら実践

が行われていました。

　しかし，生意気な言い方をすると，症状や問題の重いクライエントにひたすらつき合っている実践家にとっては，「学者は○○派論争をしていてもいいかもしれないけれど，この苦労は自分の未熟さゆえなのか，一学派の理論・技法だけでは間に合わないのか，教えてほしい！」といった心境でした（笑）。

　特に，1970年代は，心理療法の理論・技法が世界中で数多く開発された時代で，1980年の初めには400もの理論があったと言われています。もちろん，日本にも次々と新しい理論が入ってきました。私の実践，とりわけ境界性パーソナリティ障害の学生への対応は，そのような診断名もなかった時代でしたから，医師もカウンセラーも途方に暮れながら，できる限りの試行錯誤をするのが精いっぱいで，一つの理論でカヴァーできるとは到底思えない状況でした。

　そんなときに家族療法を学んだことは，過去の家族関係の影響だけを問題にするのではなく，むしろ現在の家族関係の変化をうながすことで特定の誰かを問題とすることなく過去の家族関係を見直すことでした。また，誰かを悪者にしないで人間が無意識に陥ってしまう現在の関係を変えることで問題を解決しようという視点は，大きな転換でした。

　そして，個人の心理，家族，職場，コミュニティ，社会を関係性の視点から見ることは，ものごとをシステミックにとらえること，つまり相互作用して変化している生きものの世界，ととらえることの重要性を確信させました。そのようなプロセスのなかで，世界の心理療法の動きのなかでも，クライエントや家族に優しい心理療法として，心理療法の理論・技法を統合的にとらえ直して活用することに関心が向けられてきました。その動きと相まって，私自身は家族療法を中軸とした統合的アプローチを開始したのでした。

　いま，私は今日のテーマ「ライフキャリアを生きる人々」に関心を寄せています。心理療法にライフキャリアという視点を導入することで，統合が見えやすくなるからです。ミネソタ大学で学んだカウンセリングの原点から，家族療法を経て，どのようにライフキャリアにつながっていくのか，耳を傾けていただけること，ありがとうございます。

I　ミネソタ大学での学び

　今日，このテーマでお話をしようとした理由の一つは，日本の心理療法・カ

ウンセリングの世界で仕事をしている人たちは，スクール・カウンセラーが多く，またこれからもスクール・カウンセリングの仕事はますます重要になっていくと思われるからです。にもかかわらず，今スクール・カウンセラーをしている人たちが，キャリアとか，ライフキャリアといった視点で仕事をしているかと言うと，そうではないと思われます。

　もう一つの理由は，現在，産業界のカウンセリングでは心身の健康で躓き，生活習慣病やうつの人が増えています。また，リストラ，再就職，転職などカウンセラーの仕事はますます複雑になっています。そこには，ライフキャリアという視点が必須ですが，必ずしも支援に活用されているとは言えません。これから紹介することは，私の考え，見方ですが，もし，皆さんの今後のお仕事に何らかの刺激になると嬉しいと思っています。

　さて，私はミネソタ大学でカウンセリングを学んだと言いました。ちなみに，大正大学のカウンセリング研究所は私が留学したころに設立されています。1963年，私はミネソタ大学にいましたが，この研究所の設立を全く知りませんでした。帰国したとき，日本にはカウンセリングの仕事などないだろうと思っていましたので，この研究所の先見性を見逃していたことになります。

ウイリアムソンとの出会い

　導入で紹介したミネソタ大学のウイリアムソン博士は，カウンセリングの世界，とりわけスクール・カウンセリングの世界では元祖のような人です。戦後日本に民主主義教育を導入するために，マッカーサー主導の下で訪日した教育使節団のメンバーの一人でした。数回訪れた使節団のメンバーのなかにはウイリアムソン以外にもミネソタ大学の教授，ロジャーズなど，当時のカウンセリング界のリーダーがいましたが，彼らは九州大学，京都大学，東京大学などでカウンセリングのワークショップを開きました。

　ウイリアムソンは，ミネソタ大学でヴォケーショナル・カウンセリング／キャリア・カウンセリングの講座を創設し，北米のカウンセラー養成の先駆けをしていた人として，有名でした。当時のミネソタ大学大学院，教育心理学の修士課程は，現在の日本と類似しているところがあります。キャリア・カウンセリングを中心としたコースは，先にもふれたようにスクール・カウンセラーとスクール・サイコロジストの養成を指向していましたので，私の同級生には，小・中・高の先生や他の仕事からの転向組がたくさんいました。つまり，アメリ

カ全土からカウンセリングの修士号をとって，キャリア・カウンセリングができるスクール・カウンセラーになろうと思っている人たちが集まっていたのです。多くの成人学生は，夏学期を含めてフルに1年間の授業をとり，単位を修めて1年で修士号をとる人たちがたくさんいました。

ウイリアムソンが私たちによく言っていたことを私なりに要約すると，「人は誰でも自分にふさわしいキャリア（生涯・物語）を生きる権利があり，その実現を支援するのがカウンセリングである」ということでした。しかも，それは教育と矛盾するものではないことを強調していました。

ところで，ウイリアムソンの言う「キャリア」とは，職業ではありません。

北米で使われていた vocational guidance / counseling という言葉は，日本では「職業指導」，「職業（産業）カウンセリング」と訳されてきました。しかし，ウイリアムソンが vocation というとき，それは，「天から与えられた職務」「天職」という意味です。「職業」という意味は含まれますが「産業」にはなりませんので，「産業カウンセリング（industrial counseling）」は日本人の作った言葉です。ミネソタ大学では，カウンセリングは「天職」「使命感をもって行うこと」の支援であり，職業だけではなく，まさにライフキャリアという視点が含まれていて，「生き方のカウンセリング」，一人ひとりの生き方をどうするか，を支援することなのです。ミネソタ大学はそんな考えの下でカウンセラーの養成をしているスタッフ陣が揃った大学院でした。

カウンセリングの三つの仕事

ウイリアムソンは，カウンセリングには主に三種類の作業がつながった一連の働きがあると言います。

一つは，「心理的外傷体験のある人たちの癒し」であり，いわゆる心理療法です。そのために，修士課程のカウンセリングの理論では，まずフロイトの精神分析を学びます。また，ご存知のようにミネソタ大学はMMPIの版権をもっていますので，心理検査には必ずMMPIの活用が勧められ，スクール・サイコロジストを目指している学生は，ロールシャッハを含む心理査定の訓練が2年間続けられていました。つまり，クライエントのなかには，まず心理的治癒とも考えられることを必要としていて，それを視野に入れた支援をしなければ，いきなりキャリアを考えることができない人もいる。ただし，人の心理支援をするときは，キャリアを視野に入れて，今必要な癒しの仕事をすることが重要

だというのです。

　第2のカウンセリングの仕事は，「潜在能力の開発，促進」です。皆さんたちもおわかりのように，ロジャーズの著書以来，カウンセリングと心理療法は同じ意味に使われたり，多少ニュアンスが異なった定義をしたりしてきました。特にカウンセリングという言葉を使うときは「開発的」な働きを強調することがあるように，ウイリアムソンは誰にも「未開発」「未発達」の部分があって，その心理的能力の成長を支援するのがカウンセリングの重要な働きだと考えていました。

　その作業は，心理的な配慮をしながらきちんと教育をしていくことであり，治癒と開発は同時進行的に行われることを強調していました。そのなかには人間社会で生きるための「しつけ」「訓育（discipline）」も含まれていました。それは，人権の視点からの心理教育的かかわりであり，大学は他者の人権を侵すような言動を自ら自覚し，かかわることを学ぶ場だと考えられていました。ミネソタ州のスクール・カウンセラーは，ミネソタ方式の心理教育的アプローチを活用し，グループ教育を多用していました。

　そして，その先には第3の仕事，「ライフキャリアの発達支援」があり，私たちの使い慣れた言葉で言うと，「自己実現」の支援があるわけです。

社会のなかでの自己実現

　ウイリアムソンは，自己実現についてとりわけ社会性を強調していました。彼は，自己実現とは，自分一人の実現のために自分の方向を探せばいいといったことではなく，社会のなかで自分らしく生きることの探究だと言います。カウンセリングは，人々とともに生きなければならない人間が人々の権利や社会のルールを視野に入れ，それを人々とともに探る支援であり，60年代後半に始まる学生やヒッピーの反権力，反体制運動の萌芽のなかで，学生部長としてもその考えを貫く柔軟な学生対応もしていました。学生自治会や思想的活動をしている学生団体などにかかわって，大学という学びの場を誰もが自由に発言できる場として最大限に活用するよう呼びかけていました。混乱した学生の主張合戦のなかで，彼はいつも生き生きと自分の思いを伝えてその場を建設的な討論の場にしており，私は，民主主義とはこんなことかと感じ入ったことを覚えています。

　当時をご存知の方はお分かりと思いますが，日本でもいわゆる「60年安保」

と言われた時期から「デモ行進のなかでの樺さんの死」「70年の安田講堂」までの10年間は，社会的混乱期でもありました。

II　カウンセラーとしての出発点

学生カウンセリングの仕事

　大学院を終えて帰国したとき，すぐさまカウンセリングの仕事があるとは思っておりませんでしたが，非常にラッキーなことに，1967年に立教大学のカウンセラーとして学生相談に従事することができました。その時代の大学のカウンセリングの仕事は専門職とは認められておらず，大学職員の仕事の一部とされていたのですが，立教大学では教員待遇だったのです。

　立教大学は英国聖公会の宣教師が創設した大学でしたので，大学には教員，職員の他に教員待遇のフルタイムのチャプレン（大学つきの牧師）がおり，カウンセラーも学生相談所ができたときから教員待遇だったのです。

　カウンセラーの仕事は大学内で広く知られていませんでしたけれど，独自の専門職としての位置づけは有難いことでした。

　ただ，それは同時に私の苦難のプロセスの始まりでもありました。日本の大学にフルタイムのカウンセラーがほとんどいない，お手本のない状況のなかで，一人で大学カウンセラーの仕事を創造していくことは大変な重荷でした。同時に，クライエントにはキャリア支援どころか深刻な精神障害の学生が次々と来談しました。当時は診断名も，ましてや治療法もなかった境界性パーソナリティ障害を始め，摂食障害，学生無気力症，そして進路の不適応などの学生への対応は，私が学んだカウンセリングでは無力で，精神科医を含めて学生相談所のメンバー全員が試行錯誤をくり返し，無力感を味わいながら必死の取り組みでした。

学生たちとのかかわり

　来談する学生とのかかわりには，「70年安保」と言われる学生運動のなかの学生たちとのつき合いもありました。ご多分にもれず，立教大学も学生たちに3つの建物を占拠され，授業は成り立っていませんでした。そこに籠城している学生たちは「大学が自分たちの権利を侵している」ことを訴えていました。ただ，多くの大学で学生と大学の「団交」以外の交渉はほとんど断絶状態のな

かで，立教大学では学生部がかなり長い間学生とのかかわりを続けることができていました。立教大学の学生部の伝統がウイリアムソンの考え方と近く，学生の側に立った支援をしてきていたからのことだったと思います。学生が建物を占拠したときも機動隊を入れて排除したり，外部からの侵入を封鎖したりせず，毎晩のように学生と教授会の徹夜の「大衆団交」という形の話し合いが続いていました。

　しかし，一見，大学と学生の対立のような様相を見せて行われていた学生による教授会との「大衆団交」の裏では，実は学生の結成するいくつかのセクト間の闘争も厳しく，学生同士が攻撃し合い，主導権争いをしていました。見えないところで噴出していた学生同士の理論闘争のなかでの葛藤と追及は激しいもので，その論争に耐えられなくなった学生が多くいました。学生相談所は学生が自由に相談に行ける場所だったのですが，セクトの学生にとっては体制側の施設です。そのため，来談する学生は他の学生に見られないようこっそりやってきました。彼らのなかには，この闘争を何のためにやっているのか分からなくなり，学生の動きに疑問をもちつつも，大学という体制側につくこともできず，葛藤のなかでくたくたになっている学生がいたのです。彼らは，追いつめられて自分の行動の方向を見失っていましたが，同時に仲間のなかでは闘争に積極的に参加していなければ攻撃されるというジレンマに陥っていたのです。連日の学生同士の論争で疲れ切って来談した学生に，すぐ裏門から出て郷里に帰るように勧めたこともありました。授業がなくなり，アルバイトや趣味に熱中する学生たちがいる一方で，自分の生きる意味，社会のあり方などを真剣に考えていた学生のなかには，学生相談所を訪れた学生もいたのです。

　大学は1月2日に数少なくなった籠城学生を学外に出して，授業を再開しました。表面的には闘争は終わり，休みを返上した授業の日常が始まりましたが，そこに戻ってくるかどうかで迷った学生が来談することもありました。つまり，反体制を主張していた学生のなかには，大学を捨てた人もいましたが，勉強したい人もいたのです。だからと言って反体制側の授業をとることを良しとせず，迷いに迷っていた4年生が，たまたま2年生のとき私の心理学の授業をとった縁で，夏休みになって来談しました。そのとき，私は自分の方向を考えるためにも自分の関心のある科目をとることを勧めました。彼は大学にもどり，秋には就職試験を受けて出版社の内定もとったのですが，卒業式の1カ月前に，やはり体制側の卒業証書を受け取ることはできないと，中退を決めたのです。出

版社に中退を伝えたところ,「秋に面接したとき採用を決めたので」ということで採用は取り消されず,以後,彼は執筆を中心に仕事を続けています。

　1970年代,世界を揺るがした若者の反体制運動とその影響のなかで,私は自己の内面を見つめ,生き方を真剣に考えている多くの学生の姿に触れ,しばしばキャリアのことを考えました。同時に,これらの混乱のなかで数多くの学生は心理的な混乱を体験し,家族との葛藤にも悩んでいました。70年代の終わりに家族療法を学ぼうと思ったのは,このようなプロセスのなかでのことでした。一人ひとりの学生の立っているところで出会い,癒し,ともに歩みながら,キャリアと家族を考え続けた時期でもあったと思います。

Ⅲ　ライフキャリアという考え方

　時間が許せば,ここで家族療法の学びについてお話ししたいところですが,それについてはこれからのキャリアの話と最後の事例を考えるところで簡単に紹介することにして,これからは,今日のメイン・テーマについてお話ししていくことにいたします。

　私は,学生相談の現場ではほとんど心理的問題のある学生の心理療法を行っていましたが,先ほども一言触れましたように,一方でキャリアはいつも私のセラピーの土台にあり,支援の方向を示す旗印でした。ウイリアムソンのほかに,キャリア・カウンセリングの世界で多くの貢献をした人々のなかから,3人を選んでライフキャリアの考え方を紹介し,私の考えにつないでいきたいと思います。

スーパーのキャリアの定義と考え方

　まず,ドナルド・スーパーです。彼は1970年代にキャリアの定義をしましたが,それはその後のキャリア・カウンセリングの考え方の指針となりましたし,また彼が残したいくつかの用語と概念は,その後のキャリア・カウンセリングの重要なキーワードになりました。

①ライフ・ロールを生きる

　彼は,キャリアとは人生の各時期(ライフ・ステージ＝生活段階)に果たすライフ・ロール(人生の役割)の組み合わせであり,人は人生の各段階で様々

心理療法におけるライフ・キャリア開発という視点　59

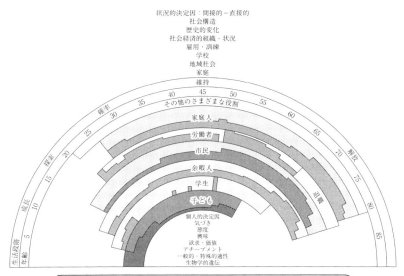

図1　ライフ・キャリア・レインボー（出典：Nevill & Super, 1986 を一部改定）
（渡辺 (2007)「新版キャリアの心理学」p.37, ナカニシヤ出版を引用）

な役割を同時にとって生きていると言います。人生のそれぞれの時期で人が果たす役割は違っていて、しかもいくつかの役割が重なっている。キャリアとは、一人の人間が一生を通じて果たすライフ・ロールの発達であり、そこには継続的な選択と意思決定のプロセスがあると考えます。

また彼は、各ライフ・ステージで果たすライフ・ロールを重ね、それを虹に例えてキャリア・レインボーと呼びました。ライフキャリア・カウンセリングとは、その人の人生の多重な役割の組み合わせをとらえていくことであり、その支援をすることだと言ったのです。

図1をご覧ください。ライフ・ステージである成長・探索・確立・維持・解放のなかで、人は子ども・学生・余暇人・市民・労働者・家庭人（親・配偶者・ホームメーカー）・その他の様々な役割の7つのライフ・ロールを果たしていきます。人生にはおよそ7つの役割があり、人は各段階で新たな役割を取得していくのですが、それらをどの時期で、どのようにとってきたかという発達の

歴史がキャリアです。半円の真ん中の下のところに書いてある個人的決定因というのは、キャリアの決定にかかわる個人的な要因であり、半円の外側に書かれているのは、人を取り巻く状況的決定要因です。私流に説明すると、ものごとを決め、選択していくプロセスに働く外からのストレスが状況的要因で、内面からのストレスが個人的要因と考えてもよいでしょう。ストレスにはプラスに働くものとマイナスに働くものがありますので、私たちは環境と自分の相互作用のなかで、ものごとを選び、決めてキャリアを形成していくということになるでしょう。キャリアとは、単なる職業ではないことがおわかりでしょう。

　今、このキャリア・レインボーの図を見て、ご自分の年齢とステージを探すと、どこにいますか？　そして、人生のどのような役割をとって生きているでしょうか？　そして、その役割をとるためにどんなことをしてきましたか？　また、役割はあるのに、とってないということはありませんか？　ここにいらっしゃる多くの25歳から65歳までの方々は7つの役割をもっている可能性がありますが、どうでしょうか？　また、図の半円形の中央内と外に書かれた様々なストレスに、あなたはどのように対応してきたでしょうか？

　先ほど、私はミネソタ大学留学を決めた話をしましたが、それはあのステージで、ある役割の取り方に迷ったと考えることができます。また、闘争をしていた学生たちは、そのなかで自分たちの行方に疑問を持ち、社会での役割の取り方を大学に問い、自己に問いかけていたのです。人の心理的発達段階では青年期、スーパーの段階では探索期（表1参照）に自分で選ぶ人生の大きな役割の一つ、職業選択について決断をしようとしていたとも言えるのですが、そのために自分にとって意味と意義がある働きとは何かを問うていたと考えることができます。この問いをキャリア・カウンセリングでは職業の役割や機能をあらわす「外的キャリア」に対して自分が納得し、意味を見出す役割や機能を示す「内的キャリア」と呼びます。そして、「内的キャリア」はライフ・ロールの選択に大きくかかわっています。また、ライフ・ロールは一生を通じて選択され、発達していることがわかるでしょう。

②キャリア発達
　スーパーは、生まれたときから人のキャリア発達は始まっていると考えました。かなり大まかなのですが、最初の段階0歳から14歳までは身体的発達とともに自己概念が形成され、自分の興味や能力の探究が始まります。このよう

に考えると，好きなことに熱中したり，遊んだりするなかにキャリアの準備があることが想像できます。次の探索期の15歳から24歳までは，多様な分野で必要な能力や条件を知る時期であり，教育を受け，特定の仕事に取り組み，訓練を受けて暫定的に仕事を決定し，やってみる時期です。確立期の25歳から44歳は，特定の仕事に根を下ろして生産的な活動に貢献し，専門性を高め，昇格・昇進する時期でもあり，多様な役割の発揮があるでしょう。45歳から64歳の確立期では，自分が確立した職業上の地位を維持しながら，役割や責任を果たすために新たな知識やスキルを獲得し，リーダーシップを発揮していきます。一方，自分の退職に向けて，あるいは退職後のライフキャリアを展望して，計画を立てる時期でもあります。

　労働者として仕事をする時期が，例えば70歳まで続くとしたら，退職後の準備もその他の役割とともに考慮されることになるでしょう。65歳を過ぎると，有給の仕事から徐々に離れて，地域活動とか趣味の活動をしながら，新しいライフ・スタイルを作っていくことになるでしょう。キャリアとはこれら全部を含むと言っていることがとても重要です。日本では，キャリアは職業と考えられていることとは非常に違っていることを強調しておきたいと思います。

　キャリアとはこれら全部であり，結婚してもしなくても，家庭人として，夫，妻，親，子，家族員としての役割は一生続くと考えることが大切です。

　加えて，表1の「個人と家族のライフサイクルと発達課題」を見ていただくと，エリクソン，レヴィンソン，今津，スーパーの個人の発達段階とマクゴールドリックらの家族の発達段階の重なりが理解でき，発達課題も個人だけのものではなく，関係のなかで生じてくることがわかるでしょう。

ガイスバーズらの考え方

　ガイスバーズらは1973年に「ライフキャリア開発」という考え方を提唱し，それは，カウンセリング心理学とキャリア心理学の統合だとしています。人生における役割・環境・出来事の相互作用と統合を全生涯にわたって開発していくことを「ライフキャリア開発」だと言います。それは一個人をより全体的な見方でとらえることであり，人のあらゆる活動と個人的アイデンティティを包含することです。ライフとは人間の生涯を意味し，図2にあるように，キャリアには三つの要素があると言います。一つは個人の役割で，これはスーパーと共通していて，仕事をする人，レジャーに参加する人，学習者，家族の一員，

表1　個人と家族のライフサイクルと発達課題

	個人のライフサイクルと発達課題			家族のライフサイクルと家族システムの発達課題
今津 2008	Erickson 1963/1997	Levinson 1978/1996	Super 1980	McGoldrick, Carter & Garcia-Preto 2011
乳幼児期	1.乳児期 基本的信頼 vs 不信		成長期 空想期	
乳幼児期	2.幼児期初期 自律性 vs 恥・疑惑			
児童期	3.遊戯期 自律性 vs 罪悪感		興味期	
児童期	4.学童期 勤勉性 vs 劣等感		探索期 暫定期	
青年前期 思春期	5.青年期 同一性確立 vs 拡散	1.成人前期への移行期 自律性の発達	移行期	
ヤングアダルト 青年後期	6.成人前期 親密性 vs 孤立	2.暫定的成人期 親密さと職業的同一化	確立期 試行期／安定期	Ⅰ．家庭からの出立：自己の情緒的・経済的責任受容 a. 源家族からの自己分化 b. 親密な仲間関係の発達 c. 経済的・職業的自己確立 d. コミュニティと社会での自己確立 e. スピリチュアリティ？
成人前期	7.成人期 世代性 vs 沈滞	3.30代への移行期 生活構造の改善・是正		Ⅱ．結婚／結合による家族形成：新システムへの関与 a. パートナー・システムの形成 b. 新たなパートナーを包含するために拡大家族，友人，コミュニティ，社会システムとの関係の再編成
成人後期 中年期		4.定着 関係の深化 長期目標の追求	維持期	Ⅲ．幼い子どものいる家族：システムの新メンバー受容 a. 子どもを包含するカップル・システムの編成 b. 子育て，家計，家事の協働 c. 親と祖父母の子育て役割を含む拡大家族との関係の再構築 d. 新たな家族構造と関係を包含するためにコミュニティと社会システムとの関係の再編成
成人後期 中年期		5.人生半ばの変わり目 抱負と状況との調和		Ⅳ．青年のいる家族：子どもの自立と祖父母のもろさを許容する家族境界の柔軟性 a. システムの出入りを青年に許容する親／子関係への移行 b. 中年期カップル関係とキャリア問題への再焦点化 c. 老年世代のケア d. 新たな関係パターンの形成に移行していく青年と親を包含するためにコミュニティ，社会システムとの関係の再編成

表1　個人と家族のライフサイクルと発達課題（つづき）

個人のライフサイクルと発達課題				家族のライフサイクルと家族システムの発達課題
向老期	7.成人期 世代性 vs 沈滞	6.再安定化 優先事項の再設定・再整理	維持期	Ⅴ. 子どもの出立と中年期の継続：システムへの多くの出入りの受容 a. 二人カップル・システムの再編成 b. 両親と成人した子どもの大人同士の関係の発達 c. 血縁や孫を含む関係の再構成 d. 家族関係の新たな構造と布置を包含するためにコミュニティと社会システムとの関係の再編成 e. 育児責任からの解放による新たな関心／キャリアの探索 f. 両親（祖父母）のケア，障害，死への対応
高齢前期	8.老年期 統合 vs 絶望	7.老年期 老い・病気・死への取り組み	解放期 減衰期	Ⅵ. 中年後期の家族：世代役割移行の受容 a. 身体の衰えに直面し，自分自身と／あるいはカップルの機能と関心の維持―新たな家族役割，社会的役割の選択肢の探索 b. 中年世代のより中心的役割取得の支持 c. この段階の家族関係パターンの変化をコミュニティと社会システムが受けとめられるようシステムを再編成 d. システム内に長老の知恵と経験を包含する場の形成 e. 老年世代へ過剰機能しない支持
高齢後期	9.老年的超越 前進 vs 諦め			Ⅶ. 人生の終末を迎える家族：限界と死の現実の受容と人生の一つのサイクルの完結 a. 配偶者，子ども，仲間の喪失への対応 b. 死と継承への準備 c. 中年と老年世代間の養護における予備的役割の調整 d. 変化するライフサイクルの関係を受けとめるようコミュニティと社会システムとの関係の再編成

(McGoldrick ら，2011／平木訳)

一市民です。二つ目は人生における自分が置かれている環境で，家庭，学校，職場，地域社会などです。そして三つ目は，人が計画したか否かにかかわらず一生の間に起こった出来事で，就職，結婚，昇進，離婚，退職などです。この三つの要素の相互作用がキャリアを形成するというのです。

　図2を見ていただくと，一見バラバラに書かれた三つのキャリアの要素が相互に作用し合って私たちのライフキャリアが成り立つことが想像できるでしょう。私たちはこのようなことを同時に体験しながら生きているので，それを考えることがキャリアを考えることであり，また，生涯を通して相互に作用し合う三つの要素の展開を統合する助けをすることがキャリア・カウンセラーの仕

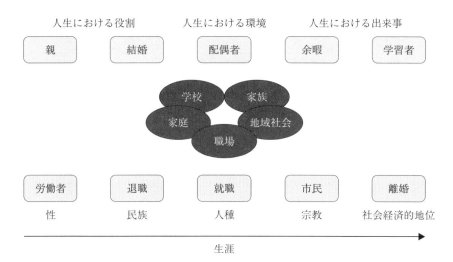

図2　ライフキャリア開発（McDaniel & Gysbers, 1992）

事だと言っています。

　さらに1992年には，一人ひとりの性，民族，人種，宗教，社会経済的地位などがキャリアにかかわってくることも見据えて，キャリア・ガイダンス，キャリア・カウンセリングする必要があると主張しています。

　もちろん，ガイスバーズらはキャリア・カウンセラーの仕事についてもかなり詳細にその考え方と方法を紹介しています。ここでは省略しますので，是非，文献をお読みください。

ハンセンの統合的ライフ・プランニング

　次に紹介したいのは，サニー・ハンセンです。ハンセンは私が留学したミネソタ大学の教授で，北米のキャリア・カウンセリングのリーダーであったウイリアムソンとボローの直弟子あり，現在の北米のキャリア・カウンセリグ界のリーダーの一人です。1997年に「統合的ライフ・プランニング」という著書を著し，キャリア・カウンセリングの世界に大きな貢献をしました。この本はおよそ20年前に書かれたものですが，キャリア・カウンセリングが遅れている日本にとっては，まだ先を歩んでいるといっても決して過言ではない内容に満ちています。この時期に翻訳出版することができ，とても嬉しく思っている

ところです。上記の二人に比べると，彼女の主張は，21世紀の私たちの生き方の指針，重要な課題を指摘していて，なかなか含蓄の深いものがあります。

①ハンセンのキャリアの定義

ハンセンによれば，キャリアとは「生涯にわたる個と環境の相互作用のプロセス」であり，キャリアとは一人ひとりが自己の生涯を見定め，変化に対応し，社会に貢献する全人的・包括的人生としてシステミック（関係的）にとらえることの必要性を主張しました。システミックとは，様々な要素が相互に作用し合ってあるまとまった動きをするもの（システム）の様子を言い，これは家族療法のものの見方と共通しています。つまり，家族は年齢も性も役割も異なった数人が様々な動きをしながら相互に作用し合って一つのまとまりをなしたシステムであり，そのような見方をすれば，個人も身体的，心理的要素の相互作用により成り立っているし，コミュニティも家族，学校，会社など独自の動きをするシステムによって作られているという考え方です。システムとは関係性を強調するものごとのとらえ方であり，関係性を無視して人の作る世界を理解することはできないという考え方です。

その点で，最近の心理療法では，関係性の世界を見ないで支援の実践をすることはできないと考えられており，個人の心のなかだけに一方的にかかわろうとする心理療法の限界と問題が指摘されるようになりました。上記の二人とハンセンのキャリアのとらえ方の違いは，関係性の視点を導入したことと，グローバルな世界を視野に入れた環境という視点を取り入れたことです。ガイスバーズらの考え方と比べると，今，自分は人生の時間のどこで，どんな環境に囲まれて生きているかということを視野に入れたキャリア形成が不可欠だということです。とりわけ，世界のどこかで何かが起こったら，あなたの生活にも生き方にも影響があるでしょう。さらに，自然の変化もあなたの生活に影響を及ぼしていますが，それは人間の生活が及ぼした自然界の変化でもあり，そのような相互作用のなかでものごとは動いていることを自覚する必要性を強調します。

不確実な変化の時代を生きるためのキャリア開発には，統合的に人生を設計すること（ILP=Integrative Life Planning）が必要であり，そのためには六つの重要課題があると言います。

66　第Ⅰ部　心理臨床講義

表2　ILPの六つの重要課題

キャリア上の心得：ILPの6つのテーマ（含平木の解釈）
　①グローバルな変化の中で，なすべき仕事を探す（既存の仕事に個人をマッチさせる
　　のではなく，グローバルにもローカルにも意味ある仕事をする）
　②意味ある全体性を生きる（社会化の中で，男女のステレオタイプ？　自立と関係
　　──agencyとcommunion──の両立）
　③家族と仕事をつなぐ（タスクとメンテナンスをつなぐ）
　④多元的共存（「違い」を「間違い」にしないアサーション）
　⑤個人の転機とシステムの変化への対処（change agent）
　⑥スピリチュアリティ（意味，世界観，ミッション意識など）
---

②六つの重要課題

　ハンセンによれば，キャリアの専門家は六つの課題を踏まえながらキャリア支援をする必要があるということです。この本には一般の人々にもなかなか示唆に富んだアドバイスがちりばめられていますが，特にキャリア・カウンセラーに向けたメッセージが力強く述べられ，それが一般の人々にも様々なヒントを与えてくれます。表2で，ハンセンの六つの重要課題を示し，それぞれの私なりの理解の要約を（　）内に示しました。詳しくは，原著をお読みください。

❖重要課題1［グローバルな変化のなかで，なすべき仕事を探す］

　ウイリアムソンを始めスーパー，ガイスバーズなどキャリア・カウンセリングの先達たちは，ハンセンの言う重要課題「変化のなかで，なすべき仕事を探すこと」を主張していますが，ハンセンは特に21世紀をグローバルな変化の時代と予測していました。一言で言えば，キャリア支援とは既存の仕事に人をマッチングさせるのではなく，変化を生きるための支援が必要だということです。マッチングをキャリア・カウンセリングだという考えは時代遅れであり，急激な変化のなかですたれて（obsolete）いく仕事が出てくるとき，私たちは何をすべきか。

　それは，あなたがどの仕事に適しているかを探すことではなく，スーパー以来強調されてきた必要な役割をどうとるかという視点でしょう。いくら既存の仕事はなくなっても，人の社会で必要とする役割は次々と生まれており，それを視野に入れずして既存の仕事だけから自分の役割を選ぶことを訓練したり，指導しても役に立たないでしょう。それでは，仕事につくことはどん

どん難しくなっていくでしょう，と言うのです。むしろ，新しい仕事や役割はどんどん生まれているし，必要とされているのにそれを探そうとしていないところ，そちらへの支援をしていないところで，失業が起こっていると考えます。

この考え方を私の理解で述べますと，以前，たまたまテレビで見ていた確かスウェーデンの例を思いだします。北欧の国々は家族とキャリアへの支援はかなり進んでいるという印象をもちますが，一軒家を建てる技術をもつ大工さんの話です。一軒家を一人で建てるといった仕事はどんどん減っていて，大きな建築会社の一部を引き受けるようなことになっている仕事の現状で，彼は日本でいう厚労省の新しい技術訓練と技能者の養成を受けることを思い立ったのでした。その訓練は，将来必要とされる技術や技能を予測して訓練しようとする国の計画で，日本のような簿記や会計，簡単な技能訓練ではありません。

話を短くしますと，彼が受けた訓練は風力発電の風車の製造にかかわる技術で，一軒家を立てるときに必要だった技術を生かした新たな技能訓練で，風車を製造する会社に再就職したのです。

そのような先見と選択のつながりを創ることが第1の課題になるのでしょう。ハンセンは，「世界を見渡してごらん。なすべき仕事は山ほどあるよ」といって，キャリアを生きるとはグローバルに考え，グローバルにもローカルにも動くことであると主張します。

ハンセンが本書のなかで引用したグローバルに考えるための引用がありますが，その部分が日本では数年前に爆発的に売れた本になっています。関心がある方は『世界がもし100人の村だったら』という本をお読みください。世界の人口を100人としてその村をみると，なすべき仕事がいかにたくさんあるかがわかるというインパクトのある比喩です。例えば，世界中のお金の90％は10％以下の人の所有であるとか，世界で一番多くの人が使っている言語は英語ではなく中国語であり……といった現実です。これを理解しただけでも「あなたがなすべきことがあることがわかるでしょう」と問いかけています。

そこには，テクノロジーを建設的に利用すること，環境を保全すること，職場における変化を理解すること，家族における変化を理解すること，暴力を減らすこと，人権を擁護すること，変化しているジェンダー役割を受け容

れること，人間の多様性に価値を置くこと，スピリチュアリティと人生の意味と目的を見出すこと，知ることの新しい方法を見つけること，などがあると述べて，社会正義や社会改善の方向性を示しています。つまり，社会のニーズにこたえる新しい仕事の創造を示唆していると言えるでしょう。

❖重要課題2［意味ある全体性を生きる］

2番目の重要課題は，社会のなかでステレオタイプの生き方に自分を合わせるのではなく，自分が自分を生きるために社会のなかで「自分に意味のある人生を選ぼう」と呼びかけます。また，このような人生を送る上で重要なことは，自立性（agency）と共同性・関係性（communion）の両立を図ることです。私の言葉にすると，自立がなかなかできないできた女性と関係性を生きることが下手な男性が，一人のなかで両方の作業をできるようになることであり，心身の健康に関心をもつことにもつながっていくでしょう。

❖重要課題3［家族と仕事をつなぐ］

第3の課題は，仕事と家族を別にしないで，両方を生きることです。人は目的や課題をもってものごとを解決し，成し遂げていく志向性と能力をもって生れてきますから，課題達成（つまり仕事）を追求します。しかし，人はそれだけでは生きていけないので，人々との関係を必要とします。人が生きていくには，課題を追求することと仲間とよい関係をつくり協働することの両輪が必要なのです。ところが，この二つの人生の目的となりたちをつないで生きることができなくなっている人が多いのが現代です。役割の分業が一人の人間の生き方にまで及び，スーパーの考え方では一人の人が取る役割は七つにもかかわらず，別々の人がとっていて，特にホームメーカーや親の役割と職業人の役割が分担され，両方をつないで生きることができにくくなっています。

いくつかの役割を生きることは，それぞれの役割のなかで開発される人間の能力や機能の発達をうながすことでもあり，それが自分を生きることを促進します。ワーク・ライフ・バランスとは，家族と仕事のバランスをとるというよりは，両方をつないで生きることでしょう。

❖**重要課題4［多元的共存］**

　現代は「違っていること」を真剣に考える必要がある時代です。私流の言い方をすれば，グローバルな時代の生き方は「違い」を「間違い」にしないことを基本とした生き方であり，大げさに言うと数学や物理の世界で正しいとされていること以外は，「正しい」ことはないと言ってもいいと思う必要があるということです。ただ「違っている」だけなのに「どちらが正しいか」を争うことで，どれだけ理解の道がふさがれ，関係が疎外されていくか。私たちはそんな経験を身近でたくさんしているように思います。そこには差別が生まれ，力の強い人の主張が通り，人権が侵される社会が出現し，争いや戦争が後を絶たないことになります。

　人の数だけものの見方があり，一人ひとりは生まれて以来，周囲の人々との交流のなかで身につけた自分色のメガネをかけてものを見，受け取り，考えていることを考えれば，「違っていること」はどれも価値があることであり，多様性の受容に基づいた共存が必要でしょう。そして，そのためには理解のための絶え間ないコミュニケーションが必要になるでしょう。ここは，私がアサーションを重視するところと重なりますし，ハンセンもアサーションという言葉を何度も使っています。

❖**重要課題5［個人の転換（期）（transition）と組織の変化への対応］**

　私たちが人生のなかで果たしている役割はときと場によって様々なのですが，一人ひとりは役割のとり方の変化の時期＝転機（転換期）を何度も迎えます。結婚，子どもをもつこと，就職や退職，配偶者や子どもの喪失などなどのときを迎えて，時間をかけながら次の段階へ進み，新たな役割をとっていきます。一方，組織や社会といったエスタブリッシュされた制度や機関にも大きな変革の時期が訪れます。そして，個人の転機と組織の変革がうまくかみ合わないことが往々にして起こります。

　例えば，今自分も家族も安定した環境のなかで，一定の状況に根をおろして自分たちを育てようとしている時期に，会社が業務改革などを行い，リストラの対象になったり，海外勤務，単身赴任といった変化を求めることがあるでしょう。東日本大震災のような自然災害に襲われることもあるでしょう。

　そんなとき，人々は人生に大きな打撃を受けたり，自分の人生設計の方向性を見失ったりするかもしれません。個人の転換期と組織の変革期はうまく

かみ合うとは限らず，そんな現実に直面した人々を支援するのはキャリア・カウンセラーの重要な仕事です。転換期は，未知への旅であり，リスクと不安に打ち勝つ勇気と能力を必要とします。この時期こそ，キャリア・カウンセラーはチェンジ・エイジェントとして機能を発揮することが求められます。チェンジ・エイジェントとは「変革の主体」という意味ですが，クライエントの変化を援けるだけでなく，変化の担い手の一人として適切なところに適切に働きかけ，個人にも組織にも適切な変化がもたらされるよう機能することです。

　例えば，私が大学のカウンセラーとして仕事をしていたときの例を挙げます。学生の困難に出合ったとき，カウンセラーは，比較的フリーな立場にいるエイジェントとして本人にとって理不尽な環境に適応するよう支援するのではなく，理不尽な環境——例えば家族や大学——に働きかけることも考えます。それは，家族や大学が悪いというのではなく，その学生にとってより適応しやすい環境をつくる柔軟性を生み出す工夫をするということで，学内の部署や教授会に働きかけたり，ときには学長と直接話をするチャンスを作って，学生の心理や状況の変化を伝え，今で言う「コラボレーション（協働）」を進めるのです。

　立教大学の学風は「自由の学府」の名の通り組織内のバウンダリーが低く，このような動きができました。つまり，学生が大学に適応するようにカウンセリングをすることだけを指向するのではなく，そのとき変化を必要としているところにカウンセラーの立場として働きかけ，チェンジ・エイジェントとして動くということです。

　大学への入学を許可した学生は大学が責任をもって教育する，という仕事には様々な働きがあってしかるべきでしょう。そのシステム，そのルールが学生だけでなく大学で働く人々にとって不都合な場合にどうするか。その視点を組織が持つには，人々の悩みや問題の最先端を知っているカウンセラーは，変化の必要性を一足早く察知して，新たな展望を探る手伝いをすることができます。例えば，授業料を学生自身が窓口で収めていた時代と父母が振り込む時代の違いは，留年学生が増えるといったことで表現されます。経済効果の影響もありましょうが，学生がめったに手にすることがない高額なお札の束を払っていた時代と全く知らないで払い込まれている時代の実感の影響はあるでしょう。では，どうするか。些細なことではないでしょう。その

通りで，多くの大学では留年を知らされた父母が「大学は無責任だ」「子どもが単位をとっているかいないかを大学は保証人に知らせるべき」という訴えを体験しています。それは，学ぶことを決意して入学したはずの学生に対する過保護であり，単位をとろうととるまいと学生の自由だという見方もあり得ます。多くの大学では，父母会を開催して学生の状況を伝えたり，成績を父母にも送ったり，様々な試みをしてきましたが，その是非はともかく，そんな時代の流れのなかで，大学は変化を求められていることは確かでしょう。そして，カウンセラーはそのとき，その状況での学生の立場に立って，細やかな配慮と大胆な先見性をもって組織や機関のチェンジ・エイジェントになることが必要だということです。

　ハンセンは，変革のすすめ方，メカニズムについても詳しく述べています。

❖重要課題6［スピリチュアリティ］

　スピリチュアリティは，日本語にするのがなかなか難しい言葉です。魂，精神性，霊性などと訳されますが，近年，家族療法の世界でも重視されている重要な概念です。ハンセンも様々な説明を試み，宗教とは区別することが重要だと述べています。つまり，スピリチュアリティとは人の内面にある世界観や人生の意味，ミッション意識，使命感などで，人の中核——意味，自己，人生の理解が生じる中心，といった定義を取り入れています。

　スピリチュアリティという言葉は，私には「イタリアの小さな村」というテレビ番組を思い起こさせます。イタリアの数百人から数千人までの小さな村の生活を2～3人の生き方を通して描くドキュメンタリー作品なのです。そこに出てくる人々は，村でたった1軒の食料品屋さんだったり，牛を育てている農家だったり，靴屋さんだったりするのですが，生活や人生を語るとき，「人生とは……なものだ」とか「家族が……であることに意味がある」とか，「家族以外に意味があるものはない」などと人生の意味を語ります。

　ハンセンは，そんなことを中心に人は人生や職業を選んでいるのだと言います。先ほど70年代の学生の闘争のお話をしたのも，この課題につなぎたかったからなのですが，当時，学生は意味，スピリチュアリティを求めて迷い，苦闘していたのだと思います。何かを選ぶことによってつくられていくであろう自己の中核，ある生き方をすることによって確かめられる自己の存在の意味を問い続けていた学生がいたのだと思います。人は自己の中核とな

るもの——スピリチュアリティ——に照らし合わせて何かを選び，道を開いていくのでしょう。そして，それは決して優れた業績や立派な成果だけではなく，極めて人間らしくその人らしい生き方を実らせ，またその実りによって意味が確かめられるのでしょう。このような話を聞いて，ここにおられる多くの方はフランクルの『夜と霧』を思いだされたかもしれません。ハンセンもフランクルを引用し，人生の意味を問う生き方について事例を挙げて説明しています。

　以上がハンセンの21世紀を生きるための重要課題です。彼女は，誰もが新しい方法でものごとを見，考え，活動しながら，新しいライフ・パターンを開発し，自分の人生を創造していくことを期待し，そのために自分の最高の才能を「なすべき仕事を見出す」ことに注ぐよう勧めています。

今津とエリクソンのライフサイクル

　表2をもう一度ご覧ください。表の左の2列には今津とエリクソンのライフサイクルの段階が書かれています。カウンセリング，心理療法を学んだ人はエリクソンのライフサイクルの8段階についてはよくご存知でしょう。また，最近エリクソンを学ばれた人は，エリクソンの死後，妻によって9段階目が加えられていることも知っているでしょう。その段階を右横にたどっていただくと家族療法家のマクゴールドリックらがやはり後期高齢期の家族の段階を新たに設けていることがわかります。

　今津は社会学者として人生時間は社会の制度や変化によって区切られている現実を踏まえて，ライフサイクルの段階を設定しています。人生が単純だった時代は，段階は三つぐらいしかなかったのですが，今や10にもなって，先ほどハンセンのところで述べた個人の転換期（transition）と社会の急速な変化のずれが問題になるのだと思います。とりわけ寿命が延びた社会では，高齢化社会の人々の生き方は単に高齢者だけの問題ではなく，すべての人々の初めて経験する課題です。

　カウンセリングと心理療法の実践では，人の生きる現実をグローバルな視点と時間の流れの視点の両方から鳥瞰し，今自分は何をしているのかを確かめる必要が出てきていると言えるでしょう。そういった意味で，ライフキャリアという視点の必要性を感じています。

Ⅳ 一つの事例から

　それでは，締めくくりとして一つの事例の要点を絞って取り上げて，これまで話した視点から理解してみたいと思います。カウンセリングではよく出会う不登校の高校生の事例ですが，事例そのものについて詳しくお話しするというよりも，事例をライフキャリアの視点から考えてみようとするものです。事例は，以下の通りです。

　不登校の男子高校生（16歳）の母親（42歳）が高校の養護教諭の紹介で来談しました。その理由は，その高校生が父母に反抗するような態度をとるということで，家族カウンセリングをしているところとして私の研究所を紹介されたからでした。家族は単身赴任中の会社員の父親（45歳，月に1，2回週末に帰宅）と，パートの仕事をしている母親です。子どもは高校生の長男（不登校）と中学生の妹（14歳）です。

　以下，母親が初回面接で述べたことの要約です。長男は高校入学直後の5月からまったく学校に行かなくなり，家でゴロゴロしており，夜中までゲームをして，昼夜逆転の生活を送っている。たまに言うことは，「勉強は面白くない」サッカー（中学では活躍していた）には「ついていけないし，みんなに馴染めない」。「何もすることがないので，アルバイトでもするしかないか……」といったこと。一方，母親に対しては「うるさい！」と言って，多くを語ろうとしない。心配なので「学校に行くように」「どこか調子が悪いのか？」「高校は出てないと将来が大変だ」「ゲームばかりしてないで早く寝なさい」などとつい言ってしまうので……。また，夫婦については，「多忙で残業の多い夫は頼りにならず，夫の助けを得ることなく一人で子育てをしている。我が家は母子家庭のようなもの」と語りました。

　カウンセリングのなかでわかったこの家族の家族関係図をまとめてみると，図3のようになります。

単一の役割しか生きていない家族メンバー

　さて，先ほどのキャリアレインボー（図1）を参考にこの家族の役割を見てみましょう。不登校の子どもは，発達段階では15歳から25歳の青年期にいますが，スーパーの段階では探索期です。この時期の青年には，キャリア・レイ

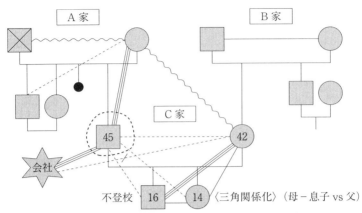

図3　不登校の青年期の子どものいるC家の家族図

ンボーをみると子ども，学生，余暇人，市民などいくつかのライフ・ロールがありますが，現在，余暇人だけのロールで生きているように見えます。そして彼がアルバイトを始めれば労働者のロールが増えるということになるでしょうか。また，家庭人のなかでは子どものロールをとっていて，そこにはお手伝いがあるのでしょうが，最近の子どもはほとんど家事の手伝いはしていませんし，この高校生も同じでしょう。日本では家庭人のロールをとっている子どもは少ないと言えるでしょう。逆に，子どもは学校に行って勉強をするというロールさえとっていればいいことにもなっています。

　一方夫婦は，スーパーの言う維持期を過ごしているわけですが，父親は単身赴任で一人住まいであり，多忙で家庭人としてのロールはほとんど果たしていません。逆に母親は，家事と子育てを一人で担って家庭人ロールに専念しているかに見えます。のちほどあらためて家族療法の考え方を紹介しますが，このような家族の関係を家族療法では「会社と浮気している夫，子どもと結婚したような妻」と表現し，家族から夫が外れていること，夫婦よりも母子の関係が強いことに注目します。

二人 vs 一人の三角関係

　夫婦のコミュニケーションは少なく，父親と子どものかかわりもほとんどありません。長男が不登校になったことで母親はもっぱら長男を心配し，かかわろうとしています。母は心配する，息子は母に反発するという関係は，一見，分離した関係のように見えますが，葛藤のある関係は感情的には密着した関係と言えます。夫婦のかかわりが疎遠であり，夫にとって会社，妻にとって子どもは浮気の相手でもあるかに見えますので，家族療法では，3人（父，母，息子）の関係を見て，「三角関係化」（母＋息子　対　父）と呼んだりします。情緒的には息子は母の支えになり父はそのなかには入ることが難しく，母親は夫である父を頼りにできない関係に追い込まれているのです。

　また，夫・妻・会社の関係をみるとこれも三角関係です。夫は時間的にも，おそらく情緒的にも会社にエネルギーを注ぎ，その関係から妻は外されています。外された妻は母親役割に専念して子どもと情緒的関係を維持し，逆に夫（父親）を疎外していることになります。

　つまり，この家族には二つの三角関係化が起こっており，これが長く続くと，家族が崩壊する可能性もあり得ます。ライフキャリアの視点から見ても，家族療法の視点から見ても，ライフ・ロールが限定されたり，偏ったりしたとき，問題があることがわかります。職業人の父，家庭人の母，余暇人（あるいは学生）の子どもという生活は現代日本の典型的な姿ですが，不安定な生き方であり，人間としてトータルに自分を活かしているとは言えません。人間にとって役割分業は，無理な生き方なのです。それを強いられた子どもは，真っ先にそれを察知し，抵抗し，不登校を決めているのかもしれません。過剰な役割を生きているという意味では，職業人，親（父母役をとる），ホームメーカーなどを一人で背負って，過剰な多重役割を生きている女性と同様，ストレスフルな日常を送っていると言えましょう。

　症状が出たり問題が起こったりしているとき，その人のみの支援をしても，まして家族を変えようとしても，不全感が残るのは，問題は単純ではなく，多層に重なって起こっていることが想像できるからです。家族療法は，相互にかかわり合って変化し，生きている人の作る集団の変化のメカニズムを解明しようとしてきました。その結果，問題の原因を追求することは不可能であり，誰かを変えようとしたり，問題の原因となっている人を探そうとしたりすること

が不可能であり，同時にそれをしても問題解決にはつながらないことを主張してきました。ここで，家族療法による家族理解のポイントをいくつか紹介して，事例理解のまとめにしたいと思います。

V 家族療法の二つのポイント

　事例の理解のなかでも述べましたが，家族を理解する上で助けになる家族療法の考え方を2点紹介します。

問題だと思われる人が救済者かもしれない

　第1は問題が生じたとき，問題と思われる人をすぐさま変えようとしないことです。例えば，先の事例で，不登校の長男は学校に行くべきだとか，父親が仕事中毒だからいけない，母親が子どもにかかりきりだから問題が起こると考えて，その人を変えようとしないことです。人はかかわりのなかで相互に影響を与え合いながら，変化しながら生きています。人は関係のなかで，様々なメッセージを交換しています。問題を解決するには，例えば長男が，元気になって登校しさえすればよいのではなく，不登校がもたらす意味は様々だということです。本人の自覚では，勉強についていけないとかサッカーが面白くないといったことですが，問題はそれだけではありません。それは母親の心配を誘い，母と息子のかかわりは不登校前まで以上に増えたり，変化したりします。母親の関与は息子にとって煩わしいものであると同時に，母親に新たな役割を提供していたり，「自分にかかわるのを減らして父親にかかわったらどうだ？」というメッセージを出していたりしているかもしれません。

　つまり，一つのきっかけや問題から生じた変化は周りの人がどのように受け取るかによって様々な反応を生み出し，そこからまた様々な相互作用が作られます。その変化の相互作用は人々の間に循環的に及んでいくので，誰かを悪者にしている限り，責め合いや不満の伝え合い，かかわりの回避などの悪循環に陥ります。むしろ，問題が生じたときは，悪循環にならないように，よい循環を作ろうとすることが大切です。メンバーがどう変わったらいい循環が始まるか，新しい変化が生まれるかを作るのです。家族療法家とは，その新しい変化の動きを作る助けをする人であり，「家族のなかの問題の人を探し出して，その人を変える」手伝いをするわけではありません。その意味で，家族メンバー

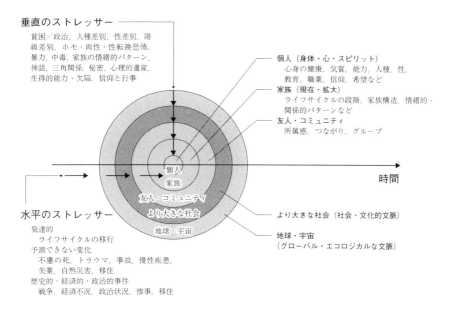

図4 アセスメントのための多文脈的視点（McGoldrickら，2011を平木が簡略化）

の誰でも変わろうとしていいし，変わろうとする方向は悪循環を作らないようにすることが大切です。それを見守るのが家族療法家なのです。その意味で，最初に問題になった人は，悪循環を作りだした人とみられるかもしれませんが，無意識のうちに問題提起をして家族に信号を送り，家族を救ってくれている人でもあるのです。

「違い」こそ変化のリソース

　第2は，「違い」を理解し，活用することです。図4は北米の家族療法家マクゴールドリックらが描いた個人や家族などがどのような生きもの（環境）と相互作用して存在しているかを理解するための鳥瞰図です。人はいかに多層にわたる環境との相互作用のなかで生きているか，しかも時間のながれのなかで変化しながら相互作用しているかがわかるでしょう。

　それぞれの円と右の説明を見ていただくと，個人は身体と心とスピリットの相互作用がある存在ですし，その個人は家族や友人，コミュニティの人々とかかわり合って生活しています。その人々は個人としても集団としてもより大き

な社会(県や国)に所属し，世界と宇宙とも相互に作用しながら変化し続けています。家族療法では，このようにいくつかの要素が集まり相互作用しているまとまりをシステムと呼びます。個人も家族も，学校も会社も，そして社会も地球もシステムであり，システムは互いに影響し合って変化していると考えます。

　また，左側の説明を読んでいただくと，各システムは垂直のストレッサーと呼ばれるいくつかの要素を同時に抱えていて，それらもシステム間のかかわりや変化に作用していると考えます。それらのストレスはときによってプラスにもマイナスにも作用するでしょう。左下の説明は，各システムが垂直のストレッサーを抱えながら時間の経過を生きていくこと，それは水平のストレッサーに出会うプロセスでもあるということを示しています。人間は自身の成長・発達の変化のプロセスで様々なストレスを受けることは，ハンセンの転換(期)の説明でもしました。また，ライフサイクルの表をご覧いただくと，各移行期には水平のストレスを受けることが想像できるでしょう。

　発達といったある程度予測が可能な変化のほかに，人生には予測できない変化が訪れます。家族内では，不慮の死，トラウマ，事故，慢性疾患，失業などであり，歴史的・経済的・政治的なものとしては，戦争，不況，政治の混乱，自然災害などの惨事が挙げられます。

　このように考えてくると，私たちはいかに安定した生活を送ることが難しいかに気づかされます。この複雑な変化の循環のなかで，誰かが苦しんだり，誰かと誰かの関係が行き詰まったりしたとき，私たちは何を，どうするのか，途方にくれます。今日は家族療法の理論や技法の話はしませんが，今，家族療法がたどり着いているところは，先ほども述べたように，同じことのくり返しによるかかわりの悪循環を小さなところで変えていこうとする試みです。コミュニケーションでもいいし，自分の行動でも，考え方でもいい。相手を自分に同調させようとするのではなく，かかわりのなかで自分が変わる，つまりその場の相手をよりよく理解し，その理解を伝え，ほんの少しでも相手に近づいて，自分が少し変化していく支援です。そこからいい変化の循環が始まれば，悪化する方向にエスカレートする可能性は少なくなり，問題は変わっていきます。変化を押し止めることなく，少しの「違い」や「変化」を活用しながら世界の変化に合わせて前に進むという変化を創っていくことになります。その変化は，それぞれの生態の営みにとって早すぎず，また遅すぎないことが必要なので

しょう。なかなか難しいことかもしれません。

　そんなことを考えながら，セラピストもともに変化を生きていこうとする，それが家族療法です。

Ⅵ　ライフとワークをつなぐ

　キャリアと家族にかかわるカウンセリングの考え方をお伝えしてきました。私は，相互交流があまりなかった二つのカウンセリングの流れは，実は「ライフキャリア」という言葉に統合されて表現されているように思います。

　近年，ワーク・ライフ・バランスということが叫ばれています。カウンセリングや心理療法を学んできた者にはこの考え方は馴染みがあります。心理療法で最初に学ぶ精神分析の開発者フロイトは「人生で一番大切なことは何ですか」という弟子からの問いに，「愛することと働くこと」と答えたと言われています。言い換えると，人間関係と仕事が大切だということであり，フロイトの表現を現代風にすると「ワーク・ライフ・バランス」に近いでしょう。これをハンセンは「家庭と仕事をつなぐ」と表現したとも考えられます。

　「つなぐ」という表現はとても重要です。愛すること，人間関係，ライフ（家庭）に共通する要素は情緒，配慮，かかわりといった生命維持の機能ですが，働くこと（ワーク）や仕事には知能，技術，課題といった機能が要求されます。そして，人はこの両方の能力をもち，活用して生きていくことができるのですから，この二つの機能をつなぐことによって，人間は自己をフルに生きることになるのだと思います。したがって，私たちが行う心理支援も，両方の機能をつなぐこと，別の言い方をすればカウンセリング心理学と臨床心理学をつなぐ支援が必要だということになるでしょう。あるいは，どちらの心理学にも他方の視点が取り入れられることが重要だということです。先ほど紹介したウイリアムソンがキャリア支援を発達と治癒の統合と定義したのも頷けます。

Ⅶ　提言：心理的支援の重要課題

　最後に，カウンセリング・心理療法の今後を展望してここにご出席の皆さんに，三つのメッセージをお伝えして結びとしたいと思います。

ライフキャリアを見据えた心理支援

　ご出席の皆さんの多くは心理療法やカウンセリングに関心のある方たちでしょう。皆さんは今後，どのようなライフキャリアを選び，いくつのロールを生きると思いますか？　そのライフキャリアはあなたにとって，また社会にとってどんな意味がありますか？　支援の仕事のなかにチェンジ・エイジェントという視点や機能は含まれているでしょうか？　その仕事の根っこにはスピリチュアリティがあるでしょうか？　ライフとワークはつながっていますか。

　自分がやりたいこと，やり遂げたいことは，同時に自分の身近にいる人にとって，そして社会にとって意味があり，役立つことが理想です。ライフキャリアの追求とは，その接点を見つけようとすることでしょう。

　また，心理支援に当たっては，面接を構造化する必要があるでしょう。クライエントとともにライフキャリアを展望しながら「今，ここ」でどこに焦点を当てた支援をするのか。それは治癒と発達支援と自己実現を結んだ支援であり，ライフキャリアを見通し，三つの作業を同時進行的に，あるいは積み重ねながら進んでいくことでしょうか。

メタ認知能力の向上とグループ体験

　今述べたような作業をするには，カウンセラーや心理療法家は人々を外側から観察して理解するのではなく，人々とのかかわりのなかに自分の身を置き，相互作用している一人として理解することが必要です。そのような理解をメタ認知と言います。カウンセラーなど支援に携わる人は，メタ認知能力を高めることが不可欠です。

　私たちは，どんなところにいても，どんな人々とかかわっても，相手から影響を受け，相手に影響を与えるという相互作用から逃れることはできません。影響とは，影響を受けないことも含まれます。厳密に言えば，かかわりが生じた瞬間に人は変わっており，それを認知する能力が必要なのです。

　自分を関係の外側に置くと，そのような循環的変化も自分の変化も体験できないし，見えなくなります。そして，その変化が見えないとき，「今，ここ」でしかできない援けを見逃し，協働作業は進まなくなります。援けるということは，こちらから一方的に支援を提供することではなく，変化の道筋に同伴し，働き掛け合って変化を創り上げていくことです。

　そして，それは一人でやっていることではないので，メタ認知が一層必要に

なります．意味あるかかわりをするには，その能力を高める環境に身を置くことが必要です．それはグループ体験によって得ることができます．

　この50周年の記念行事では，エンカウンター・グループの大先輩，村山正治先生が講演をされました．「グループ体験は20世紀の最大の社会的発見だ」と言ったロジャーズが開発したエンカウンター・グループは，メタ認知を向上させながらともに歩むことを凝縮して体験できる絶好の機会です．小グループのなかに身を置き，異なった感じ方や考え方，ものの見方をしている人々とかかわる体験は，理解とはどんなことかを身をもって知る機会になります．グループのなかでは，異なった人々による自分への見方が違っていること，自分の表現が自分の思い通りに伝わらないことなど，違いを体験するプロセスがあります．同時に，相互理解が成立したり進んだとき，「出会い」あるいは「深いつながり」とも呼べる体験をすることもできます．

　とりわけ，相互理解ができず，理解のずれに苦しむとき，グループ・メンバーによる異なった意見や気持ちの表現が，自分にとって様々な働きをすることに気づかされます．様々なかかわり方と言葉かけは，関係を緊張にも安定にも導きます．人と人がもがきながらもかかわることによってもたらされる関係の変化や，必死の語りかけが生む深い出会いの場に同席するとき，私たちは共感の喜びと安心を体験すると同時に，その場全体をメタ認知することができます．こんな内容のことが，こんなやり取りとプロセスで作り上げられたのだ，ということを理解するのです．それは，カウンセラーが相手の身になって相手を理解しようと同道し，道連れのあり方を考えている姿，二人の相互のかかわりをメタ認知することに通じます．

　何かをなし遂げることは一人でもできますが，ともにしかできないことがたくさんあります．ともに成し遂げる必要があるとき，特に支援する側にはメタ認知が必要です．私は家族療法の場で家族がともに成し遂げていく姿の素晴らしさを体験します．とりわけ，合同面接で家族メンバー同士の相互のかかわりにセラピストが入ろうとするとき，メタ認知があるとないとでは大きな違いがあるように思います．家族の動きのなかでの自分の動きを俯瞰しながら，同時に特定の人に積極的にかかわっていくこと，そしてその結果を感じ取りながら，あらためて俯瞰することは，誰かとともに何かを成し遂げていくプロセスには不可欠だと思います．

　1970〜80年代，カウンセラーの訓練にグループ体験は欠かせないものでし

た。合宿のグループに数回出ることは，カウンセラーになるための通過儀礼と言ってもいいほど，誰もが出席するものでした。自分を人の前で開示し，人から見られる自分を改めて知り，メタ認知することは，ある意味で怖い，不安な体験でもあります。だからこそ，ありのままの自分を知り，受容される体験の場として希少であり，それはカウンセリングのプロセスに必要なことです。そんな訓練の機会が少なくなった臨床家訓練の現状を残念に思います。

　もちろんケースを通してスーパーヴァイザーや専門家から受ける訓練も重要ですが，ケースや課題がないグループで，一人の人間として存在してみることから得られるメンバー同士の訓練は，グループリーダー（ファシリテーター）も徐々に人間としてメンバーの一人になってゆくというプロセスも含めて，とても貴重なものです。

色メガネをかけてものを見ている人間とロジャーズのPCA

　エンカウンター・グループというグループ体験のプログラムを発想したのはロジャーズでした。彼は，クライエント・センタード・セラピー（来談者中心療法）と呼ばれていた理論をパーソンセンタード・アプローチ（PCA＝人間中心のアプローチ）と呼び変え，晩年はその理念を実践したグループをもっぱら行っていました。その実践記録は，いくつかDVDで残っていますが，とりわけ注目に値するのが，世界で紛争解決を必要とする国々や人々のためのPCAです。

　その一つ「鋼鉄のシャッター」は，ロジャーズのライフキャリアの集大成と言えるものだと思います。この本の著者はロジャーズの弟子であり，ロジャーズとともにPCAを実行し，博士論文にまとめたライス博士ですが，北アイルランドの内戦に近い状態で対立しているカソリックとプロテスタントの人々9人のエンカウンター・グループの記録です。長期にわたる周到な準備とPCAの実施，そして参加した人々のその後の生活を記録した本書は，私たちが現在世界で経験している宗教や民族の対立を思いながらも読むことができる大規模な人間の出会いの記録です。

　憎悪と分裂，誤解にまみれて心に鋼鉄のシャッターを下ろして，開くことがない対立している人々が初めて集まり，グループでの話し合いを進めるなかで一人の人間として心を開き，出会っていく姿は人間の哀しみの深さと可能性への希望の両方をもたらします。このような試みは誰もができることではないことは確かであり，ロジャーズだからできたことだと言ってしまうこともできま

す。しかし，この試みに挑戦しているロジャーズとライスには，まさにハンセンの言う「グローバルな文脈のなかでなすべき仕事をする」ことに自分をかけている姿を見ます。

　そこには，心理臨床の世界で大きな話題になっている認知の問題，ナラティヴの問いが重なります。あるいは社会構成主義のものの見方，哲学が投げかけている問いでもあります。社会構成主義とは，分かりやすく言うと，私たちは各々が生まれ育ったプロセスで作り上げたものの見方（色メガネ）でしかものごとを見，理解することができないので，共通の真実をとらえることができるかどうかわからないという主張です。私は私色のメガネを通してものごとを理解し，受けとめるしかないわけですから，人が真実ととらえることは千差万別であり，そこに嫌悪や攻撃，紛争が生じる可能性があるというわけです。

　そんな社会で私たちができることは，まさに相互理解の対話であり，共感的理解をしようとする絶え間ない努力でしょう。私たち心理臨床の専門家ができることも，そのような理解の道を創ることであり，そうしようとする人々を増やしていくことでしょう。そして，カウンセラーが権威のある位置にあるとき重要なことは，相手に「私色のメガネ」を押しつけないこと，互いに影響を受けて多少色が変わることはあっても違った色のメガネをかけてともに歩むことができるようになることでしょう。その意味で，ナラティヴ・セラピーの姿勢と理論に注目しています。

おわりに

　今日は，ライフキャリアというキーワードを中心にカウンセリングの今後の課題を考えて参りました。このなかには，カウンセリングだけでなく学校におけるライフキャリア教育，日常生活でのライフキャリアの見直しなどもあり，様々な課題と活動がみえてきます。皆さんの活動や生活のなかには，すでにそれぞれの課題と展望をもっておられると思います。それらを見直したり，整理したりするとき，本日の視点が役に立てばうれしく思います。

　私たちは私たちにできることをどう選び，どのように実践していくのでしょうかという問いを投げかけて，話を終わりたいと思います。

　ご清聴ありがとうございました。

質疑応答

〈司会〉　………中略………それではフロアの方から，お時間はそれほど多くはないのですけれども，せっかく先生がいらっしゃっていますので，質問がありましたら手をあげてください。感想でもよろしいかと思います。いかがでしょうか。ご質問とか。

〈平木〉　はい。どうぞ

〈質問者1〉　先生，貴重なお話をありがとうございました。大学でも，それをキャリアといっていいかどうかわからないんですけれど，4年生になった後でどういうふうに就職をするかとか，人生をどう組み立てていくかということが今問題になっているんですが，どうもそこでキャリアカウンセラーとかそういうふうによばれる人たちが指導するのは，先生が途中でおっしゃっていましたが，適性を考えるとか，マッチングをどうするかということになって，そうすると学生にどういうことが起こるかと言うと，一応勧められた通りにいろいろやって就職して，実際に決まるんですけれど，せっかく決まったのにやっぱり何となく納得がいかないからといって，それを止めて就職活動続けたりというふうにお互いに一生懸命やっているんだけども，うまくいかない。うまくいかないうちに，学生の方はやっぱり私に何か間違いがあるんじゃないだろうかと考えたりして。

　それは自分のことを考える機会にはなっているかもしれないですが，うまくキャリアという視点からしっかりケアができていないかなというのが実情だと思うんですが，私がそれを考えるに，どうしてもキャリアカウンセラーの側，つまり成人に達していて，ある程度キャリアが進んでいる側のキャリア観みたいなものとかが，自分もキャリアの真っただ中で進んでいくんだというよりは，何かこの就労する子たちのゴールのようになってしまっていて，そこで終わってしまうみたいなそういう感覚のなかで，自分の実感としてそういうのがあるので，そう指導せざるを得ない，みたいなところがあるかと思うんですが，先生はある程度年齢がいって，自分のキャリアが中盤以降にさしかかっている，そういうキャリアカウンセラーに対する教育ですとか，考え方を変えるときに，どういう方法があるか，どういうことを実践されているかということを教えていただけますでしょうか。

〈平木〉　ありがとうございます。本当にその通りで，一番最後に述べたこととともつながるのですが，ミネソタ大学では，今私たちの仕事のなかでよく活用してる，心理教育を実践していました。ウイリアムソンがやっていたことは，まさに心理教育で，人の心理をよく理解した人が相手の心理を大切にしながら，心理的知識を伝えていく。そういう方法論を教科教育のなかにも入れたいと思います。

　学校の先生たちがキャリアを仕事だけにせず，進路指導をライフキャリアの視点で行うことで，どういうことになるかと考えます。

　たとえば大学に入学してから進路に迷う学生は多いですが，その学生たちに幼い頃「何やってた？」と聞くと，無意識にその人が好きになっていたことの芽みたいなものがあって，物理を専攻していた学生が，小さいときほとんど山に行って，植物取ってきたり，鳥をながめたりしていたことを思い出して，生物学に転科したことがあります。

　つまり，どこかに芽があるんだけど，その芽が見えてなかったり，無視していたりします。そういう意味で，私たちがキャリアカウンセリングのノウハウを完全に持ってなくても，種のあるところに水をやり，育てることです。

　それは学校の先生たちも，スクールカウンセラーもできることではないかと思うのです。

　もう一つは，始めから勉強しかやってきてない子どもがすごく多いんですよ。頭がいい人はそれでもいいかもしれませんが。それしかやってない人はとても大変です。一番儲かって，一番自分が周りの人たちから，認めてもらえる仕事は何か，しか考えないで仕事を選ぶことになっていく。

　そういう意味で，ぜひキャリアカウンセリングをよく知らない方々は，そちらに目を向けてくださると，ご自分の場でアイデアが生まれると思います。

　ご質問は，カウンセラーがどうしたらいいかっていうことでいいですよね。こちらを少し広めていただくための本はたくさんあります。それからキャリアカウンセラーたちの中には組織開発の人と協力しようとしてる人たちもいます。組織開発をきちんとやってくれないとライフがくずれていくからです。

〈質問者2〉　今日は貴重なお時間ありがとうございました。実際に，若者の就労だとか，あるいは進路のことを考えたり，支援する場面で，特に若者の場合は，就職するにあたっていろんなキャリアの考え方なんかもいろいろ直接，間接的にそれまで聞いてて，結果として自分のやりたいことが見えないと

いったところがまず最初のネックになってくるケースが結構あるように思うんです。

したがって，お話にありました仕事を探すときにやりたいこと，それから貢献したいことという側面で重ね合ったところで，見つかることが望ましいという考え方はわかるんですけども，そういう考え方で育ってきた若者が，実際社会に出るにあたって，最初にやりたいことが見えないというところでつまずいてしまうということが，結果的に左右してないかといったことを，受け入れる側からも思うんです。

もう一つは，実際にやりたいこと，貢献したいことというので選んだとしても，日本の就職というのは就職する先は会社であったり企業であったりして職種じゃないわけですね。したがって，出版業務がいいということで出版のとこに行っても，そこの会社で経理にいくこともあり得るわけです。そうすると，自分と自分が選んだつもりの仕事には実際には行けないという形が社会のなかで多く出てくるんですね。そのときに，そういったやりたいこと，貢献したいことといったところのなかだけで，仕事が現実に選んでいけないという現実に当たる訳で，その辺はどのように克服していくほうがいいのかなというように思ってるんです。

ライフキャリアっていう概念からすると，とても大事な概念だと思いますけど，ポストというところで，ワークということで考えていくと，この辺のことがもう少しされてほしいなと思っています。

〈平木〉　はい，ありがとうございます。それはとても大きなテーマですね。一言でなかなか答えられないのですが，短く答えると，多重役割の問題と考えていただくとわかりやすいかと思います。私にはこれは女性のキャリアカウンセリングをしているときに，「参ったな～」と思っていることとつながります。女性は，男性よりも割り切りが下手です。男性は，家族を食わせるために就職することをどこかで妥協して，就社しちゃうわけですが，女性はむしろ世の中でできることが少ないゆえに，仕事では自分が本当にやりたいことをしたいと考えてポストを選ぼうとするので，それができないとサッサと辞めるんです。かえって自由に辞めてしまう人たちを見ていて，それは自己実現のはき違いで，わがままだと伝えます。

会社でなすべき仕事とは，多重役割の小型版です。その会社である仕事をすることには，何かの意味があって，今自分がしたい仕事だからやるのでは

なく，自分の一生のなかで多重に重なっていく仕事の可能性を見極めるための機会と考えるのです。今，女性がオリジナルな仕事をしたということで，表彰されている人たちのお話を聞くと，彼女たちは，本当にコツコツ与えられた仕事をつみ重ねて，地位を築き，オリジナリティを発揮しています。自分がやりたいことをわからない人は，役割のなかの一つしかやってこなかったのであり，多重役割は大変だと思わず，選択のための試みと考えることです。過重役割と多重役割は分けて考えましょう。

(2013 年 7 月 20 日　於：大正大学巣鴨校舎)

❏ **参考文献**

Erikson, E. H. & Erikson, J. M. (1997) The Life Cycle Completed: A Review Expanded Edition. W. W. Norton.（村瀬, 近藤訳（2001）ライフサイクル，その完結〈増補版〉みすず書房．）

Gysbers, N. C., Heppner, M. J. & Johnston, J. A. (1988) Career Counseling: Process, Issues and Techniques, Allyn & Bacon.（大久保他訳（2002）ライフキャリアカウンセリング．生産性出版．）

Hansen, S. S. (1997) Integrative Life Planning, Jossey-Bass.（平木他監訳（2013）キャリア開発と統合的ライフ・プランニング―不確実な今を生きる 6 つの重要課題．福村出版．）

平木典子（2010）統合的介入法．東京大学出版会．

平木典子, 柏木惠子（2012）家族を生きる　違いを乗り越えるコミュニケーション．東京大学出版会．

今津孝次郎（2008）人生時間割の社会学．世界思想社．

McDaniels, C., & Gysbers, N. C. (1992) Counseling for Career Development: Theories, Resources, and Practice. San Francisco, Jossy-Bss.

McGoldrick, M., Carter, F. & Garcia-Preto, N. (2011) The Expanded Family Life Cycle: Individual, Family and Social Perspectives. Allyn & Bacon.

Rice, C. P. (1978) The Steal Shutter, International College.（畠瀬, 東口訳（2003）鋼鉄のシャッター―北アイルランド紛争とエンカウンター・グループ．コスモライブラリー．）

渡辺三枝子編著（2007）新版 キャリアの心理学―キャリア支援への発達的アプローチ．ナカニシヤ出版．

心理臨床の本質とこれから
専門性と人間性，そして社会性

村瀬　嘉代子

　こんにちは。悪天候のなかをようこそおいでくださいました。本日のこの表題は大正大学カウンセリング研究所の先生方が私への宿題としてお考えくださったものです。これを見たときに，大切なことですけれども，こういう内容について私が申し上げるのは何かおこがましい気がして。殊に，こちらにお送りしたパワーポイントのもとには，専門性と人間性，そして実は社会性は消してあったのですけれども，ちゃんと補筆下さっていました（笑）。

　専門性とはこういうものです，社会性とはこうで，人間性とはこうで，そんなことを言葉でただ定義するのでなく，私どもの現実生活のなかでの仕事の仕方，それから書いた文章や話す言葉のなかに自ずと現われてくることが大事だと思います。ことに心理臨床ではそうだろうと思いますので，学校の授業のように定義のようなことよりも，今日お話しいたしますことは，今，伊藤先生が過賞なお言葉をもって紹介してくださいましたけれど，私が今後大切だと考えるに到った心理臨床の方向でございます。現在，心理臨床の世界で，これは大切だと言われている，チームワーク，チームアプローチができること，それからアウトリーチ，現場に出かける，――部屋のなかにこもって一対一の面接だけをしている，あるいは特定のテストだけを一生懸命するという，これは基本で大切なことで要らないわけでは絶対ないんですけれども，それだけではなくて――，そういうものをもとにしながら，他の職種の人々と，そして，新しい，これまでなかったような難しい課題のある領域で仕事をどのようにしていくか。そういう心理職が今後様々な領域で強く求められていますので，最近の現場がどうなっているかということを踏まえながら，何がこれから課題かということを具体的にお話ししてまいりたいと思います。

臨床心理士というブランド

　このなかにはこれから臨床心理職の資格がどうなるかということを非常に心配していらっしゃる方もあるかと思います。いろいろな議論がなされていて，そして，こうした資格というのは自分がこうしたいということで決まっていくのではなくて，世の中のいろんな領域の方々と話し合いをしながら，そのなかで適切妥当な線を，決着を見つけていくというものです。まだ今のところ，その作業中で，登山で言いますと富士山の八合目半くらいまでは来て，ここにくることもほとんど不可能ではないかと思われていたところではあります。それが何とか今の状況まで参りましたが，登山というのは最後の一歩で滑落するということもありますので，気を引き締めてと思っております。

　そのなかでこういう議論というのは，私は本当に不毛ではないかと思いますのは，一部ですけれども，これからできる専門職の資格というものは，心理職であって心理師というふうになるだろうという方向ですけれども，そうしますと，これまで培われてきた臨床心理士というもののレベルが下がるとか，価値が低くなるとか，臨床心理士という，そういう何か，何でしょう，ブランドなのですか，そういうものがどうなるかという議論があるのです。

　少し考えていただければお分かりのように，臨床心理士という資格は名称独占であって業務独占ではございません。業務独占と言うのは，例えば医師や歯科医師であるとか，それから危険物取扱主任者とか，このことはこの人が，この資格を取った人のみが行うと決められるような類の資格です。心理臨床の資格はそうではありません。名称独占なのです。

　町のなかで，小売店を切り盛りして，大資本に負けないように，いろんな心配りとお客さんに行き届いた対応をして，そこでちゃんとお店をやっていて，この人は気取らない普通の奥さんだけど，なんだかふっと緊張が解けて，思わず買い物したついでに誰にも言ったことのないことをぽろっと言ってしまうとか，そういう人世の中にいらっしゃいますね。他にもそういう例がたくさんあります。というように，この領域の仕事というのは，私がこの資格を持ってるから大事な心の問題は私にだけ話すのですよと，そんなふうに規定できるものではございません。

　大事なことは，出会った人と自分との間に，相手にこの人は信ずるに値する

人だと思われて，じゃあこの人にどうやって自分を委ねて行こうかとお考えいただく，そこで信頼関係ができあがり，そこからやりとりが始まるというわけです。従って，私はこの職にある限り，一生自己研鑽に努めて，そして自分の相対的なレベルを落とさないように意識して生きていく，昨日できたから今日できるとは限らない。それが私が思う心理臨床の世界だと思います。

　例えば臨床心理士の資格が，新しい資格ができると，なんか下がるって皆さんそう思われますか？　今言ったようなものがこの仕事の本質ですから，一人一人が，あの人は信ずるに足る，somethingな中身がしっかりあるというふうになっていくことによって，この質は維持されるのであって，なにか物理的な，お米がなんでしたっけ，ブランド米でなんとかっていうのとはちょっと根本が違います。ここをぼんやりさせたまま無益な議論をするよりも，むしろこれから，一端しか申し上げられませんけれども，今，臨床の世界は大きな転換期に差し掛かっていて，これまでよりももっと質の高い仕事が求められております。それにどう答えていくか，ということに邁進する方がよろしいのではないかと思います。

家裁調査官への道

　私が学校を卒業しましたころというのはまだ臨床心理学などという言葉もなく，そもそも，人の心を支援するというようなことは現在のようには求められていませんでした。実は現象としては必要な時代でしたけれども——，まず経済成長を高めて，日本がこれからどうやって他国に伍してやっていくか，という空気が世の中に第一義的にある時代でした。現実的にはよく今子どもの問題が複雑になったとか言われますけれども，統計などをご覧いただくと，そのころというのは未成年者の殺人事件の発生率が今よりも高かったり，非常に残虐な事件があったり，世の中は騒然としておりました。人の心は荒れていた時代なんですけれど，でも今のような，心のケアなどに関心が及ばない時代でございました。

　本当に志が低いのですけれど，私は勉強，仕事をしようとか，研究しようなんてさらさら思っていなくて，申し訳ないのですが，友達に誘われ，国家公務員の試験を受けに行ったという次第です。当時は四大卒の女子なんかの就職先というのは，ほとんどない時代で，一般企業などは門戸を閉していました。

私の一年前の卒業時から，NHK が一人か二人，女子のアナウンサーをとるという，四大卒に門戸が開かれ，それから日本航空が数少なくスチュワーデスを採用していました。スチュワーデスは身長不足でだめ，NHK はこれからテレビの時代ということで，写真を前からと横からと撮ったのを何枚も出す，従って適性なし（笑）。

　そのなかで国家公務員は，実際採用は女子は非常に少なかったですけど，友達と一緒に受けました。長く務める気持ちではなく家裁の調査官になりました。先ほど申しましたような社会情勢ですから，非常に残酷な重大事案の少年事件があり，その上人手が足らなくて，今考えると本当に学校出たてで何も知らない自分がよくやっていたと思います。

　今は法律・制度も変わりましたが，当時は調査官補として採用された初年度に強盗で身柄付きになっている事件を面接調査するという時代だったのです。

時所位の感覚

　私は新米ですからわかりませんと言うことは言い訳になりません。本当に無我夢中で勉強をしなくてはと思いました。個別に詳しくお話しする時間がございませんが，表 1 に太字で書いてある，これがそのときそのとき新しい領域で私が大事だと思ったことです。これが図らずも今臨床の世界でこれから，ぜひ必要だと言われているチームワークですとか，連携をとっていく，それからアウトリーチをするというようなことの素地と言いますか，関係があることです。

　私が採用された頃，裁判所には職種が数多くありました。今はだいぶ整理されて減りましたが，当時は裁判官以下 30 職種くらいありました。階層社会です。そのなかで四大卒の女子なんて——今は女性の調査官の方が多いのですけど——本当に少なくて，そういうなかで皆のなかにどう溶け込んでいくか課題でした。本当は実力なくただ学校出てきただけで，周りの書記官や事務官からいっぱい助けてもらわなければ仕事もできないんですけれど。

　だから，そういう違う職種の方々から卑屈ではなく，でも，あの人が一生懸命な分をどうやって仕事で支えてあげようかと思ってもらえるような自分であるにはどうすれば良いか，そういうことが仕事をしていくためには，パーソナリティ理論とかテストに習熟するとかということも大事ですけれど，それが土台だということにすぐ気づきました。

表1　問題意識のこれまで

常に困り感→焦点化と全体状況，定石と創意工夫，スタンスの自覚（責任，チームワーク），生活の質，適用と禁忌，多軸で観察し思考，多面的にかかわる，統合的に，理論や技法を文脈の中で理解し，具体的な対応行動の中にどう現わしていくか提言できるか．

1) 家裁調査官として（1959～）……時・所・位の自覚，生活の質
2) 留学中の気づき（1962～）……伝わる言葉，文化の違いと通底するもの
   私の背景……常に困り感……焦点化した視点と全体状況を視野に
3) 統合失調症圏の人々との出会い（1964～）**生活の質，健康な部分**
4) ANの少女との出会い（1965～）**生活の質**
5) 単科精神科病院でのチームワーク，業務のひろがり（1970～）
6) 発達障害児（自閉症児）の療育（1976～）**生活の質，着手可能な点？**
7) いわゆる境界例といわれる青年の通所施設立ち上げ（1977～）育ち直り，**生活**
8) 民事事件の鑑定，意見書作成（1981～）現在から未来を，実証性と気持ちを汲むこと　**対立する当事者間にあっての中立性と関係性，自己洞察，実証性**
9) 事実を分かちあうこと，インフォームド・コンセント（1993～）出自と居場所感覚
10) 社会的養護児童に出会って（1990～）**生活を通しての治癒と成長**
11) 重複聴覚障害者の支援（1999～）**着手できるところは？　生きたアセスメント**
12) 組織の再生のお手伝い（2003～）自尊感情を取り戻す，着手できる点，**生活**
    各種のフィールドワーク調査研究，（量的研究と質的研究の関連），心理臨床以外の領域以外の方々を含むスーパーヴィジョン（共に考える）

　これは実は職業だけでなくて，人が生きていくときに，家庭生活を営むときも基本じゃないでしょうか．時所位の感覚です．今どういう時代の，あるいは自分は一体どういうときを生きているか．あるいは，自分の時系列として，自分は何歳で，これまでこう生きてきてという自分にとっての時間はどうであるか，つまり時間という軸で考える．

　それから，自分がいるところ，これは所属している，働いている，あるいは家族とか地域とかいろんなものを含みますけど，自分がどういうところにいるのか，それの自覚，それからそういうところのなかにあって，自分がどういう位置づけなのか，新人なのか，あるいは中堅で若い人に相応のアドバイスをしたり支えたりしながら，しかし全体の組織のなかで，組織がうまく回転していくために，どういう配慮をすべきなのか．あるいは自分は相当の責任を背負って，言い訳などをしないで，ことに当たって処すときは，覚悟を持ってやらなくてはいけないのか，というようなことです．

この時所位というのが，人は外に出て——カウンセリング研究所のなかでも本当は私は大事だと思いますが——生きていくときに，これがなくて少年の心理を理解するために，犯罪理論が何々とか，それはすごく大事ですけど，これがないと，裁判所というなかで，そしてまた，自分が書いた意見書が，審判決定後は，保護観察所や少年院に送られ，この記録を読んでみると，書いてあることに意味があると思われるような文を書くことのもとは，今申したような自覚を持つことだと思い到ったのです。

留学の準備

　それと，もう一つ思いましたことは，非行少年の心理を理解することは大事ですけれども，例えば罪質が同じくらいの重さで，その少年の知的，あるいは情緒的な素質や状態が同じくらいであっても，その少年が再犯するかどうかは，その少年を支える人間関係や，生きていく職場や学校や地域社会など環境の違いによって変わっていく訳です。だから，心理学で分かることは，心理学の次元のことであって，人を理解するということは，社会的に，それから経済的に，時間的に，いろんな軸で考える必要があるということも非行少年に会って気付いて，愕然として，こんな実力で仕事は……手の内空っぽみたいで仕事をしていくのは大変だと思ったのが，裁判所に入ったときの困り感です。最初に常に困り感ってありますけど，私の一生は常に困り感に包まれていて，今も大きな困り感を持っています。

　そういう重い意識を持って，研修が終わるときに，思ってもみなかったのですけれども1年留学せよと言われ，私は英語で「こんにちは」くらいしか言えなかったのです。1ドル360円で，日本人がほとんど，まだ外国に行かないころで，自由に渡航などできないときですから。ましてや，電話を掛けるなど非常に贅沢なことですし，とても怖くて，行けません，とモゾモゾ申したのですけれども，これは半ば命令のようなものですのであちらに参りました。

　2月にこの話があって，6月には向こうに行って授業を受けなくちゃいけない。数カ月しかなくて，昼間は仕事して，本当に今はよく数をこなしたって思うぐらいのことをやってましたので，その合間にどう勉強するかというと，そんなに時間はとれません。

　それからもう一つは，多分外国に行くと，日本を人に紹介するとか，あるい

は，これは人を支援する，そういう領域の勉強ですから，いろんなことに関心があって，言葉もいろんな領域の芸術，文化，経済，それから工業，さまざまなことがある程度分かることが必要だと思いました。一言も日本語を話せない年輩の外国人の方を紹介して戴き，その方も日本に関心があり，私から日本のことを聴かれながら英語を教えて下さいました。

　そこで今もありましょうか，旺文社の大学受験の各領域のテキストがありますけど，そのなかの日本史をちょうど計算していくと一週間に一章ずつ和文英訳すると，3カ月くらいで明治時代くらいまで到達することが分かったので，粗末な英語でしたが，とにかく英作文していきました。これは変だと赤に直しながら。でもそれで，聖徳太子とはこういう人で，日本にも憲法があったのだということを伝えると，日本は後進国だと思ったけど，なかなかセンスのある立派な国だとか分かっていただけました。英語を教えて下さった方は自分がメイフラワーの子孫だという大変誇り高いアメリカ人でした。

　そんなやりとりをして，勉強を重ねますと，当然歴史をやっていくとそこには，伊能忠敬が初めて日本地図を書いたとか，あらゆる領域のことが簡潔ですけど，記述されていて，全体の流れをカバーできるのですね。

　なにを申し上げたいかと言うと，ダメだとあっさり諦めない。動機が自分個人の希望よりも，少しでもどこかにお返ししたいという気もちがあると，なにかの手がかりが出てくるので，それを大事に積んでいくと，お若い皆さんにはきっと，これからの道程が開けていくと思います。

伝わる言葉

　アメリカに着きまして，まず「言葉」について考えさせられました。ここに「伝わる言葉」と書きましたが，日本にもそのころ精神分析の翻訳書がございましたが，非常に難しい述語が使われておりました。

　ところが，行きましたバークレーと言うのは行動主義のメッカとも言われ，トールマンという大家の名前を記念してつけたホールがあるくらいだったり，一方で精神分析の先生方も多くいらっしゃいましたけれど，教室で話される英語というのは，美しく，達意で正確で，あまり生の述語を使われないのです。記録を読むと，非行少年Aと，非行少年B，同じような非行の態様と重篤さなのだけれど，ちゃんとAとBの違いがイキイキ伝わってくる記述がなされ

ている。そして問題がどこから由来しているかがよく判り，当人が目前にあたかも居るようにイメージが浮かんでくる。

　それは使用されている言葉が本当に正確で，簡潔で，明快で，こなれている，そういう言葉が大事だということを切実に感じました。しかも，こういう先生方の物腰はとてもソフトで，日本で言われていたカール・ロジャーズのクライエントセンタードアプローチのイメージを彷彿とさせるものだったので，あるとき，先生に日本ではカール・ロジャーズが非常に高く評価されているのだけれども，ここに来て思ったのは，精神分析もクライエントセンタードアプローチもなにがどう違うのか，ときどき言葉も分かりやすくて明確で，誰にでもわかるような表現で，でも内容のレベルは非常にしっかりと特定されるものであるし，とても言葉について，今，自分は強いインプレッションを受けたということを先生に申しますと，「分析しようとするんじゃなくて，理解しようとすることが大事だ」と。そして人を支援するということは，方法は違っても何が必要かということをしっかり状況を捉えて，どこから手を付けたらいいかというふうに考えていると，行き着く頂上は同じところであって登る道が違うのだ，ということを分かりやすい言葉で話して下さいました。

　これは本当にそのとおりで，未だに私の課題です。言葉に対して意識的であるということは，実はこれは人を大事にするということにも繋がってくるのですね。今日，一番終わりに具体的なお話をしようと思いますが，そこでも繰り返し申し上げたいと思います。

生活の質

　それで日本に帰りますと，犯罪を犯した少年のなかに，精神疾患を患っている少年がいる，そういう少年にどういうふうに面接をするのか，事実確認をどういうふうにするのか。それからあんまりそれを無理に進めるとかえって症状がより重くなる場合もありますから，それをどのように進めたらいいかということを研究するために，児童精神科に週に一日，調査官研修所というところの研究員として行くようになりました。

　精神科病棟に行きますと，今も容易ではございませんが，当時は統合失調症というのは，本当に難しい病というふうに考えられているときで，入院している子どもたちは自分が容易ならざる病気だということを知って，ほとんどの子

どもが何となく，あるいは言葉を聞いて知っていて，「シゾ，シゾ」と言ってました。

驚いたことに初日，私を一目見るなり一人の少年が「あ，シゾが治ったお姉さんだ」と叫んだのです。そしたら，もう一人の女の子の患者さんが「あ，シゾが治って大学に復学した大学生ね」って。でもこの言葉を聞いて，本当は私は名乗った後，自分が家裁調査官の研究員だと次の言葉を続けようと思ったのですが，これは自分の病気が容易ならざるものである，でも，この人はその病気から治って，こうやって仕事ができている——大学に復学した大学生だと思われたんですけれど——と思っているその切実な気持ちを思うと，「私，病気になったことないのよ」って言うよりも，非常にそれは難しいけれど，寛解の希望はゼロではない。病気は治らなくても適応力を高めて生きていくという生き方もあるのであれば，私が文字通りの事実をいうよりも，つい本当のことを言えなかったのです……。

それから，入院している人たちといろいろやりとりをしているなかで，病気の状態は同じぐらいでも冒頭に申しましたように，家族の方が病気のことをわかろうとする。それから，患者さんの奇異な行動をなんとか一緒に暮らしていくために自分なりに了解しようとする。復学するときに学校が理解しようとしてくださるところと，全くそういうことが難しいところでは，予後が違うということに気が付きました。

そこで表1に書きました生活の質，最近，生活ということはいろいろな領域で言われるようになってきましたけど，私は発達障害，これも障害というのは人生の初期に心身の不具合が現れて，終生にわたってそれが続くものというふうに障害という言葉が定義されるといたしますと，障害が消えてなくならなくても，あるいは統合失調症が完治しなくても，その人の生活の質が良好になることによって，その人が生きていく適応力と申しますか，生きやすさが増すはずだ。そういうふうに考えれば，どんな人に対しても何かしら手がかりを探せば，ないわけではないと，そのとき考えたのです。

当時は精神療法が統合失調症の人に効き目がほとんどない，とか，いや，あるのだとか，そういう議論を偉い先生方がされていて，そんなときに初心者の私が，しかも私は仕事をいつ辞めようかなと思いながら，やってるようなときがございまして，ただ自分のなかでは密かに思っていて，今日できることの最善をする，そして，非常に手がかりが難しいなという人でも，その人の生活，

24時間の生活がどうなっているか，その人の人間関係が近いところから，それからだんだん遠いところの関係がどういうふうにつながっているかというふうに，つぶさに全体を見ていくと，何か先ほどの時所位に照らして考えて，自分の立場でやってはいけないような，度を越えたことは，もちろんやらないにしても，自分がやってもいいことで，何らかの意味があることはあるというふうに考えたのがこのときです。これは今言葉を変えて，最近の心理臨床の新しい，これが大事だと言われるようになっていることは，お仕事していらっしゃる方はご存知の通りと思います。

アノレキシアの少女との出会い

　同じようなことをやはり，アノレキシアの少女に出会って痛感いたしました。アノレキシアというのは最近では，食にまつわる異常行動，過食と拒食というのは広く知られるようになりましたが，当時日本でこのことを取り上げて論じられているのは，もうお亡くなりになりましたが，下坂幸三先生という精神科医で，外国ではヘレーデ・ドイチェという女性の精神科医だったのですね。

　もっぱら成熟拒否，大人の女性になることの拒否感がある。その背景には親子関係などがあるわけですけど，まだ非常に珍しがられていて，かかわり方については模索状況で，しかも，手ごわい状態を呈する患者さんが多いとされていました。

　私がこの病院に研究員として調査官の肩書で行っておりましたときに，この人を面接してみたらと言われたのは，過食ですぐ吐いてしまう，一日にコッペパンをみかんの段ボールの箱一杯ぐらい食べるとか，他にもいろんなもの一杯食べて，しかも，病院で困っていたのは，この人は売店にそっと忍び込んで，売店の商品を盗んでいる。それから，小児科の病棟では，病気の治癒のために食事制限を受けている子どもさんがいるんですけど，この人のお母さんは，「どうせ，あんたは獣みたいにむさぼり食べて捨てるんだから，吐き捨てるんだから」と言って，お見舞いに来られても，餓鬼餓鬼と呼び捨てにされながら，山のようなコッペパンを置いていかれたのですね。彼女はコッペパンばっかりだと飽きてしまうので，小児病棟に行って職員の目を盗んでパンを売ったり，なかなか機転の利く人なんで，高齢者の病棟に行って肩もみしてお駄賃をもらうとか。他の病棟からは強く苦情が出てくる。それで私に，主治医の先生も「本

当に困る」と――精神科の先生ですけど――「どうしよう」って言われ，「何とかちゃんと早くいいようにやってよ」と言われても，そのころはそんな文献もないころですし……。

　面接を始めると，足がだるいから椅子がいると言われ，一つ椅子をあげると，目の前に足を椅子の上にあげて鼻をほじりながら，私は不幸だという話をバーっとされるし，私はお手上げで，何も役に立てないなあ，どうしようと。しかも，病院のなかから非常にクレームが多く来ていました。ふと考えて，この人だっていくらたくさんものを食べるにしても，本当にそれでは食べる喜び，感動というのはないんではないだろうか。やっぱり食べ物というのは，栄養だけじゃなくて，彩りとか，味の変化とか盛り付け，いろんなものが，相乗して食べることによって，栄養だけじゃなくて精神も和み育つのに，とふと思い立って，それで婦長さんに相談して，怪訝な顔をされましたけど，小さなお弁当を4回差し上げました。彩りと，味付けと，いろんな変化のあるようなのを見ると「あ，きれいだな」と即座に言われました。今はそういうお弁当たくさんありますけども。彼女は蓋を開けて，「ああ，きれいだ。小さいなぁ。量は足らない。でも，このお弁当には心が詰まっている」と言って，もちろん足らなかったんですけど，そういうお弁当を4回食べると，他の患者さんへの著しい迷惑行動が止んで，少しずつものを考えるようになりました。ずっと独身を通されつつ，「私のような不幸な子どものために，不登校で学力が遅れている子の塾の先生になる」と言って，その後いろいろ勉強されて，大卒の資格をとられ，素敵な塾長になられました。

　そのとき，私は狭義の何か心理的なアプローチ，もちろんそれもやっていましたけど，人にとって食生活ってなんだろうかといろいろ考えたことがきっかけで，生活の質というのは，ありとあらゆるところで，大事だと実感し考えるようになった次第です。

子どもにとっての親の大切さ

　少しとばしまして，8番の民事事件ですけれど，1981年に離婚がわが国でも増えまして，夫婦は双方が離婚に納得しているけれど，子どもの親権をめぐって決着がつかないといった事件が増えました。例えば，ある時期までは子どもの親権者は母親がなるというのが，日本の社会通念でした。

足らない養育料は，父親が払えればというのが，大元のコンセンサスでしたけれども，しかし，40歳過ぎて自分の先が見えるようになって再婚して，子どもが小さくても，定年を迎えてしまうとか，あるいは過当競争の人生のなかで，仕事ばかりが全てではない，男だって育児を楽しみたいとか，あるいは，祖父母がいつまでも元気で若いので，子育てを自分の親に手伝ってもらえるからとか，いろんな理由で，男性でも子どもを育てたい，親権者になりたいという方が次第に増え，最高裁まで争うという事例が出てきました。

　そこで，どちらの親が適切な親権者かということは，これは本来，法律的内容よりも，子どもにとっていい関係を持てて，子どもの人格の発達をうまく促す，その人物はだれかという，これは心理学的な児童心理学の問題だというふうに，研究熱心な裁判官の方々のお考えがあって……。

　後で聞きますと，日本で初めてだろうと言われている，争っている夫婦の間の子どものどちらが親として適切かという過酷な民事鑑定人を命じられたのです。子どもからすると厳しく辛い状況です。相当に大変な親でも，まず子どもは何とかしてもう一回仲良くなれないのか，あるいは，あんなお父さんでも，あんなお母さんでも，やっぱり私の親だという気持ちを，虐待されて散々な目に合っているような子どもでも両親が関係を修復することを願っている。自分にこんな跡が残るような傷を残した親だけれど，こんなふうにしか振る舞えなかった，自分の人生を悔やんでいて，失敗ばかりして来たと思って，半ば生きることに絶望しているお母さんは気の毒な人だというようなことを，子どもは話している内に，落ち着き成熟してくると，言葉に現わしてくることもあり，親子関係とは非常に微妙だと思います。

　私たちはどういう人間になりたいかということを意識的無意識的に考えていくときに，皆さまいかがでしょうか。一番元はやはり自分のお父さんお母さんを元にされていたと思うのです。そこにその次に出会う先生ですとか，何かを教えてくださる師とする人とか，あるいは友達の家庭で出会ったお父さんお母さんとか，次第に人間関係が広がるなかでモデルが多くなっていって，それを少しずつ取り入れていくのが成長過程だと思いますが，そういう意味で一番元のモデルになる親を否定していては，自分がどうやって踏み出して行ったらいいか非常に難しいことですね。従って簡単に他人が，あんな親のことはあきらめなさいなどと言うのは，厳に控えるべきではないだろうかと思うのです。

具象の行動と生活

　1番から7番のかかわりというのは，どちらかというと成長モデルです。こういうふうにするとこういうふうに相手は変容していくと考えるわけですが，鑑定をするというのは決めなくてはならない。ここで，あえてどちらかを選ぶ。その根拠は何かということを説得力を持って鑑定書を作成する。しかも，多くの場合，皆さんも事例研究をなさると事例を回収します，とかシュレッダーにかけますとか，あの名前を変えて秘密を大事にしますとかっていうそれに慣れてらっしゃいますが，鑑定書というのは，当事者や双方の弁護人がよく読んで，それを元に法廷で，鑑定書を書いた鑑定人は尋問に答えなくてはなりません。

　法廷は傍聴を許すので，傍聴人が聞いてるなかで，裁判官と両方の弁護士から質問があり，ここに書いてることはこういう根拠でこういうふうに書きましたということを答えなくてはなりません。実はこういう仕事ができる心理職の人が育って欲しいというようなことを，こういう問題を扱われる弁護士さんはおっしゃっています。

　この民事鑑定の経験から，自分の行ったことを，それは面接であれ，文章化したものであれ，きちんと人の視線にさらされ，尋問に耐える，しっかり根拠があるということを表現できるかどうかということが課題で，おそらくこういう仕事はこれからの，心理臨床のなかで増えていくと思いますので，そのあたりも，これから若い方は心して勉強していただければと思うところです。

　それと，社会不適応児童，つまり虐待されたり遺棄されたりして，家庭で育つことができない子どもたちの施設，養護施設あるいは乳児院，児童自立支援施設，情短等々に行って，ここで私は実際のフィールドワーク，子どもと生活場面をともにして，一緒に掃除したり食事したり，そこにいらっしゃるケアワーカーの方と同じことをしながらケアワーカーの方にどうしてあのときこういうことを言ったのか，あの子はこういうふうに理解できるという，具体的な状況と関連させる形で事例研究するというようなリサーチと実践をこれまでして参りました。こういう子どもたちへ心理職がかかわるときにどうするか，これは今の日本で議論があるところで，心理職はやはりプレイルームや部屋のなかで面接をする。それに徹底すべきだというお考えの方もいらっしゃいますけれども，人の心は24時間の生活のなかで癒され成長する。そして，具象の行動を

通して，人の心の在り様は現れ，伝わるということを考えると，なにか特定の面接だけが人の精神に影響を及ぼすと考えることは，事実にそぐわない。むしろ生活場面とどう連動した良い形の心理的支援ができるかということが，大きな課題だろうということを，このとき思い，ここでも私は生活ということが，すごく重要だと考えるに到りました。

便利さをどう受け入れるか

これまでに，私が課題だと思ったことが，今日，2010年くらいからしきりに強調されていることと繋がっていることに何か不思議なような，でも，考えてみれば人というのはもちろん時代の変化とこころの変化によって，精神風土というのは変わりますけれど，本質は大きくは変わりませんから，大事なことは当然共通すると思います……。

ここをかい摘んで申しますと，近代文明というのは私たちに利便性をたくさん与えてくれているわけですね。これはいいことだけかと言うと，単純にそう断言できない。人間が本来持っていた美質といいますか，そこをずいぶん損なうようなこともあると思うのです。

例えば，便利になってくると，人は自分でものを観察し，その特徴に合わせてどう自分が振る舞ったらいいかという自分の努力をしなくってもよくなります。ドア一つとっても，自動ドアが開いてくれる。そんなものがなかったころは，立てつけが悪そうだなと思うドアだと，そっと自分が持ち上げて閉めるとか——大体皆さんそんなドア触ったことない方，お若い方多いでしょうね——。それから，非常に滑車が軽くて乱暴にしめると跳ね返りそうな戸だと，そっと閉めないと皆に迷惑がかかるなとか，スチール戸一つについても，瞬時に観察し，それにどう振る舞うかという，そういうことを生活のなかでしましたけど。今は都合よくドアが開いてくれると，その間，何も考えていないんじゃないでしょうか。

こういう例を挙げればたくさんあります。ですから，ミーイズムというふうに自分の受けた不便さには凄く敏感だけれども，人に及ぼしたことについては著しく鈍感であるというふうになるとか，大体，今私たちは刻々鈍くなっているんじゃないかと思われます。

努力しなくてもネットを見ますと，資料価値は定かではなくとも——ネット

で出てくることが全部精度が高くて本当かどうかという，これを見極める力も実は要りますけど——，器用に部分引用でレポートくらい書こうと思って，キーワードを入れると何か書けますでしょう？　驚いたことに，アメリカのアイビーリーグでさえ，そういうレポートがあってそれを見抜くのが，アイビーリーグの教授の才能だと言われているようなことで，私の一緒に共同研究していたある大学の先生も，先生だけで集まってハサミとノリのレポートを見分ける手立てについて話し合ったそうなのです。

　そういうお手軽な時代になってしまいましたから，当然考え抜くとか，本当に調べるとか，良い意味での知的な能動性を損なわれがちです。いちいち申しませんけど，気を付けないと，私たちは，便利さを享受して，気付かずに，考える力が弱くなっていくみたいで，そうならずに，しかも，便利さをどう享受するか，これも大きな課題ではないかと考える次第です。

人間性と社会性が支える技術

　専門性，人間性，社会性に連なることではございますが，ご承知のように今，認知行動療法はいろんな領域で非常に広く使われております。これを決して否定するものではなくて，どういう場合に用いるのが適切なのか，そこを考えることが必要です。

　今年（平成25年）の3月19，20日と東大の下山先生が，今世界でトップだと言われているエド・ワトキンス教授を招聘されて，2日間ワークショップをされました。おそらく私がワークショップの参加者として，こういうのギネスブック並なんじゃないかと思うのですけど，若い院生や臨床心理士の方と2日間，講義を聞いたり，それからビデオを見たり，ディスカッションしたり，一番隅っこに隠れるようにいて絶対私に当てないで下さいと申したのに，下山先生は私のことを紹介して下さって，最後はワトキンス先生と対談みたいな状況を作って下さったりしました。

　かねてから考えていたことで，改めてそうだなっと思いましたのは，もちろん，認知行動療法の考え方とプログラムは，一つの完成体で，非常に有用なものであると思いますけれど，私はワトキンス教授と対談させていただいたり，この先生がクライエントの方と面接しているビデオを見て思ったのは，認知行動療法が効いている部分より，ワトキンス教授の醸し出しているトータルな人

間性が凄く効いているんだと。あえて言葉にするのは控えましたが……。マニュアルとして認知行動療法のプログラムを使用するだけでは不足するものがあろうと思われました。

　ピエール・ジャネというのは催眠術を創始した人で，ジャネが心理療法について語っている，書いているなんて聞くと皆さんはビックリなさるかもしれませんけれど，実はジャネは心理療法というのは，生理学的な場合でも精神的な場合でも，とにかく心理学の方法を用いて人が少しでも適応しやすくなっていくのを援助する，それは身体的な要因についてのことであっても，あるいは心理的な事象間の関係のことについてであっても，つまり，ありとあらゆる事象について心理学を応用して，その人が少しでも生きやすくなるようなかかわり，それを全て心理療法というと言っています。つまり心理療法というのは1時間だけ，あるときだけ何かするというよりは，クライエントに会って，その人が治って終了するという全体の状況が実は心理療法なのだと考えるほうが本当の現象に即しているといえるのではないかと思うのですね。

　同じようなことを北大名誉教授の精神科医の山下格先生や，亡くなられた世界的に著名な精神医学者の土居健郎先生や，川崎医大の若い村上伸治先生などもおっしゃっていますし，青木省三先生も同じようなことをおっしゃっています。つまりこれは人柄と社会性が技術を支えているということにも関連してくるわけです。

生活とは何か，心とは何か

　先ほど「生活」に言及いたしました。生活とは何かと考えてみると，平たくいうと，衣食住を基にして家のなかでの人間関係，親子，夫婦，兄弟，その他の家のなかの人間関係，それから職業やその他の社会生活のなかでの人間関係を基にしながら，それを維持して生きていくことでしょう。つまり，生きていく全ての営みを含むのが生活であると考えますと，先ほど来から言いますように心理支援というのはできないという対象は本当はないんじゃないか，難しい人にもささやかでもお役に立てるのではないかと思われます。

　さて，心のケアとしきりに言われますけれど，「心とはなんだろうか」。心というのは手にとってみることができません。具体的には，心とは「その人が自分自身をどう捉えているか，それから，他の人や「もの」へどのように関わる

か，それから「こと」へどうかかわるか。「こと」というのは，就職する「こと」，あるいは失職する「こと」，結婚する「こと」，亡くなる「こと」という，そういう「こと」にその人がどんな態度でどうかかわるか，そこにその人の心の在り様が現れている」というふうに考えますと，生活という観点から人を理解するということは，むしろ非常に現実に即して，その人を的確にわかっていくことにつながるとい思います。

臨床心理士の仕事の広がり

　今，臨床心理士は，資格を取った人が2万6,000人くらいでしょうか。臨床心理士会の入会者は1万9,400人でございますけれども，領域は大体図1のようになっております。

　一つの課題は，例えば医療の領域におきましても，これは5年前の統計なので今もっと広がっていると思いますが，非常に様々な領域に心理職の人が働いていて，これは先ほどお話ししましたジャネがありとあらゆるところで，心理的な援助ということもありうると申しましたけれども，心身相関といいますか，いろんな領域が活動領域として少しずつですけれど，広がっております（表2，表3）。

　特にこのなかで，例えば最近は不妊治療などの領域で働いている方がいらして――別枠の心理職の資格をそこでは作られたようですけれども――，そういうところですと，例えば今の技術ですと，いかようなことでもできると。しかし，ここまでの技術は使ってもいいけれども，ここから先にあまりにも人工的なことをしては，むしろ，道徳的にいかがなものだろうか。そういうある倫理的なセンスを持って，人がいかに生きるべきか，何が人間かということを考えながら技術を使ってきたというようなことを，人工生殖をされるお医者様はおっしゃいます。

　そういうときに本当に倫理・哲学的な根拠も踏まえながら，臨床心理の人と討論できるようでありたい。だから若い我々の医学の仕事のこともわかって，そういうことが話せるような力のある人が育っていってほしいというようなお話を，近年受けたりしておりまして，これまで考えられなかったような領域に，今，心理は広がろうとしているわけです。

　それから歯科の分野でも働いている方がいて，入れ歯が合わないのも物理的

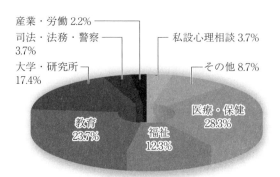

図1　臨床心理士が働く領域
出典：一般社団法人日本臨床心理士会パンフレット (2009) より
（2012年10月の会員数は約18,300人）

表2　診療科別臨床心理士人数（複数回答）

診療科	人数	診療科	人数
精神神経科	728	産科	16
児童精神科	33	緩和ケア科	15
心療内科	195	総合診療部	11
神経内科	88	療育センター	11
循環器・呼吸器内科	34	救命救急センター	9
血液内科	27	周産期母子センター	9
内分泌・代謝内科	27	医療相談室	9
消化器内科	25	皮膚科	8
腎臓内科	10	眼科	6
内科	9	遺伝子医療部	3
腫瘍内科	8	歯科・口腔外科	2
小児科	141	麻酔科	2
リハビリテーション科	57	ICU	2
外科	34	ペイン科	1
脳外科	31	大学病院	4
婦人科	28	企業内病院・診療所	4
耳鼻咽喉科	20	その他	20

※精神科だけではなく，幅広い診療科に勤務しています。

表3　疾患別担当経験者数（複数回答）

	人数	%
気分障害	891	(79.2)
人格障害	858	(76.3)
統合失調症	812	(72.2)
広汎性発達障害・ADHD	759	(67.5)
認知症	473	(42.0)
脳血管障害	310	(27.6)
がん	231	(20.5)
糖尿病	217	(19.3)
視覚障害	117	(10.4)
遺伝子疾患	102	(9.1)
不妊	76	(6.8)
筋ジストロフィー	70	(6.2)
白血病	66	(5.9)
HIV／エイズ	45	(4.0)
臓器移植	24	(2.1)
その他	174	(15.5)

※身体疾患の患者さんの心のケアにも，多くの臨床心理士が携わっています。

に入れ歯の形が合わないだけではなくて，その方の精神的なお気持ちの問題で，本来は合って使えるものが，もうだめだめだめと，何回も型を作り直すような方に，お話を伺っている内に，その入れ歯が合うということがあるそうでございます。

　そういう意味では心理職者が役立つ領域が広がっておりますが，それだけに，関心をもって勉強をしなければならないところも非常に増えているのも事実です。これも同じように，精神科だけでなくて，このように多くの領域で現に働いている方がいらっしゃるということです。

福祉の領域

　福祉領域での課題はケアワーカーとかいろんな職種の方と施設のなかで働く

ときに，どうやってよい関係をもってそこの場で溶け込みながら自分の持っている専門性を発揮するかということです。部屋のなかにいて子どもと面接するだけが，心理職の本当に心理的な支援とは限らないのです。

例えば，こういう施設の子どもさんが，大事なことをぽろっと話すのは，決して面接室のなかと限られているわけではなくて，むしろ，他の切実な状況です。例えば流感になってクリニックに連れて行かれる。他の子どもたちは皆親が付いて来ている。そんなときふと，「どうして他の子どもは親に連れられて来るのに，私は先生と一緒に来るの？　私のお父さん，お母さんってどんな人？」と，そんなときに聞かれるとか。

夜寝てから「私のお母さんってどんな人？」と。昼間明るいところで聞くことは怖いんですね。あなたのお母さんはこうだという現実が，それが自分の親だと受けとめるにはあまりにも重い事実があるときもあるわけです。長期に受刑の生活を送っておられるとか，回復する見込みが少ないであろうという重篤な疾患を病んでいらっしゃるとか。でも，やっぱり親のことを知りたい。そういうときは，夜電気を消して，そっと職員が部屋から出て行くときに小さな声で聞く……。面接室のなかでのみ深甚な心の問題が語られると思ったら，決してそうではない。

こういう施設で子どもに接する職員は，子どもをどう支えてどのようにお話をしていくか。生活臨床と書きましたけど，生活とどう連動しながら自分の専門性を発揮していくかというのが，この領域の今の課題です（表4）。

産業の領域

産業もある時期までは，うつになった，あるいは調子の悪い方を面接室にお招きして面談し，復職する。それから一度職場を失った方も復職訓練をして，そうした仲介会社に紹介して，次の職場を紹介するという支援が主でございましたが，今は不景気でなかなか次の職場をすぐに紹介することはできない。そして，うつの状態も遷延化していて，そう容易に治らず，また調子が悪くなってお休みをしなければならなくなるというようなことで，そういうときに復職プログラムがすんなりいかないときに何をどうすればいいか。どうせ相談に行っても，再就職先を斡旋される見込みがない。つまり，不景気でそんなに簡単に再就職先がない。それを知っていて，でも，やむにやまれず，家にいても

表 4

○福祉領域
　平成19年，児童養護施設において，専門機能強化施設には心理職の常勤雇用が予算措置された……。改善の検討協議中。
　（司法面接，侵襲性を少なく，申述内容の安定性を）生活臨床，チームワーク
○産業での課題
　不調を訴える人への面接室内での面接の他に，組織・環境へ働きかける，予防
○司法・矯正領域
　親権・監護権の帰趨に関わる調査，面接交渉，子どもの意見聴取（真意をどう聴くか），矯正領域における心理的援助，民事鑑定，意見書作成
○教育の領域
　伝統的な生徒へのかかわり中心の支援に加えて，コミュニティとしての学校への多面的かかわり，予防，他職種との協働，危機管理
○発達障害
　具体的で現実の生活向上に直接的に関連するアセスメントと提言が求められる，生活の質をあげられる援助
○大学・研究所
　臨床実践と研究は裏打ちしあったもの
　「臨床とは研究である」（土居健郎）
　児童自立支援施設，養護施設でのフイールドワーク経験から
　教育と臨床との関連のあり方

仕方がないから出かけて，着くや否や不機嫌を一杯に撒き散らされる。
　そういう人に対して窓口の相談員が疲弊しているのを，スーパーヴィジョンに行って，どうスーパーバイズするか。これまでなかったような，より高度で難しいそういう支援技術が，この領域では求められています。例えば，職場でどなたかが不幸にしてお亡くなりになったときに，そのときに亡くなった方のことも大切，ご家族のことも大切。しかし，企業も存続していかなければならない。そして，その方の周りの同僚のことも考えなければならない。そういうときに，経営者，あるいは直属の上司，産業医等々，いろんな人がそこに関わられるわけですけど，そういうときに，どういうふうに協議しながら，ことを一番適切な形に収めていくか。そういうような仕事が，本当にできる人というのが求められるようになっていて，そこに高度な社会性や関連領域の知見が求められます。ハードルが一段高くなっているのが現状です。

司法の領域

　同じように，司法矯正領域でも幅広く深い知識と技術がこれまでに増して求められている。例えば意見書の作成ですけど，今は施設を訴えるという保護者がときどき出てまいりました。ご自身ではいろいろな事情で子どもの養育がうまくいかず，それを公的な機関に委ねているわけですが，風のように現れて，子どもが外で遊んでいて，服に砂がついている，こんな対応をしてくれてどうするのだと施設を訴える。これはいろんな目的がある訳ですけど。それから当然，小公子・小公女のような子どもたちが施設に入る訳ではなくて，子ども同士ですから，そこでトラブルはいろいろある訳ですけど，そういうときに自分の子どもがこうこうこういう被害を受けたということで施設を訴えようとする例が，日本でも，ここ数年くらいで起きてまいりました。

　外で大変な目に遭ってきた子どもたちですから，もちろん施設のなかは穏やかで安心できる場所にして，安心を贈らねばなりません。でも当初から百点というのは極めて難しいことなのですけど，あんまりこれを訴える訴えると言っていると，施設というものが成り立たなくなってくる。そこの辺りがこの領域では一つ課題です。

　新しい仕事をとてもお引き受けする余力もないと思っておりましたが，すぐれた実践をされてきた施設が訴えられ，重要な事態だ，施設での養育について意見書を書いてほしいと，法律家からの依頼で近年，そういう領域にも関わるようになりました。時間にゆとりなく一度はお断りしたのですけど。これも，一方で休息を取ることも大事ですけど，仕事をしていくときというのは，そういう他の領域の方々の迫力も，それにマッチできるものも持ってなきゃだめだなと思いました。

　これは北海道で依頼されたことで，私は北海道にいる間は朝9時にお迎えが来てくださって，夕食後も地域のいろいろな研究会があって，宿舎に帰りますのが，11時半か12時くらいなので，とても時間がなくて，意見書作成やお話を伺うことは無理だと申し上げました。しかし，熱心な弁護士の方々が一日の時間割を書いてくださいって言われて，「今朝9時からのスケジュールを書かれた。上が開いてるじゃないですか。朝ごはん何時ですか？　ホテルは7時から？　自分たちも朝7時に来て，4人で朝食とりながら7時から9時までその

事件のことを討論しましょう」と。

　私の定宿ホテルは郊外なので片道1時間強はかかるのですけど，通っていらっしゃって――私は食べながら話しながらメモするなんて芸当できないんですけど――，大盛りをちゃんと召し上がりながら私の話すことをメモされました。意見書を作成されたんですけど，これが，心理学のプロが書いたと誰が読んでも疑わないようなきちんとしたものをお書きになられて，大量に食べながら考えて話し，相手の叙述を的確に聴取する……。ご飯も食べられない私はだめだなと思いました。要するに，コラボレーションやっていくというのは総合能力がいるんですね。

　意見書の陳述は，田中康雄先生に引き継いでいただきました。社会的養護児童の養育のあり方について，裁判所は関心と理解を増して下さり，最高裁判決で被告が勝訴しました。

　簡単にクレームをつける人が勝つというふうになると，福祉の領域が非常に混乱する。ですから福祉の領域が質を高くして，なるべくそういうクレームの出ないように向上をめざすことはもちろんですが，不適切な批判には的確にこたえる，これも昨今求められている仕事です。

　余談でございますけれど，もう一つ，普通の事件の民事訴訟をするときに，非常に憤懣やるかたない当事者はときとして話が冗長で，弁護士さんはどういうふうに訴状を書いて，どこを論点にするかというのになかなか時間もかかり苦慮すると。

　ある地域では，臨床心理士の方が弁護士さんと一緒に依頼しに来られた依頼人の話を並んで聞いて，感情的になられるのをなだめながら，矛盾した陳述をなさるところを臨床心理士が言葉をかえて意思を確かめながら，ということをすることによって弁護士さんの仕事が非常にスピーディに的確に進む。できたら，こういうことができる心理士が増えてほしいということをおっしゃる方もございます。

教育の領域

　教育の領域で，臨床心理士がたずさわっている仕事にスクールカウンセラーがあります。1995年に発足しましたが，対生徒だけではなくて学校を一つのコミュニティとみなして，全体のメンタルヘルスをどう良くするか，それから，

何かが起きてからではなくて，危機管理とか全体の精神的な健康度をどう上げるかというような，予防をできるというのが最近のスクールカウンセラーには求められています。

発達障害も，発達障害そのものは消退する，消えてなくなるということはなくても，どうやったら少しでも生きやすくなるかという，実際の生活の仕方についての具体的な提言をアセスメントの裏付けを元にできるような心理職が期待されています。

実際に私に親の会の代表の方が「心理の方は難しいことを言って，考えておきましょうとか言われるんですけど，役に立つ現実的なことをぜひ言って欲しい」というような，こういう苦言は苦言であっても素直に受けてそれに応えられるように，一層努力していきたいと思います。

研究ですけども，土居健郎先生は臨床とは研究であると明言されていました。なかには「自分は研究者であるから，あまり臨床はちょっと……」ですとか，「自分は臨床どっぷりなんで研究はしない」と言われますけど，でも本当に臨床場面に役立つ研究というのは，臨床と密接に，裏打ちし合ったものだろうと思います。

心理臨床の営みのモデル

心理療法が，心理臨床の中核であるというふうに言われ，考えられてきました。心理臨床の対象領域の拡がりにつれ，表5に記しましたように，その営みのモデルは分化してきております。

何と申しましても（1）成長変容モデル，こうすればこう変化し，成長変容が生じて問題は解決する，というモデルが多いのは事実です。先ほど申しました，次にどちらの親がより親権者としてふさわしいかというようなことを決めることは，涙を呑んで決めなくちゃならない。決断をするという，そういう判断を，しかも，根拠をもってこの場合はやはりこう考えざるを得ないという，そういう意見の提示ができるかどうかという，この決断モデルについての仕事が，今後少しずつ増すでしょう。

また，これから高齢者が増え，自分の人生をそれなりに，いかにして意味あるものと受け止めて，残る時間を，その人らしく生きていかれるのを，どう支援できるかという高齢者への心理的な支援。それから，増えております，日本

表5 心理臨床の営みに携わるに際して

(1) 成長変容モデル（これまでのところ中心であった）
　　ニーズに応えるために統合的に，近接領域についての関心と連携
(2) 決断モデル
　　現実を受けとめていく，限界をみつめる，事実・情報をどう考えるか，家族に纏わる問題，子どもの親権，監護権など
(3) 個別的必然性・実存を受けとめるということ（過程の意味）
　　緩和ケア，老いを生きる人の傍らにあって，その他

人の一番の死因は腫瘍ですけども，その腫瘍の患者さんに，どういうふうにかかわるかという緩和ケアが大きな課題になっています。

　これは表5の(1)の，こうすればこうなるパターンというようなモデルとは違って，ある限定された状況のなかにいかに必然性のある意味を見いだすか，あるいはある事実をどう受け止めるかという課題です……。ある時期心理学は哲学から分かれて，なるべく物理学をモデルに依拠して科学になろうといたしましたけれど，一方で科学でありながら，人間理解に対する深い洞察を心理学者はもう一度持つようになって，周りの領域の人に提起できるかどうか，そういう難しい，あるいは考え甲斐があると言いますか。それはとりもなおさず，自分がどういうふうに生きていこうとしているのか，生きてきたのかということが問われることでもあります。(3)ですが，平成25年には三分の一は日本の人口は高齢者になるのですね，凄いことですけれども，これもこれからの心理臨床の大きな課題です。

発想の順番を間違えない

　ここまでいろいろな領域でこういうことが課題になっているということを申しました。それができるためには，図2のグレーの領域，何と申しましょうか，一般日常生活をしっかり，土台として，堅実な生活人であって，そして具体的な生活支援，ソーシャルワーク的なことやそういったことができて，そしてそれを抽象的に考えるとこうなるという，このグレーの領域のようなことが，自分のなかで自由に循環して考えられて，状況に応じて振る舞いにできるという，これが今後大切になってくると考えます。

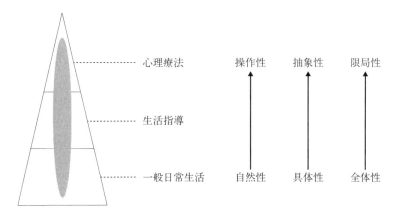

図2　生活を視野に入れた心理支援

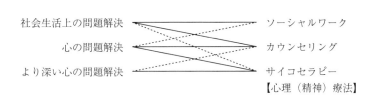

図3　心理支援の特徴

　ソーシャルワーク，カウンセリング，サイコセラピーはそれぞれ，図3のように実線で結ばれているように定義されています。けれど，斜線で結ばれているように，実際の現象というのは，今日の冒頭申しましたように，他の領域の人でも，このソーシャルワーカーの方は，自分の収入に見合った住まいを探してくださるという，それが今は，主な目的で出会ったけれど，でも，この人に初めて素直になって，自分は長年のわだかまりについて相談できたというようなことは現実にはあることです。

　これが現実ですから，私は言葉で自分の専門性はこうだということを自己規定して，言葉で人様に説明することはあまり生産的ではないと思います。かえって周りから違和感を招く場合もありましょう。あの人はなんだろう，さりげなく普通だけど，でもいざと言うときに，必要な知恵を提示し，判断は適切で，ことの本質を的確にとらえる，あるいはどういう勉強したらああいう理解

ができて，安堵感をもたらすのだろう，という存在が心理臨床家ではないかと思うのです。

　いろんな勉強会で，心理職としてのアイデンティティからするっていう発言が時々あるんですけど，いかがなものかなぁと思います。いろんな人といろんな状況で一緒に協力して，しかもそれなりの責任と存在感を持って仕事をしていく，これに集中することが大切で，あまり自己規定に力を入れなくても，事実が語るということでしょう。

　正規分布の真ん中は比較的健康度の高い人ですけど，端っこにいる難しい重い人は社会経済的にも厳しい，かつ，精神的にも問題が深くて，知的な素質もいろいろハンディが多いというような人には，シンプルなマニュアルライクな方法での関わりでは十分とは申せません。シンプルな方法で効く人というのは，原理を聞くと自分で応用して，自分でそれを咀嚼していける人ですけど。重い人は繰り返し繰り返し，生活の営みのなかに盛り込むようにして反復継続してわかっていく。

　例えば皆さん，お勉強があまり得意じゃないという限界級のような子どもさんに家庭教師をしてみて，「ああ，今日この一次方程式の解き方をこの子マスターできた」と思って，一週間たったら，「あら〜」っていうことありません？　それはサボってるんじゃなくて，保持するっていうのは非常に難しいということですね。そういうことを考えると，マニュアルを私は決して否定しませんけれども，どんなときにそれが効果があって，不十分なところはどういう工夫で補うか，それをしっかり考えるのが実力のある心理臨床家だと思います。

二つの視点をもつ

　図4は岩壁先生が紹介されているものですが，要は学派の違いによって，心理的な援助の効果がある，というよりも治療同盟，つまり相手とどういういい人間関係ができたかどうかというようなことがとても大きいという，技法の持っている意味が15％だということですね。そういうグラフです。

　普段の生活は，素直にありのままの，自分でいることが，本来自然なことだと思いますけれども，仕事をしているときの自分というのは自分のなかに二人いることが必要です（図5）。面接者の1は，相手に耳を澄まして，相手はこういうふうに感じているんだな，そのときこうだろうなというふうに，限りな

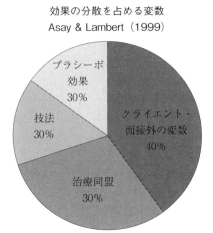

図4　心理療法の効果研究

く，相手に近づいて，相手と同じ景色を眺めながら，同じように感じる努力をする自分がある。しかし一方，もう一人の冷静な自分，面接者の2は，そういうことをしていることが，相手のクライエントがこうなっていけばいいという目標に対して，一体役に立っていくことかどうか——自己満足でただ相手とべったり分かり合ってるというのは仕事になっておらず，場合によっては相手をスポイルいたします——，そんなことはないかどうか，自分のやっていることの意味を，他人のまなざしで，相対的な視点で見る。面接者の2が自分のなかにいる。これが，きちんとバランスよく働いているのが，プロとしての習熟だろうと考えます。

バイセラルな感覚

それからもう一つ，コミュニケーションが，なかなかできない難しい人と，「あ，何か通じたなぁ」となるきっかけは，相手に話させよう話させようと，掘り起こすというだけではなく，まず最初は，図6の上の行ですけど，全体状況を考えながら，その人の何が問題かということに焦点を当てて，よく観察していると何か気が付くことがあるのです。気が付いたことを元にして，自分の知識や経験を，いろいろ思い出して，この人はこうじゃないかああじゃないかっ

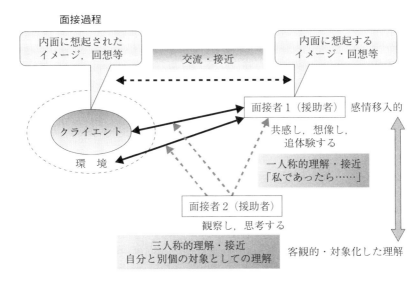

図5 面接者に求められる姿勢

ていうふうなことを，そこで，瞬時に，とりあえずのアセスメントを行うのです。そして，そういうアセスメントができると，そんなふうにものが見えてしまう，思われてしまう人って，実はこんな気持ちで非常にイラつき，落ち着かなくてやるせなくて，すごいことじゃないかなぁっていう。3番目の列ですけど。

そういうことを想像すると同時に，そういう人に会っているときに，自分の内面でたぶん相手の大変さ，相手の体験していることを活き活き体験できる。部分的にちょっと一体感が生まれるような感覚が生じると思うのです。

すると，普通の面接というのは，相手にどうしたら表現をよりわかるようにして貰えるかという観点で考えられていますが，そもそも自分が全くの安全地帯にいて，相手にばかり表現を求めるのは，相手からするとイーヴン（人として分かちあう）ではないでしょう。しかも非常に不安で落ち着かなくて大変な人は，一層不安に感じると思うのです。そういうときに，こちらがある程度率直に，根拠のある，相手を観察していて相手から感じ取って考えたことを基にし，自分のなかに湧いてくる考えや気持ちを，そっと――「こうだ」とか「でしょ」とかっていうのではなく――，相手にむかって表現してみる。これは簡潔な言葉でしかも控えめで相手に分かりやすく表現する……。

○全体状況を思考の視野に入れ，多焦点で観察しながら，その都度，必要な焦点化を行う。

○クライエントの環境については基本的に受け身的な姿勢で，しかし，微少な手懸かりをもとに知見を総動員して根拠に則って想像力を働かせる　→　瞬時に

○クライエントの体験世界を想像すると同時に，自分の内面に浮かぶ感情，思考内容を正直に認識する　→　瞬時に，即時的に

○そこで，クライエントに向かって，独自性があり，平易で明確な言葉を，Visceral な感覚の繋がり

コミュニケーションが生まれる

図6　コミュニケーションが生じる面接の過程

　ここにバイセラル（visceral）と書きましたが――「内臓的な」というふうに普通訳されています――，直観といってもいいでしょうか。大事なことを対象を見ながら考えているときって，自分のなかにいっぱい深い実感を伴う感覚が湧き起っています。自分のうちに沸き起るこの感覚に忠実になることで，それが相手に影響を及ぼしているという認識をもって，そこでちょっと素直に反応してみると，向こうも何か反応するというプロセスを絵にしたものです（図7a）。でも，これは勇気が要りますね。まるで見当違いのことを言うとぶち壊しになるので……。ずっと黙秘権を使っている人とか緘黙の人など，コミュニケーションの成立しにくい難しい人と，人間としてどこか一点繋がる瞬間っていうのは，今のことがとても大事で鍵だと思います。

　図7bは今言葉にして言っておりましたことを，それに足したものですけど，こういうように示せると思います。

人間性と社会性，専門性

　次々詰めたたみ込むようなお話をしてお疲れかと思います。「人間性と社会

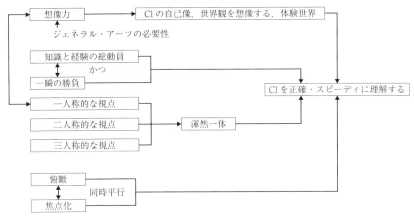

図 7a　コミュニケーションが生じる一瞬の要因
（山尾陽子氏提案の図に加筆）*

性，専門性」。これはどこか一体となったものではないかという意味でたぶん研究所の先生方はこういう表題をくださったのだと思うのです。

　やっぱり優れた専門的な仕事をしているときに，全くそれがメカニカルな仕事は別として，人にかかわるときというのは，確かに人間性や社会性がそこに求められますし，それから建前と本音がずれていて，そんな状態で言ったりしたりすることは，対人援助ではあんまり効力をもたらしません。

　何かのテレビを観ているときのことです。外国人——これは欧米人ではなくて，開発途上国の人を意味していたようでしたが——に差別してはいけないと識者が何人も出席して，盛り上がった雰囲気のときに司会者が，「ところで先生方そうおっしゃいますけど，マンションの先生の隣のお部屋にそういう人が引っ越してこられたら気持ちよく隣付き合いされますか？」って聞かれたら，識者の方々が一様にぐっと言葉を飲み込まれた。これは，その方々だけじゃなくて私たちのなかにもある総論賛成各論反対っていう，人間はそういうところがあるのですけど，これをどこまで自然に克服できるか。完全とはいかなくとも，いつもそういうことを自分に問いかけながら，一方で専門的な仕事をすることであろうと思います。

　私は意図したわけではないのですけど，やっぱり仕事の場の自分と，市井の市民の一人のおばさんの自分とが，乖離したらおかしいという気持ちと，さき

120　第Ⅰ部　心理臨床講義

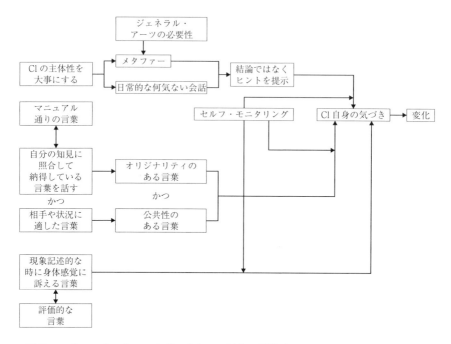

図 7b　コミュニケーションを成り立たせる言葉の特質（クライエントの気づきを促す）
（山尾陽子氏提案の図に加筆）*

ほど申しました例のように，あまり総論賛成各論反対という，書いたり読んだりするときだけ雄弁で，でも実際はやらないということの，その乖離がなるべく少なくありたいと思います。完全にはできなくても言行一致したいと思います。

あるエピソード

　40年近く前でございましょうか。40代に入りました息子が小学校5年の時でした。亡くなりました主人のお友達が，さる大企業の役員をされていて，その方から「今度，ある外国に大きな支店を出す。それの支店長はこの男をおいて他にはもうありえない，この男が行けば成功する，これが成功すると自分の会社だけではなくて日本経済のある領域に非常に意味をもつ。この男に内示を

示すと、『自分の一人息子が高校生で受験を控えている。緘黙で吃音の他いろいろ精神的な問題がある。この子を一緒に外国に連れて行くと受験勉強がうまくいかなくなるから——今そういう状態だけど学力は非常に高い——日本に置いておかなければならない。でも、こういう子どもを置いておくのは心配である』と言われた」と相談がありました。

「手を尽くし、ようやく、そういう学生の寮が見つかったけれど、日曜日の昼食は休みだ。普通、毎週日曜日の昼食ぐらい、別にそんなのお店に行って食べるぐらいなんでもないけれど、緘黙気味で、すごい吃音がある、人のなかに行けない、人間関係がうまくもてないわが子にしてみたら、昼ご飯、お店に入ることもできない。大事な受験生が毎日曜、昼ご飯を食べないっていうのがやっぱり心配、やっぱり一人置いておけないということをくだんの男はいう。そこで、僕は思いついたんだけれど、村瀬君、君の領域だろう。君の奥さんもそういうことがわかる人だって調べたらわかったから、君にぜひ協力してほしい。これから、毎日曜日の昼ごはん、高校生の彼Ａ君が、君の家に行ってごはんを食べるというふうにしてほしい」と言われたのです。

当時、病弱な主人の母と住んでいましたし、しかも日曜日ってたまにはブランチにしたいと思うのに、12時ちょっと前にＡ君が来宅し、昼食を共にするのを毎週かと思ったら、すごく負担に思いましたけれども、理由を聞けば切迫した事情はわかります。やってみましょうと言うと、ご両親があいさつに来られて、これで安心して赴任できますと言われました。

ほとんど緘黙の、もの言わない、いえ言えないというその高校生に会いますと、表情がなくすごく怯えているようでした。でも、成績が良く、このままいくと本当にトップクラスのとこに行けそうだけれども、放っておくとどんどん具合が悪くなりそうに見えました。私はなにも細かい生活歴を聞きませんでしたけど、言葉にそれだけのこだわりがあり、人づきあいがすごく怖いというのは、お父様がそれだけ有能なので、今度初めて外国に行くのではなくて、その前にも外国生活をし、多分すごく辛い経験をされたんじゃないかと……。まだ二十歳にもならない前にたくさんたくさん苦労されたのだと想像したのです。さっきの思ったことを言うということです。

言葉の大切さ

　A君に一人言のように私は語りかけました。「人にとって，言葉は大事よね。あなたは小さい時，このことに痛切に気付いたんじゃないかしら……」，「大変よね，とにかく私は上手にできないけど，ご飯作って毎日曜日に待ってますね」ってそんな挨拶をすると，小学校のときドイツにいて，とっても大変だったっていうことを，ひどくどもりながらやっとの思いでA君は話しました。それで「ああ，この人がこんな話をする，あ，彼なりに今の状態から変わりたい。それからやっぱり，緘黙というけど，本当はもうなんか一杯心の中にはあるんだなあ」っていう溜まっている思いを感じ取りました。でも，とても気が重くて――主人の母も，「まぁ，大変なこと引き受けたのね。私もその方とご一緒にお食事するの？」と，典型的な山の手の奥様だったのですけど――，えらいことになったなあと思いました。

　ところが亡くなりました主人も，帰国子女のはしりで，そのころその外国に本当に日本人がいないところ，父親の任地で産まれたのです。家事を手伝ってくださる方も英語を話すという環境でした。頭を切り替えて，両親は英語で家庭生活を営み，主人は赤ちゃんのときから英語で育って，小学校に入るときにこれではいけないというので主人の母が子どもたち3人を連れて帰国し，義父は今でいう単身赴任となりました。帰国子女，そんな言葉がないときのことです。私は細かくは聞いておりませんが，母を見ていても多分ご苦労されたなと思うので，どこまで逆らわないで円満に行けるか，グレーのことを黒と言われてもはい，白いことを黒と言われてもはいっ，とすごく素直に一生懸命やってたのです（笑）。

　最初のときは，私の息子が素っ頓狂なジョークを言ってもそれが中空に消えて行くような不思議な重い空気のはりつめた昼食で，これを1年間続けるのかと思って，私が，極力おかわりとか何とか言って声を出そうとつとめました。すると3回目に，本当に不思議なことに亡くなりました義母が，自分が若いときに外国に行って適応するのにすごく大変だった，外人を使って，人から見るととても贅沢で，良い生活に見えたと思うけど，言葉もとても大事で，風習も違い，しかも今みたいにメディアがあっていろんなことが分かる訳じゃなくて，飛行機なんてほとんどなく，船で外国へ行った時代ですからどんなに大変

あったことか．そして，帰国したら，親戚のなかで，適応しようと思って——義母は洗練された洋風の方だったのですけど，いろいろと辛い思いをしたっていうことを，なにかしみじみ話されたのです．

そしたら，固くなってたA君がちょっと自然な表情になって，人の顔を見ながら話を聞くようになりました．やっぱり，何か触れるものがあると変わるのかなと思わせられる状況でした．最初「いつもこのテーブルでご一緒するの？」って言っていた義母も，自分が素直に話したら向こうも変わったというので，積極的にテーブルに着くようになり，急に変わりませんけど，でも少しずつ，少しずつ，彼も簡単な返事をするようになりました．どもるのも，最初は，こちらが切なくなって席を立ちたいくらいだったのが，次第に目立たなくなってきたのです．

『國語元年』

そんなときに，佐藤B作さんの劇団が，井上ひさしの『國語元年』——これは非常に優れた戯曲です．機会があったら読んでください——という劇を紀伊國屋ホールで上演されました．佐藤B作さんはテレビで演じられるああいう感じじゃなくて，本当に繊細で，台本には細かい書き込みをして，根はとてもシリアスな劇を，しかし笑いをもってやりたいという方なのですね．『國語元年』の劇を，たまに，観劇も必要だと主人が申し，主人の母が留守番をして，4人で観に行きました．

あらすじを言いますと，明治維新で新政府が，日本語の標準語を作らなければならない．日本中に様々な言葉があるので，どれかに偏ってはいけない，どれでもない，新しい，しかし，どの方言も皆生きてるような標準語を作るようにと，高級文部官僚に下命するのです．時間を限って．そうすると，佐藤B作さん演ずる高級官僚は非常にまじめなので，日本中から鹿児島藩，それから北は津軽藩から——昔のことですから，馬丁と駁者とか，それから女中さんも上女中，中女中，下女中．それから庭師のおじいさんとか．使用人が14, 5人いるんですけど．それを，あちこちの藩から呼んで，その人たちが話す方言を一生懸命聞いて，それらを足そうと思ったんですけど，もう到底，足して一つの言葉になんかならない．段々段々期日が迫ってくる．ものすごく焦るわけですけど，そのうち，言葉というのは実は，その土地の風土，歴史，いろんなも

のがあってその言葉がそうあるには必然性がある。方言は混ぜて足せばいいものではないっていうようなことに，その主人公は気が付くのです。一方で，早く標準語ができたかという問い合わせもあり，とうとう発狂するのです。

　発狂してしまったところにちょうど，初めて日本に鉄道が通ったときで，「汽笛いっせい新橋を……」というあの歌が流行っていたときなのですけど。使用人の人が，あるとき一生懸命に働いて，たまに息抜きに，皆で唱歌を歌って踊りましょうと言って，「汽笛いっせい新橋を……」って言いながら，これを歌っているときには，皆同じ言葉だって言って，馬丁や馭者や上女中，中女中，下女中，皆が肩組んで，座敷のなかを楽しく踊るんです。そのなかに発狂した，B作さん演ずる主人公は泣き笑いで，言葉の意味の重さを感じながら一緒に踊っているところで幕になるという劇なのです。

　私が話すと感興が薄れますが，これは喜劇でもありますが，本質的には本当に深刻な，井上ひさしの優れた戯曲です。でもなかには，かなり猥雑なセリフとか場面もあるのです。

言葉に泣き，笑い，そして心が通じる

　その内に，5年生の息子が「お母さん，面白いよ，あのA君見てごらん，舞台も面白いけど，A君の方がもっと面白い」って私をこう突きますので，見ると，A君は近眼だったのですけど，家に来たときにはメガネをかけてなくて，でも舞台に引き込まれて，メガネをかけて，本当にもう身を乗り出して，食い入るように観ている……。エネルギーを注いで，考えながら真剣になって，喰い込むように見て楽しんでる，こんなことがこの人にあるのかと思うくらいに，考えながら，しかも笑いながら，そして，猥雑なところはやっぱりまあ，青年期ですから，ニヤニヤしながら喜んでいて。でも息子は「普段と違うでしょ，お母さん」って言うから，「よけいなこと言うんじゃない，あなたはそんなの見るんじゃない」って申しましたが（笑）。

　一方で，亡くなった主人は穏やかな人でしたけれども，それを見ながら，うっすら涙ぐんでいたのですね。その後ですけど，亡くなった主人が申しますのは，「これから小学校へ入るという6歳の春に，1カ月かけて外国から船に乗って来る間に，日本語を全部普通に覚えて，簡単な読み書きもできて，すごく褒められたけれど，あれは子どもの僕にはものすごい辛い，自分が物心付いて会得

した初めの言葉を全部,捨てるような気持ちで覚えて,なんだか根無し草になったようなすごい寂しい気持ちを,あのときはした。でも,そんなことは誰にも言えなかった。それを50何年抱えて来て,『そうだ,あのときの気持ちはこれなんだ』と思ったら初めて,自分は何かあのときの自分に,『よくやった,辛かったんだね』って声をかける気持ちと,『一人ぼっちじゃない』っていう気がして,涙がうっすらにじんだ」というのが主人のことばでした。

　先ほど申しましたように,A君はドイツでドイツ語環境のなかに一人で小さいときに入り,ご両親も苦労されたと思うんですけど,そこでの異文化体験,そしてまた今両親が外国へ行ってるということで,もろもろの気持ちをやっぱりそこに集約して,私が察する何かよりもっと,もっとよくこの劇を観てから共通のものを味わったのではないかと思います。それから何よりも言葉というものは人間の存在,生きるということにどれだけ本質的に意味を持つかということをとっても鮮やかに,私が解説するとなんていうことないかと思うんですが,鮮やかに伝える脚本のすばらしさが,それぞれの人に響いたのだと思います。私は観ていて感動しましたし,小学校5年の息子も感動しておりました。

　その後,外で食事して自分は先に帰るからと主人が申しましたので,近くの中村屋に行って夕食のカレーを食べました。A君は5皿,息子は4皿食べたんですね(笑)。食べた後すごくすっきりして,何かさわやかになって,それからさらに言葉は少しずつ治っていって,一年経ったら「大丈夫です。ぼく,一人でもう外食できますから」と。まあまあ言葉少なですけど普通に話せるようになりました。

　こういう経験してみて思いますことは,私の解説は省きますけれど,先ほどから申しましたように,自分の生き方と仕事というのは,心理臨床の営みでは,非常に分かちがたく結びついているような気がいたします。余談でございますけれども,後にこのことで出会ったA君のお父さんはその会社で上の方に昇られましたが,「やっぱりメンタルヘルスって意味があるんですね」って,ご理解も深まったというところがございます。

　自分がどういう生き方をしていくかって,物事ってあんまり要領よく楽に,決していきませんが,私が非常に不器用な人間のせいもあるかもしれないんですけども,一人の市井の民としての自分のあり方を見つめ考え続けることを大切にしたいと思います。

　一時期,この大学に非常勤で来てくださいました法学者の森田明先生が「専

門性と人間性が衝突するところに，えも言われぬ人に対する影響力を及ぼす要素があるのです」とすごいセリフをおっしゃっいました。

おわりに

　結びでございますけれども，いずれにしましても，理論や技法の新しいものを会得することを怠ってはなりませんけれど，気をつけなくてはいけないのは，それがどういう文脈のなかで，どういう社会文化的経済的背景のなかで生まれたかということを考え，今自分がいる社会経済的文化的背景が何かということを照合して，そして目の前のクライエントがどれぐらいの人かというアセスメントを的確にする，その上で，適合性を十分検討して理論や技法を適用するのだと考えます。

　ある時期までは，アセスメントをして方針を立ててそれから，実際に支援が考えられていましたけれども，私はアセスメントは刻々状況の変化に即応してどういうふうに柔軟にこちらの対応を考えていくかということが肝要だと思っています。そのために柔軟性が求められ，専門知識に加えて，ジェネラルアーツがすごく大事ですし，私は共感とか受容とかいうことよりも，ちょっとの手がかりからそれを元に，自分の知識と経験を総動員して想像力を根拠にもって活発に豊かに巡らす必要がある。そうすると相手に対する理解が広がり，深まるということと，それから，適用する技法がない場合は自分で工夫して生み出すということだと思います。

　さて，最近は非常にディマンティングな方がいろんな場面で増えてきて，とかくこちらの意欲がそがれることが少なからずあるようです。でもそもそも人間ってどんな人でも人から援助を受けることを潔くは思っていない，これは根底にございまして，本当に人から援助を受けるのはとても痛みを感じることです。だから，反対の強いネガティブな態度をとられることがあるということを心に留め，表面の反応に引きずられないということが必要だと思います。

　そして比喩的に申しますと，自分の仕事は全体のなかのごく一部であるという，自分のやっていることは全体のなかのどこの部分でどういう目的でいるのかということを理解する。オーケストラの総譜が読める，そういう実力を持っていて，しかも，ほんのちょっとだけ，2小節だけティンパニーを鳴らす。それしかこの交響曲のなかに自分の出番は少ないんだけど，張り切って異様に大

きな音を出したりするのじゃなくて，謙虚に責任を自覚して，自分のパートを弾く心持ちでいくということが今日の冒頭に申しました，これからのチームワーク，アウトリーチをする，しかも，難しいいろんなこれまでになかったような状況で，力を発揮していく専門職になり得るための根底条件ではないかと思います。

　ご清聴ありがとうございました。

質疑応答

〈司会〉　ありがとうございました。本当に盛りだくさんの内容で，しかも，最後におっしゃっていただいたオーケストラの総譜が読めるってこれ大変なことで，そのなかにあらゆる社会や文化，そういったものが含まれるわけで，もちろん一つずつをマスターしてっていうことではないんだろうと思いますけど，本質を理解していくというようなことが大事なんだろうなと感じます。

　時間になってしまったのですが，せっかくの機会ですので，先生数分くらいよろしいですか。もし，この機会に先生に伺いたいということがございましたならどうぞ。

〈質問者1〉　お時間のないところですいません，お時間をいただいて。今日大変深い話を伺って，もっと深い質問をしなければいけないのですが，どうしても聞きたい質問が一つございまして，お願いしたいんですけども。多分今日のお話で私としては，村瀬先生がこうおっしゃるっていうのはわかっているんですが，間違っているかもしれないんですけど，どうしても使命感として伺っておきたいことがあるんですけど，申し訳ないんですけどお願いします。

　私は満期退職で高校の教師を辞めまして——今スクールカウンセラーと言ってはいけなくて，ガイダンスカウンセラーと言わないといけないみたいなんですけど——こちらの方で10年，20年くらい前に，村瀬先生がまだ現役でいらっしゃったころに，臨床心理士と一緒にいろいろ勉強させていただいて，病理の解釈というよりはむしろ，今日のようなお話を本当にわからないところで，10年通って毎月，エッセンス，立ち振る舞い方，人間としてどうやって，援助者としてなれるかということを勉強させていただいたんですが，臨床心理士の資格がございませんので，国分康孝先生，今井五郎

先生の教育カウンセラー協会の方で今進めております．ガイダンスカウンセラーっていう資格を取って，スクールカウンセラーというのは臨床心理士しか認められていないのですが，来年からは認めてもらえる形になるようですので，私の場合は今，不思議な形で県立ではない高校でやっております．

それで来年からはガイダンスカウンセラーを臨床心理士と並行して採用するという形になっているのですが，国分先生は教育者でない臨床心理士が，学校のカウンセラーになるということに対しては大変憂慮されるいろいろな部分がありまして，ガイダンスカウンセラーの資格とってどんどん相談者をやっていてというようなことを勧めていらっしゃいます．

私としては村瀬先生の薫陶を受けたと言っておこがましいんですけれども，非常に難しいレベルの高いことを私なりにですけれども勉強させていただいて，ぜひこういうことを先生方に，今研修会とか講演会をやる機会がありますので，こちらで勉強したことは，やっぱり並行して役に立つのであんまり対立しないで，両方並行して力を合わせてやっていけるようなシステムの方が，学校というところでもやっぱりいいのではないかというふうに考えているんですね．

そのあたりのところでなかなか難しいいろいろなことがあって，手には負えない部分なんですけれども，村瀬先生は臨床心理士の資格しかない，心理士という言葉は最初のところでお話しなさっていたんですけれども，いろいろな形で人間がかかわるということが多分社会的な意味では大きな力になれるシステムなんじゃないかと思うのに，何かそういう専門性ですかね．自己規定をいろいろしなきゃいけない．そうしないと資格審査とかいろいろな形で仕事が難しいんですけれども，そのあたりはどういうふうに考えていったら，学校というところだと，臨床心理士と教育者としてやってきた先生ともっとレベルの高い形で仕事が一緒にできるのかなっていうところでどんなふうにお考えになるのか教えていただきたいんですけど．

〈村瀬〉　答えは分かっているとおっしゃってましたけれど（笑）．

世の中が段々複雑に分化していきますと自己規定せざるを得ないという，でも，現象，事実，そこにある事実とは少し違っている観念の世界での約束事，それから観念の世界での儀式っていうのは物事には必要な場合もありましょう．

子どもからすれば，要するに，この人中身が非常に豊富で，信頼できて，

意味のあることを言ってくれて，しかも，私はあなたのために役立ったとはつゆほども思わないという実力がありながら謙虚でさりげない人が良いでしょう。こういうのが近代社会では通用しないようでございまして，そのためにちょっと差しさわりありますけど，ランクに分かれた資格を作ったり……。

近代社会は人間の心を貧しくしていると思います。制度って，しょうがない近代社会の所産だと思います。こんなことを言うと，私何だか破壊主義みたいですけれども（笑）。でも子どもが選ぶんじゃないでしょうか。

それで今思い出しました，私こんなこと誰もされてない，でもとても大事だと言われたんですけど，結局それは続かなかったようですが，あるとき，学校のなかで——今はなんていうんですか？　学校事務員さん？　昔は用務員さん？——用務員さんってとても大きな役割を果たしているんじゃないか，用務員さんの部屋で子どもは休んでいたり，それから傘を忘れた父兄が帰りに雨具を借りたり，その間になんか話していたり絶対しているんで，用務員の方々から見た不登校問題っていう研修会を開催したのです。凄く評判良かったのです。しかも，とても卓見で，やっぱり子どもをよく見ておられまして……，しかもそういうことはこれまでどこのデータでも書かれなかった。これからも多分書かれないんじゃないかと思いますけど。私がぼんやり思っていた通り，実際子どもが立ち直っていく上で大事な契機を与えていたり，それから気持ちが萎えて，後退しそうな子どもに気が付いて声掛けしていて，底支えしているということがはっきりしたのですが，ちょっと時間もなくて，本当はちゃんとデータを取ってこうすればいいと思ったんですけど，もしこういう企画を立てたら絶対人は集まるし世の中の役に立つと思います。これが大事な答えです。

〈質問者1〉　ありがとうございます。やはり縄張り争いは止めてもうちょっと裏方に回っていろいろな方がいろいろな形でかかわれるような学校を作ればいいという答えでよろしいでしょうか。どうもありがとうございました。

〈司会〉　大人の論理と言うかこちらのあれではなくて，選ばれることを我々は考えてっていう。

もうひとかたよろしいですか。

〈質問者2〉　こんにちは。先生，2020年に東京オリンピックが決まったので東京オリンピックを一緒に見ましょう。あと7年くらいありますから，お

体お大事にしていただいて，ますます先生のお言葉が必要にされることが増えてくると思われますので，そんなことを思いました。

　２年半ほど臨床を離れて保育とかそういったところに行っていたんですけれども，保育園の子どもたちが「先生『はなかっぱ』見た？」とかいって，見てみると結構深いんですよね。一昨日くらいは，はなかっぱくんのおじいちゃんかおばあちゃんの額にしわができてて，今でいえばエージングっていう言葉になるんでしょうけれども。でも私たちははなかっぱの成長を見守りながらこうやって，笑いながらこのしわができてきたからこのしわを消したくないんだというような話がでていました。

　臨床心理の勉強だけではなくてアニメとかスポーツとか，幅広く視点を持っていただくのがいいのかなというふうにお話を伺いながら感じたという感想と，あともう一つ若い方々にお伝えしたいんですけれども，先ほど先生もおっしゃっていましたけれども，人間性がやっぱり臨床場面では必要になってくるのかなと思っております。

　例えば街中を歩いていて誰も見てないからごみを捨てちゃおうとか，コンビニに家庭ごみ捨てちゃダメっていうけど誰もいないから捨てちゃえとか，そういうことが実は全然関係ないようで臨床現場に関係しているような気が最近していますので，そういった辺りをお伝えしたいのと，そのあたり人間性について先生から言葉があれば幸いに思います。よろしくお願いいたします。

〈村瀬〉　オリンピックを一緒に見ましょうと言ってくださいました。ありがとうございます（笑）。でも私は耐用年数は過ぎておりますので，やっぱり一瞬一瞬を丁寧にできることをしてまいりたいと思っております。

　ご質問の趣旨でございますけれど，一言，中井久夫先生が「隠れた生は最上の生」とおっしゃったのです。今の時代というのはいかに自分を見せる，目立たせるか，一方で成果主義がうたわれ，費用対効果がうたわれ，アピールしなきゃ自分の出番がないという空気があります。どうしても見えるところをどうやるかってところに行きがちですけど。でも，隠れた生は最上の生という，これを思い出して，どうやって目立とうかってそればかり思うのではない，それから人が見てるから行儀よくする，見てないからそれサボるというのじゃなくて，やっぱり自分のなかの何かはいつも見ていると思う。それが，さっき言いましたコミュニケーションが持ちにくい人と繋がるときに，

間接的なようでいながらそれがあるかどうかがずいぶん違うような気がいたします。ありがとうございました。

〈司会〉　どうもありがとうございました。時間もだいぶ過ぎておりますので，これで終えさせていただきたいと思うのですが。

　いろんなお話が出てきましたけれども，最初の方にございました心理臨床とは狭義の心の世界のなかだけではなくて，政治，心理，社会いろんなところ，どこにでもあるんだっていう。そう考えていくと，我々がこれからもっともっと頑張っていかなくてはいけなくて，かかわっていかなければいけない領域っていうのは，まだまだあるんだろう。もちろん，それすごく大変なところではあるけれども，そういう意味では，力さえつけていけば心理臨床の世界っていうのはまだまだ発展するんだろう。そんなことを思わせていただけるお話でした。

　もう一つ，私がどうしてもひと言触れておきたいと思ったのは，成長モデルに対して，決断モデルということを伺って，それは私も常々，先生の比較的身近にいて一緒にお仕事もさせていただいているなかで，常々感じていたんですが，先生がかかわられるケースって，ある意味どっかでこう，最後に良くなっていかれるときに，私の言葉なんですけど，覚悟が決まってきちゃうっていうところがあるんですね。どっかで，生き方の覚悟が決まってきて，いろんな大変な状況を受け入れて生きていかれるっていうことを感じました。ですから，そういう意味での決断モデルっていうのは，どこかで，ある意味我々の側が，それこそ今日のお話にあったように，覚悟が決まってある種の決断ができる，自分の不利益とか自分の都合とかそういったものにかかわらず，事実を引き受けていくという，一種のそういった，覚悟覚悟と繰り返してますけど，そういったものが持てる人間であるということが，クライエントさんや被援助者の方に，そういったものを伝えていけることになるのかなぁと常々思っておりまして，それをまた今日のお話でも再確認をさせていただいたなというふうに思いました。

　今日は本当に長時間に渡って，また，豊かなお話をありがとうございました。改めて，村瀬先生に御礼申し上げたいと思います。

〈村瀬〉　先ほど，いろいろ領域が分かれていて，なかなかというお話でございましたけれども，日本で心理学が基礎系と応用系は長い間相容れないような雰囲気がなくはない，という関係がございました。しかし，今年の4月に，

もうそういう時代ではない，一緒に世の中に役にたつように，そして50年，100年先に，やっぱり心理学っていうのは人間の生活に本当に必要なものであるという，そういう心理学を構築して行こうと，日本心理研修センターが立ち上がりました。
　そこでは，基礎系の方々も一緒にやっていこうということでございまして，さっきおっしゃった国分先生のお弟子さんも理事になっておられます（笑）。少しづつこれから事業を進めていこうとしている次第でございます。
　人間はやっぱり変わるし，変わらなきゃならないし，変われるんじゃないかと，話してみたら話が通じて，やはり共通に願うところは同じだなと，そのセンターを立ち上げて私ども役員一同考えております。国分先生にも宜しくお伝えください（笑）。

〈司会〉　今のお話の続きですけども，受付のところに日本心理研修センターの主催する「諸領域における心理士の動向と基本課題」という研修が，11月の23，24日にございます。案内がございますので，これ，是非，お持ち帰りいただいて，ご参加いただければと思います。
　今先生がおっしゃられたような基礎系から，幅広い先生方の御協力をもとにできている研修センターでの研修です。大変魅力的な内容で，実は私，個人的にすごく行きたいんですけども入試がぶつかってしまい，立場上どうしても行けなくてとっても悔しい思いをしてますんで，是非，たくさんの方に行ってこられて話を聞かせていただければなと思います。是非お持ち帰りください。長時間に渡って皆さんご苦労様でした。村瀬先生ありがとうございました。

　　　　　　　　　　　　　　（2013年10月26日　於：大正大学巣鴨校舎）

第Ⅱ部

講師にきく

村山正治先生にきく

[インタビュー・構成]
日笠摩子
(保坂　怜・笠井恵美)

　このインタビューは2014年3月17日に村山先生に再度，大正大学までお越しいただき，院生2名（保坂怜・笠井恵美）と日笠が伺ったものである。次世代への継承の意味で質問は，他の院生（棚谷見・梶原明・小坂淑子）からも寄せてもらった。
　インタビューは，1)講演の感想を伝え，2)学生からの質問に応えていただき，3)「社会や時代に応じた臨床とは」「そのための訓練とは」という共通テーマについて伺うという流れで予定していた。しかし，実際には，私たちの感想を刺激に先生の当意即妙の，本質に関わるお話が展開した。また，質問に対してもその場の相互作用から，それぞれの実践へのヒントが生まれていく豊かな時間になった。その記録を全部載せることは分量的にかなわず，ここでは一般的関心であろうテーマの部分のみを収録する。

自己実現からの社会変革

日笠：まず，先生の講演に対する私たちの感想をお伝えしたいと思います。
　　　私の第1の印象は，先生が歴史の中でのご自分の仕事の価値や意味を考えながら仕事を進められてきたということです。先生のお話には「社会変革」という発想が自然に出てきます。私は学生運動後の世代だからでしょうか，社会変革は難しいと思ってしまいます。
村山：僕は，やはり社会変革という言葉がひっかかる。一つは大学紛争の最中に，僕は九大の教官で入って，それでカウンセリングがかなり批判されたんです。症状を治すだけで，根本的なところに目を向けていないと散々言われた。でも，僕が言っている社会変革は，自己実現なんです。自己実現を通した変革。カウンセリングルームでは今まではやはり，病理論が中心だった。治して社

会にとにかく適応させていく。それも大事だとは思います。けれど，自己実現という視点から，その人の持っている力をどう発揮するかという視点が臨床心理には少なかった。

　それを大学紛争あたりから，ジェンドリンやロジャースがそういう自己実現モデルを表面に出してきて，一般の人たちをも，セラピーやそういう流れに巻き込んでいった。その形態がエンカウンターやフォーカシングです。そういう意味で「個人が変わることで社会が変わる」というのが僕のテーマです。社会という言葉を出すと，どこから手をつけて良いかわからない。だから僕は，個人の変革を考えることが結果としては社会的な変革につながるととらえるとわかりやすいと思っています。

日笠：そう考えると，臨床の仕事をする者にも無理がないですね。

村山：ええ。例えば僕が20年間仲間とかかわってきている文部省のスクールカウンセラー事業は，やはり僕は社会変革の一つとして考えています。日本ではじめて公立学校にスクールカウンセラーシステムを入れることで，学校が変わっていく，というのが動機や支えでした。社会変革ということで僕がやった一つは，あのシステムを一生懸命やったことです。

日笠：ありがとうございます。社会変革と臨床とのつながりが，今のお話でしっくりきました。自己実現を援助することは私たちも常にやっているし，それをもう少し広く行うために，スクールカウンセラーのシステムの導入があったのだと，つながってきました。

村山：個人の在り方を大事にすることが結局は社会変革につながると理解していただけたらよいと思います。

始めに個人ありき

笠井：先生のご講演から色んなイメージやヒントをいただきました。

　私は企業でずっと仕事をしてきて心理臨床の世界に入ってきたばかりですが，先生のお話は，そんな勉強中の私に，刺激やヒントになりました。個人と集団との関係について考えさせられました。また人を大事にすることや，まず個人から始めることなど，行動としてやっていくことが大事だと思いました。相手の反応をみながら学んだり変えていくことだと思いました。今日はさらに色々うかがえるので非常にありがたいです。

村山：今の話聞いて僕が思うのはやはり，一人一人が今できることからどこからでもやっていくのが大事だということです。社会というと，社会を変えるという大きい話になってしまうけどね。

　もう一つは，今言っていただいた集団と個人の問題についてです。これは長年エンカウンターグループを体験するプロセスでグループをやってきたことで，とらえ方が変わりました。僕らの初期のころは特に，グループは凝集性が大事でした。初期の10年くらいは全体のまとまりをすごく気にしていました。やはりグループから出ていく人がいたら嫌だし，非常にそれが引っ掛かっていました。だけど，看護師さんなどいろんなところでグループやってみると，どうも皆，個人が生きていない。何かの枠に人を合わせることがグループだとおっしゃる人が多くて，これはおかしいと思った。特に教育場面ではそれが非常に強い。僕がめざしているグループとは異なる。

　そこで，「はじめに個人ありき」にグループ観を変えてしまった。グループも最初にグループ分けをしない。グループになってはいきますが，最初からは組まない。まとまりにしないし，ペアで話をさせない。一人でやる。一人でいて，今の自分の感じを確認するだけで，まずはよいとする。それはフォーカシングの影響も受けています。

笠井：いきなりグループにはしないんですね。

村山：そうすると，参加者が安心するの。

　それからこの頃の人は，自己表現を嫌がるから，それを最初からやらせたらもう，本音じゃない話でカッコつけて終わりになる。くたびれるだけ。だから，個人を中心にグループを考えていく方が安全感が高い。特に日本人にはそういう経験が要る。

日笠：個人が先にあったほうがよい。

村山：やはり元々個人ですから。日本文化のなかでは特に集団，コンフォーミティを強調する傾向が強いから。個人の感じが，まず大事なんです。それからもう一つは，コミュニティ論（村山，2003）にも書きましたけれども，昔は出ていく人が気になったんですが，フォローしてみると，出ていく人は，出ていくことで自分を守れる人なんです。

笠井：出ていける人なんですね。

村山：出ていける人は，そこでそれなりに自分を守れるんです。だから，出ていかないで我慢して無理矢理自分でない納得しない在り方をグループでする

ことがかえって大変で，出ていく方がずっと健康なんじゃないかと，だんだん考え方を変えてきた。ただ，やっぱり全体をコミュニティとして考えると，その人たちをコミュニティの一員としてフォローしなくちゃいけない。それでフロアファシリテーターという人を一人入れておいて，その人のところに行って適当にしゃべって所属感を確認し，それでまたグループに戻ってこられるような工夫をしました。

日笠：より大きな枠を作って，グループに留まる人たちだけではなく，そこから外れた人もコミュニティに含むわけですね。

村山：全参加者を含めた全体をコミュニティと考えるほうが共同体感覚，（バラバラで一緒）感が生まれる。そしてそのなかに小グループがある。今までの日本はそのグループが中心になりすぎていたんじゃないかと思います。全体がコミュニティだという言葉を使ったほうが，納得がいきます。コミュニティだから色んなことが起こるし，参加したくない人も出てきて当然です。そして，参加しない人，例えば，隣の部屋で寝てた人が，グループを一番高く評価をしたりする。後で聞いてみると，そういう在り方を認めてもらったのが，とてつもなくよかった体験らしいのです。

笠井：横で寝ててもよいのがよかった。

村山：そう，寝ててもOK。今までのグループでは，集団規範を守ることが強調されるので絶対に許されなかった。ここでは，寝てる参加者OKということで，自分の在り方がそこからスタートする。所属感は大切で，「あなたもメンバーですよ」ということは徹底して伝えますが，その人の在り方は個人の今の気持ちを大事にする。その方が自己実現のイメージにあうと思います。

日笠：はじめに個人ありきで進める，それぞれの人が尊重されるという枠でのコミュニティの在り方なんですね。今までのグループや日本社会では，グループの方が優先だった。

村山：それで皆嫌になって，グループ嫌いがたくさん生産されていく……（笑）。

日笠：先生のグループはそれまでのグループらしくなく，自分が尊重される。

村山：でも，つながり感はその方が強い。一体感という言葉はあまり好きじゃない。連帯感が好きです。

日笠：一体ではなく，それぞれ個がある上でつながるんですね。

村山：そうそう。一体感というと，皆同じにしなきゃいけない感じだけど，連帯の方では一人ひとり違いながら，つながっていく。僕たちのやってきたグ

ループでは，一人ひとりを大事にする方がよいなあというのはあります。
日笠：簡単に私たちの感想をお伝えするつもりだったんですが，そこからさらに先生の豊かな言葉が返ってきて展開してしまいますね。でも次にいきます。保坂さん，感想をお願いします。

自己肯定感

保坂：はい。自己肯定感についてのお話が非常に印象に残っております。
　僕は今，子どもとかかわる仕事や実習をしているのですが，その子たちはとても自信がなくて，自分はダメだと常に思っている子が多いんです。そういう子に対してただ，単純にできたことを褒めてあげるだけですごくいい顔をしてくれます。そういう経験と照らして，どんな人でも自己実現する力を持っていることを，グループの場でも個人面接の場でも，自分が治療者として持っていくことが大切だと思いました。技法に頼る支援ではなく，クライエントさんのどんな面をも認めてあげる態度を，こっちも持ち，それを向こうが持てるように背中を押してあげる支援が必要なのだなと感じました。
村山：ありがとうございます。大事なことを言ってくれました。
　今の僕は，日本の臨床心理で一番大きな課題は，自己肯定感をどう高めるか，そういう機会をどれだけ作れるかだと思っています。政府のうつ対策は「もぐら叩き」です。やれいじめだとか，不登校とか問題が出たらバンと叩きつける。すると，結局また別のところからパッと問題が出る。つまり，問題を追いかけすぎるのではないか。その問題の背景になっている現象に目を向けない。何かを考えなさすぎる。
　僕はこのような問題の背景にあるのは自己肯定感の低さだと思うんです。それは統計にも出てます。あの例の世界青少年の調査（千石，2012）を見たらすごいです。日本はダントツに低い。その理由も研究した方がよいですが，他の研究者にお任せしたい。僕としては，それをどうするかを検討しなくてはならない。
　それからもう一つ，インターネットやLINEがあんなに流行る背景には，自己肯定感の低さがあるのではないかと僕は思う。人とつながってないといられないという不安感の強さ。
　そういう問題を追っかけるだけじゃなく，その背景にある彼らの不安定感

とか，自信のなさに立ち向かったり，それに対応できたりする機会をもっと学校では作るべきなのではないかと思う。今の臨床心理の課題，あるいは教育の課題としてこれが一番大きいテーマだと思います。

日笠：そうですね。臨床心理では問題が起こった人への対応になるけれども，先生がおっしゃっているのは，もっと通常の普通の社会全体で，教育の場で，すべての子に自己肯定感が育つように，ということですね。

村山：そうそう。臨床心理は社会適応モデルや病理モデルにいきすぎる気がします。どう解決するかになってしまう。でも，本当の解決は本人がするので，こっちができるものではないです。

　それからもう一つ，自己実現という考え方が，どうも誤解されてるという気がします。自己実現を，偉い人間になるとか，変身しなきゃいけないと誤解している。そういうふうに受け取ると，もの凄い危険だ。どんどん自分がみじめになって自信がなくなる。つまり，今の自分を肯定するのではなく，今の自分では駄目だととらえて，モデルを高く持つ。それは非常にまずい。

　実は自己実現とは，今ある自分を大事にすることなんです。自分の持っている資質を活かすのが自己実現なので，違う人間になることではない。それはロジャースも言ってます。人間は今の自分を受け入れられない限り，絶対変わらないと言っています。

　その一番大事なテーマをこのごろの臨床心理は考えていない。今の自分でよいというところからスタートすることをもう少し考えないといけない。まずは，自分のよいところ，今の自分はこれだけよいところがあるというところから始める。その人の持っている持ち味をきっちり確認したり，その人にとって大事なことがわかる。そこが自己実現の一番の鍵だと思う。

　エンカウンターグループで，うまくいかなかった人の追跡調査をすると，必ず，今の自分を受け入れていない人です。つまり，エンカウンターグループで変わるという自分でない自分になる変身願望の人が，うまくいかない。変身願望の人は何回出てもどんどんダメになる。それは，自己実現のとらえ方の間違いのせい。今の自分をイヤな自分に向かい合う，そういうなかでよいところを見つける。そのほうがずっと動きがよいんですよ。エンカウンターで変わらない人を追跡したらね，結局そういう結論になりました。変わろうとしすぎて，今の自分を否定するから変わらない。逆に自信がなく，幻想を作ってしまう。

日笠：それはエンカウンターに入る前の心理教育として伝えておいたほうがいいですね。

村山：そうですね。学校の先生も誤解して，エンカウンターに出れば何でもすぐ変わると思っておられるけれど，それは危ないです。

笠井：自己実現という言葉のイメージがそういう誤解を与える。

村山：そうなってしまいます。他に何かいい言葉を作らないといけませんね。先の自己肯定感につながるんですが，今の自分を肯定するわけです。それも，自信持ってない奴が急に自信を持つのではなく，その人のよいところを見つける。

日本の若者の自己肯定感が低いのはなぜか

日笠：自己肯定感に関して棚谷さんから質問があります。「他の国に比べ，日本の高校生は明らかに自己肯定感が低い，という研究をご紹介いただきましたけれども，それはどうしてなのか，その理由や原因について先生はどうお考えですか。」

村山：難しいですね。一つ思うのは，ジェンドリンが言っていることで，自己肯定感の問題を含め心理的な問題は，その社会や文化との関数だということです。日本の文化のなかで自己肯定感を低くする要因として一つ考えられるのは，褒めないことですね。

日笠：ああ，そうですね。アメリカと比べると全然。

村山：アメリカは本当に褒め褒めですよ。僕の子どもが小学校のときにアメリカに連れて行ったんですが，長男が学校で褒められたのを覚えているんです。ある日担任から呼び出されて，怒られそうな気がして「うわぁ〜何だ，いやだねぇ」と思ってたら，カルチャーショック！ 長男の先生が出てきて，なんと，褒められたの。

日笠：子どもではなく親御さんまで褒められるんですか。

村山：そう。若い先生でした。僕は3人子どもがいて，次男の方がアメリカ人にいじめられて学校行ってなかった。それで，長男がアメリカ人と喧嘩して身を守ったというそれだけの話なのね。それを何で，呼び出してまで学校が褒めるんだろうと思ったのです。僕の感触では，アメリカの場合は，自分のよいところを活かしながら人間は生きるんだという考えが強い。よいことを

やったときに，褒める。そしてそのよいところを活かしていきなさいよ，大事に育てなさいよと伝える。そこなんですよ。そういう点で教育の概念が異なる。日本は欠点を直すことにすごくウェイトがかかる国。なんでもできなきゃいけないとされるけれど，なんでもできる人などごく少数です。そういうのが一つ。

　それから，あの偏差値の問題が大きいですね。日本の場合，あれがすべて人間を決定してしまうみたいになっています。序列をつけてしまいますからね。あれは人との比較を学力という点で視覚化しているだけで，一人一人の人間の価値を測る尺度ではない。あれで自分の能力がみんな測られると誤解してしまう。高校生なんか，成績が低いと肯定感が低くなってしまう。

笠井：それぞれの全体を見てないってことですよね。偏差値だけをみている。

村山：そう。いろんなね多次元の能力をみない。特に受験の場合，徹底して偏差値だけでおさえる。先生方もみんな，偏差値がよくないとだめだと言うわけだ。僕のわかる範囲では，アメリカでは価値観が多様で，こんなふうに受験の価値観だけで縛られることはない。それが影響してるんじゃないかなと思います。

　褒めないだけでなく謙譲の美徳も日本にはあります。謙譲の美徳の影響は大きいと思います。

　それと，僕がフォーカシングを学んできて思うのは，やっぱり日本はコンセプトを重視しすぎです。自分の実感を大事にできない文化がある。フォーカシングのいいところは，コンセプトと自分の実感のずれを修正するのが基本というところです。学校ではそれをやらせない。コンセプトばかりが注入される。それが実感とどうつながってるのかがわからなくなってしまう。フォーカシング的に絶えず「やっぱりそれはおかしいと思う」とか「俺は納得してないな」とかそういう実感に目を向けることをさせない。自分の感触を大事にしない。それも自己肯定感の低さにつながっていると思います。

日笠：自分の実感を感じさせないので，肯定をしようにも，その肯定すべき実感がない。

村山：そうそう。コンセプトだけ入ってしまう。そのコンセプトは社会から与えられてしまうものですから。「俺は本当は違うなと思う」ことすらできなくなる。

日笠：いろんな原因がわかりました。褒めないし，偏差値による一元化もある

し，そもそもの実感を大事にしていない。
村山：本当は，臨床心理学が，学会で日本の大問題として，研究プロジェクトチーム作って，なぜ日本人はこんなに自己肯定感が低いのかを，徹底して研究してほしいと思います。僕は，臨床との関係で仮説っぽいことは言ったけれど，本当かどうかわかりません。これは大テーマです。もっと学会が取り組んでほしい。自己肯定感をどう高めていくかには，グループやフォーカシング以外にもいろんなチャンネルがあると思います。

個人と集団の葛藤について

笠井：先ほどお話しいただいた個人と集団の葛藤についてですが，その葛藤を成長につなげるには，どんなアプローチが大切でしょうか。

村山：直接の答えにならないけれど，僕の好みで言えば，葛藤は解決するものではなく，抱えていくものです。つまり，自分の体のなかで，全体で抱えていたら，体が答えてくれるようなものです。葛藤はあってはいけないとか，解決しなくてはいけないとみんな思いすぎているんじゃないか。本当に葛藤ってそんなに解決するんだろうか。葛藤や迷いを持つことを認めないことがむしろ僕は問題があると思う。

　たとえば，ロジャースは，アメリカ心理学会の歴史のなかで科学貢献賞と職業貢献賞の二つの賞をもらっている。両方もらっているのは彼だけです。つまり，研究を一番やった，そしてPCAを作った。その一番の秘密が葛藤なんです。彼が自伝で書いてますけども，臨床心理学の初めのころ，コロンビア大学では，ソーンダイクの行動主義と，ロールシャッハをやっているところ，全く2つが並行していた。どっちが正しいかという葛藤をロジャースは背負った。彼の生涯の研究歴を見たら結果的にそれを解決している。それは二つ両方がありその葛藤を抱え続けたからです。葛藤を持たなければダメだったんですよ。

日笠：抱えていないと自分なりに統合ができない。次のところに行けない。

村山：葛藤があることで，その統合が起こるんですよ。その統合は簡単ではない。ある意味一生かかって彼はやりました。だから葛藤は，その人の人格が必要なことを背負いこんだものだととらえた方がいい。だからそんなに焦ることはない。むしろ，葛藤をどう抱えていられるかをサポートすることが大

事だというのが僕の持論です。
日笠：パーフェクトな答えになっていませんか。葛藤を抱えることが成長につながる。
村山：抱える臨床が大事。そして，葛藤を抱えつつダメにならないにはどうしたらいいのかを考える。
日笠：それは臨床家としてもですが，クライエントさんにとってもですよね。
村山：僕ね，クライエントさんも同じだと思うんです。これは河合さんの影響を受けているのだけど，人間がそれぞれ生きるっていうことは，一人ひとり違います。だから葛藤をはらむということはその人の個性が出てくる可能性があるということです。だから，そこは大事にしたほうがいい。他の人は持たないかもしれないけど，その人が，葛藤を持つわけです。それこそその人の自己実現ではないだろうか。
日笠：その人らしさ，その人の可能性が生まれる。
村山：うん。そういう気がするので，葛藤は大事だと言います。
笠井：でも，急ぎたくなってしまうんですよね。何とかいい方向とかいいものになるといいなあと考える。
村山：そうそう。今の世界の風潮は解決志向だから。でも，あれはあやしい言葉だと僕は思ってます。そんなに葛藤は解決しないよ。ロジャースは一生かかってるんですからね。でも彼が葛藤を持ったことがそれを生んでるんです。なんとかそれを統合したいという動機になっている。彼一人ではなく，研究者を呼んだりしてやっている。歴史を見ると，葛藤が大事なんだと思います。

学校現場に「認め合う」ことを取り入れるには

日笠：次に小坂さんからの質問です。

「集団のなかで個人の多様性を知り，それを受け入れるためには触れ合っていくことが必要です。しかし，触れ合うことにエネルギーを注ぐことは，例えば学校現場ではなかなか大変です。効率優先，システム優先だとなかなかそこまでいきません。私はスクールカウンセラーとして仕事をしていますが，そのモチベーションを高めるよう先生方へ促すとしたら，どんなふうにしたらよいでしょうか。」

村山：これは一番大きな課題です。学校現場が一番やりにくい。僕が今やってることを紹介すれば，まあこういうことはやりやすいところからやっていくんです。

日笠：やりすいところから，やっていく。

村山：うん。つまり，公立学校をターゲットにしたらとてもじゃないけど，歯が立たない。まず実績を作れば，みんな動く。困っているから。それで僕が今やっているのは，一番やりやすい大学なんだよ。大学の一年生，新入生を狙う。学校では，このごろ生徒を集めないといけない。それから生徒に辞められては困る。だからもの凄くモチベーションが高い。そこではかなり実績積んでます。大学とか看護学校とかまではかなりやります。ただ，小中高の公立学校は難しい。先生方ががんじがらめに縛られていて，動けない。

　それに対して一つだけ，僕がやれることは，まずは先生からということです。ある高校の先生からその学校の研修を頼まれた。

日笠：先生がグループを子どもたちにやるんじゃなくて，先生自体のグループを村山先生がファシリテートする。

村山：そう。一番困っているのは実は先生です。教師は，生徒のグループをするのが仕事だと思い込んでるんだけど，実は自分たちが一番必要としている。

　それが分かったのが，僕がやった高校での先生たち5，6人のグループです。2時間ぐらいしか時間がなくて「心の花束」のワークをやった。人のポジティブなこと，長所を書いていくワークです。びっくりしたのが，まず予定外のことが起こった。校長や教頭が，最初は見ていたわけです。入らないなって思ったらね，先生方が校長さんと教頭さんのも書きましょうと言い出した。その提案にみんながさーっと乗った。そしたら校長さん泣き出しちゃった。部下たちが，こんなに自分のことを見てくれているんだって。びっくりした。それで，先生が一番今ポジティブフィードバックを欲しがっているのが分かった。なるほど実は先生に必要なことなんだと。そういうところから入っていくのも一つです。

　先生に味方を作っておく。必要は感じてるんだけど，学校では時間が取れないし，なかなかやれないです。それから，PCAGIP（村山・中田，2012）あたりからはじめる。

日笠：大正大では夏に，東京都の小中高の先生方の事例検討の研修をやっていますが，去年からPCAGIP法での事例検討をしています。検討しながらも

お互いのグループワークになって，事例発表者になった方が，今までは職場では上の立場なので相談することもできなかったけれど，ここでは相談できましたと感動されていました。やはりちょっと上の立場の方に，グループ体験は喜ばれるようです。
村山：先生方の研修に使うのがまず第1ですね。学校の雰囲気が変わったりする。そのなかで，だんだんです。単発でやってもなかなか変わらない。生徒にちょっとやっても先生は期待過剰なので，こんなことでうちの子たちは変わらないじゃないかと言われてしまう。それでおしまいになってしまうからね。先生が認識したら，むしろ先生方にクラスでやってもらう。スクールカウンセラーが直接やるよりもその方がいい。先生が体験し効果があると実感したらね，やりますよ。
日笠：ご自分で実感したら，それは生徒さんにもやりますよね。

出店方式：当事者モデルでのグループ運営

日笠：私もそうですが，エンカウンターグループが苦手な人間もいますよね。エンカウンターグループという枠組みではなく，他のことをやっていても，例えば私にとってのフォーカシングや，茶道の会やヨガのグループでなど他のことでも，その人にとって安心感のあるテーマコミュニティになることはあるんじゃないでしょうか。
村山：そう思います。あの共通点はあると思います。テーマは違っていても，構造や機能が共通というのかな。それについて僕は，安心していられるというのが，所属感というのが一番大事だと思います。何をやるか以前に，それが大事だと思っています。
日笠：テーマはなんであれ，安心感と所属感が，その人にとっての居場所になるために大事で，その人らしくいられるというグループの効果をもたらす。
村山：そうですね。福人研の場合は時々1月くらいに，集まった人で何やるかを，たとえば女性のためのグループやりたいとかを，黒板に書いてその人が募集するというふうにしている。できるだけ，メンバーの意見を出してもらう工夫としては，こちらがね，あんまり決めない。アイデアをいくつか出す程度で。
　それとほら，僕らがしばらく山口県でフォーカシングセミナーみたいなのを10年くらいやったことがあるんですよ。そのときに出店方式をやってい

た。出店方式では,「村山正治は今日のフォーカシングはこういうことやる。池見陽はこういうことをやる。増井武士はこういうことをやる」とスタッフが,みんな自分のやりたいことを提示するんです。そして部屋を決めておく。参加者はそれそれ,勝手に行きたい部屋に行く。つまり,訓練モデルを外してみたんです。何をやるかはこっち（主催者）では決めず,参加者が選んでいく。これは面白かった。増井くんのとこにずっと行く人もいる。それから順番に回って歩く人もいる。その人のなかで問題意識が芽生えていると,この問題は池見さんのとこ行ったほうがいいかな,それから今度は村山のところに行ってみるとか,うまく使っています。

　訓練モデルの良さはある。訓練モデルではきちんと目標があって,やっていく内容も決まっている。でも出店方式では,その人のモチベーションと参加動機で,自分でプログラムを組み立てる。このモデルは,訓練モデルと居方モデルの中間です。参加者のニーズも考えなきゃいけない,でもそればかりだと何をやっていいか分からない人たちは来なくなってしまうんですよね。

日笠：だから,プログラムは提供するけど,自分がよりどりみどり,選べるようにする。

村山：そういうふうにすると,意外と定着します。今日はもう参加しないで,僕は神社に観光にいくとかね。その人に必要なものを選ぶようにする出店方式では意外と,初心者グループみたいなのができる。初めての人がそこに集まって,ごちゃごちゃやる。意外と多様なニーズには応えている。

日笠：いろんな人が自分なりのプログラムを作れるわけですね。

村山：そうそう。あれはやはりPCAモデルの考え方だね。PCAGIPもそうだけれど,やはり当事者モデルはすごく大事だ。

日笠：当事者が選べるという形。

村山：そうそう,当事者が選ぶというのは,なんか収拾がつかないようでいて,かなり収拾がつく。人間って収拾がついている。学校教育もこっちが決めすぎている。

さまざまな人々へのグループアプローチ

日笠：はい。もう一つ,院生の皆さんから出たのは,ファシリテーターとしてグループ活動をいろんな領域に展開するのに何か工夫はありませんかとい

う質問です。中高生のグループ活動や非行少年卒院後のセルフグループに関わっている学生たちからです。また，棚谷さんから「大人の発達障害と言われるような人たちへの地域コミュニティあるいはテーマコミュニティとしてのグループ活動は可能でしょうか。」

村山：そうねえ。ぼくは発達障害の人たちだけを集めたグループはやったことがないけれど，福人研の活動にかなり多様な方々が参加していることは確かです。

だから，発達障害だけと言わないで，居場所を作る。発達障害の人たちだけの場を作らない方がいいような気もします。神田橋（2010）じゃないけれど「人間みんな発達障害」。人間みんな違いがあって当然だっていう考え方です。またやはり発達障害だけだとマネジメントの工夫が必要と思います。いろんな人がいるのが前提で。福人研にはいろんな人が参加しています。

笠井：安心な場にすると自然といろんな方が集まってくるんですね。

村山：やっぱり，そういう人は居場所がないんですよ。精神科行っても落ち着かないし。東京から転勤してきた人もいました。頭はいいので，会社ではちゃんと仕事するけれど，グループは作れない。だから，そういう居場所は必要と思います。

日笠：ちょっと発想をかえて，発達障害的な人にも居ていただけるようなテーマコミュニティを提供すればいいということですね。

村山：うん。どなたでもいいというコミュニティ。だけど僕らの場合はどうしても大人が対象になります。それから，このごろはやはり高齢者の方が多いです。

でも，これから中高生のグループの取り組みが必要な気がします。学校に入っていく突破口はここから開けると思うんです。だから，ぜひここからやってほしいと思うんですが，福大の僕の仲間がやっている高校生のグループは学校では2年目ですが続けています。教員のサポートがある。教員がキーパーソンです。

社会の必要に応えるために

日笠：最後に今回講演をいただいた先生方，平木先生や村瀬先生にも共通して伺ってみたいというテーマが二つあります。私たちが先生方のお話を伺って

感じたのは，3人の先生方が長い50年の歴史のなかで，それぞれの時代や社会の必要に応える形で臨床を展開してこられていることです。そのことについてコメントがあれば伺いたいと思います。

　もう一つは，今の社会やこれからの社会の必要に応えられるような実践家であるために，私たちはどうあればいいんでしょうかという質問です。

村山：うーん，難しいね。

　やはり僕は，時代認識は臨床心理には大事だと思っています。つまり，現代というのは何が問題で，どうやって生きているのか。それがないと表面化した問題だけに集中してしまう。現代社会はどんな社会だという問題意識や認識が必要だ。

　ロジャースやジェンドリンが偉かったのはその認識を明確に持ち，そのミッションを感じていたことです。だからロジャースは世界平和の問題に突っ込んだ。それからジェンドリンはチェンジズとか，インターナショナルな課題にやはり突っ込んでいった。やはり彼ら二人とも，現代社会をきちっとみて，人類がどういう方向に進んでいくかを認識しています。そのなかで，自分の臨床でやれることは何かという問いが出てきている。僕がアメリカで学んだ最大のところはあの二人のその臨床観・社会観です。従来の臨床心理の人とはそこが違う。ハウツーだけの問題にしていかない。でもそれはすぐ解決するという問題ではないように思うんです。けれども，問題点をきちんと認識するのがまず大事なのではないかと思う。

日笠：広く捉える枠が必要ですね。大きな時代認識というか人類の方向という現状の認識。しかしそれに全部対処できるわけではなく，今の自分の立場で臨床家として何ができるかという検討。実際にできることはすごく小さくても，大きな問題意識が必要。

村山：そう。そのためにはまずは，全体を展望できる視点の構築が大切です。で，自分はここを突っ込むんだということ。日本にはあんまり見ないような気がする。残念ながら問題の解決により追われてしまいがちです。

笠井：悪循環になりますね。

村山：そうですね。僕は自己実現の問題というのは大きなテーマだと思います。

　それからやはり高齢化社会のなかで，どんなふうに対応していけるのかという問題が一つ。僕なんかさしずめ後期高齢者でどう生きようかと思っています。周囲をみても，みんなすぐにそうなっていきます。でもあんまりそう

いうことをシステムとして考えていない。臨床心理の求人が出ても高齢者をやってきた人がいない。しかしこれは，高齢者だけの問題というよりも，高齢者がどういう人で，そのためにどういうコミュニティが必要かという問題だという気がします。

　それからやはりロジャースたちの問題と同様に戦争や葛藤の問題。これは，臨床心理では簡単に取り組めないかもしれないけれど，国際で活躍している人，言葉ができる人がファシリテーターとして文化的な葛藤の解決じゃなくて……。

日笠：ちゃんと抱えられるよう，二分法になってしまわないように対応する。

村山：二分法という手法はこわいです。結局は戦争しかなくなってしまう。社会的な葛藤解決に対して臨床心理はどう対応するのかをもっと考えていったほうがいい。

　そういう意味でグループは役に立つ可能性がある。というのは，ロジャーズのビデオでもそうですが，コンテント（内容）を問題にする限り何も解決しない。たとえば，宗教戦争の，つまりアイルランドのカソリックとプロテスタントのそれぞれの論理と教義を話していても何も解決しない。自分が正しいと言うだけになる。だけど，あのビデオを見ていていいなと思うのは，個人の気持ちの話になるとまったく人類共通になってくることです。宗派のことが吹っ飛んでしまう。自分の姉が死んだ，自分の子どもにどう対応するかという話はみんな聴くよね。

日笠：生きている人それぞれの生活，感情生活。

村山：そう，そこに生きている人を僕らは大事にして，そこから葛藤解決していけるような方法を探ってもいいのではないかな。ロジャーズはその先駆者だったし，ジェンドリンもそうです。

日笠：パット・オミディオン（Omidian, 2013：来日ワークショップで）が言っていました。戦争から逃れてきた人が一番悩んでいるのは，戦争状態やそのトラウマやタリバンの仕打ちではなく，夫との関係であったり子どもとの関係だったり家族のことだ，と。

村山：結局，そういうあたりです。これはもう内容を超えた世界ですよね。でも，そこへの対応は，フォーカシングやエンカウンターでできる部分はあるんですよね。そういうのをもっと国が評価して，大事にするとか，それができる人を養成するとか，そういうことを考えていいのではないかという気が

します。

当事者が知恵や資源を持っている

村山：それからもう一つ，僕がPCAGIPから本当に学んでいることですが，当事者がいい知恵をもっているということです。一番困っている人がいちばん回答を持っているんじゃないか。そこを大事にする。そこを一緒に考えていくという基本が，もっと必要になってくると思う。

日笠：当事者が自分に知恵を持っていることに，自信を持つことからですね。

村山：そうなんだよ。これは，PCAGIPをやるとびっくりするくらいわかります。前にもどこかで話したけれど，ある臨床家がPCAGIPで事例検討をしたんです。前に見ていたけれど途中で異動で離れた統合失調症圏の人から時々「あたし死にたいんですけど」というメールがきて，彼はそれに答えていた。彼としては「こんなことでいいんだろうか」と疑問になって検討に出した。そこで面白いことがわかったんだけれど，彼女はたくさんの援助資源を持っていた。精神科医もいる，別れた旦那もいる，実家もある，生活保護も。そういうのがぶあーと出てきた。彼の援助はこんな少しだとわかってきた。

日笠：「そこが切れたらもうだめだ」と思っている。

村山：そうそう。だからもっと他のことができないかと探っている。ところが何かを出すと，その向こうの人が「いや先生，もう，先生にこれだけの負担をかけているんですから，もういいですって」と断られたと言うんです。

日笠：他にもサポートはいっぱいあるんですよね。

村山：向こうは使っているんですよ。それを専門家が知らないだけ。そういうことをもっと考えた方がいい。そのかわり，自分の売りをはっきりする必要がある。そしてそれに徹すればいい。それで役に立っている。クライエントさんのニーズにきちっと応えるだけで専門家は十分なんです。なんでも全部できなくてもいい。

マーガレット・ワーナーというアメリカのパーソンセンタードで難しいケースをやった人も言っています。クライエントが言ってきたことにきちっと応える。難しい人にはそれだけしかやらない。

日笠：クライエントさんは，もう他の援助は他で求めて，ここにはこれだけを求めている。

村山：そうそう。援助というのは本来，そういうものじゃないかな。日本は専門家同士の横の連絡を持たないから，情報が分からないんです。だから，PCAGIPをやってみると，クライエントはいろんなものを使っていることが判明する。逆にクライエントは必要なことはちゃんと分かっているんだ。僕らはそのスペシャルな部分，クライエントが指定してきたことに対してはきちっと対応する。それだけでもう十分と考えて。

日笠：全体像が見えるとこちらは安心して，そのクライエントさんがこちらに求めていることに応えるだけで十分だと思えるし，それを真剣にやろうという気持ちになれますね。

村山：そういうことをもう少し臨床はやったほうがいい。クライエントがどういう援助システムを持っているかという全体を見て，そのなかでの自分の位置づけを分かっておく。

笠井：事例検討ではそういうふうにならない。

村山：ならないんです。事例検討の問題点は，もう一つこの関連で言えば，スクールカウンセラーとして僕ら学習しているんですけれども，実はスクールアセスメントです。これが抜けてますね。今，アセスメントって，個人でロールシャッハやったとかね。それだけでしょ。そうじゃないですよ。環境のアセスメントが心理は弱い。環境がどんなふうに機能しているかどう動かすか，という視点が少ない。組織に対しても，組織アセスメント論を，もうちょっと発達させたほうがいいのではないかな。自分でやっている役割も分かる。今までのようなパーソナリティだけではなく社会に対してもそういう見方があるといい。

日笠：一人のケースについても広い視野を持って，その人がもつすべてのリソースや環境を見て，自分の立場もそのたくさんのリソースのなかの一つとして捉えるわけですね。

村山：そう僕は村瀬さんから一番学んだのはそこです。聴覚障害の人のとき，すごいアセスメントをして，向こうが猫を好きなのを知って，最初の面接のときにわざわざ猫を持って行った。そしたらいっぺんに向こうがほぐれる。きっと情報を集めたんですよ。そういう部分が，もっと大事にされるといいと思う。ロジャーズたちはそれと反対な方向で勝負してきてました。それはそれで別の意味があるんですけれど，それこそ何が起こってくるか分からない世界です。適切に対応するには絶対アセスメントがいります。それが決まっ

てからロジャーズたちのアプローチはすごく有効です。
日笠：全体をみないとここでの援助に何が必要かが分からない。
村山：そういう意味の言葉を作りたいですね。診断という医学用語やアセスメントではなくて。臨床心理がもっと評価され，有用性が高まるような。全体をどう見るかをとらえるとらえ方。パーソナリティだけではなく，環境やサポート資源までとらえる見方が大事だ。特にサポート資源が大事です。

臨床家訓練について：グループ体験・PCAGIP法

村山：臨床家のトレーニングや養成については，僕はグループ屋だから，もうちょっとみんなにグループを体験してほしいと思います。僕は教育分析を受けたことがないけれど，グループ体験そのものが僕にとってはすごく大事な教育分析的な場です。自分自身と向き合う機会が，臨床心理士試験システムの副作用なのか少なくなりました。僕ら自分で作って責任感じますけれどね。もっと体験をたくさんするカリキュラムが必要なのではないかな。グループを通じて自分を確認する作業が必要な気がします。

村山：今までのトレーニングは，一対一で誰々のスーパービジョンを受けた，誰々の分析を受けたというのが強すぎる。最近その傾向が特に強い気がします。グループがもっとあった方がよい。

ミック・クーパー（Cooper, 2008）の本を読んだら，流派の相違は有意差なしです。大事なのは，コモンファクター，諸流派の共通の効果要因です。だから，流派を超えて，どういう訓練の仕方を作っていくかが問題です。この間，スクールカウンセラーに聞いてみたら，「大学では，何々流派がありますけれど，実践に出たら，そんなものなにも関係ない」と言われた。現場に入ったら流派よりも，いかに役に立つか。それしかない。

これについてはジェンドリンが，ロジャーズが亡くなったときの「American Psychologist」に書いている有名な言葉があります。追悼文の最後に，ジェンドリンがロジャーズの言葉として「自分はクライエント・センタード・セラピーを作ろうと思っていたわけじゃない。クライエントに役に立つやり方を作ろうと思ってきた」（Gendlin, 2002）と言っている。

ともかく流派の問題ではなく，効果がなくてはどうしようもない，という時代が来ている。この視点をなんとか訓練のプログラムのなかに活かしてい

かなくてはならない。どうやったら実際に役に立つやり方を開発したり作っていけるのか。

日笠：役に立つやり方をちゃんと伝えていくことと，その背景として，グループだったり，体験で学んでいくということをもう少し入れていく。

村山：今は，理論に偏り過ぎている気がします。頭でっかちになりすぎるきらいがある。もう少し，実体験をもっとたくさん積むようなシステムが必要です。

日笠：PCAGIPを私たちの実習ゼミでは，ケース理解のためにもずっと使ってきて，最後には発表者が自分自身のことをとりあげてPCAGIPを行い，それが自己理解の方法としてとてもよかったのですが，それをやった梶原さんから先生のご意見を聞いてほしいと頼まれています。

村山：はいはい。たしかにね，その通りです。特に院生の訓練ではとても有効だと思います。自分のことを出すことは，他所ではやりにくい。プライバシーの問題があって質問しにくい。ところが，一つの共同体で院生たちが仲間でしょう。だから，真剣にかかわってくれます。その人が自分のナマの問題を大学院でやると，自己理解に，つまり一種のエンカウンターみたいになることはある。

日笠：エンカウンターだけれど，順番や枠組みがある。

村山：そうそう。守られています。ベーシックエンカウンターはそれが難しい。そういう意味で，自分を理解していく一つの重要な方法として，しかも，比較的安全な方法です。

　それとフォーカシングが効いている気がする。PCAGIPで問題点は，いろいろ質問するときに，フォーカシングのような体験がない人は表面的な事実関係にいく。なかに入らない。フォーカシングを知っている人からはなかに入る質問がだんだん出てくる。そこがたぶん効果を生み出している要因です。それを知らない人は，よく家族関係などの全体の布置はわかってもそれ以上の深みが出てこないですよ。だけども，内面に関わっていく質問が出るなかで，本人もそれで気がついた，こんなこと考えてなかったなという部分がたぶん出てくる。小坂さんの場合（村山・中田，2012）のようにフォーカシングをやった人たちのグループでそれが出ている。そういう意味でのフォーカシングの効果は大きいと思っています。

　大学院でおやりになって有効だった理由の一つは，内面的な質問を通して，一種の相互スーパービジョンみたいなものが起こっている。しかも安全に。

それはものすごく面白いと思います。十分に使える気がします。

最後に今日の感想

日笠：今日のお話を伺って最後に感想をと思います。私はPCAGIPの意義を再確認しました。先ほど先生が、トレーニングについて、体験的なものを入れていく必要と、全体が見えるようになる必要という、二つのテーマを挙げられましたが、それがまさにPCAGIPで実現するというふうに思いました。私も大学教員の立場として、これからの方たちに、こういう安全な体験的訓練の場を提供していこうと思いました。

笠井：あまりにもたくさんのお話があって感想がまとまりません。でも、イメージとして、ありとあらゆるものを使っていかないといけないという感じがあります。

　今までの歴史とこれからの見通しという時間軸の大きさ。コミュニティの見方。クライエントさんとの関係。クライエントのニーズに対応することで何ができるかという問題。言語だけではなくて、フォーカシング的な感じに基づくとまた様々なことが違って感じたり動いていく。クライエントさんとの関係でも、周りの人との関係でも、全然違うものを、見たり感じたり、かかわったりしていく可能性がある。なんか、ありとあらゆるものを感じていかなくてはならない感じです。

村山：だけど、そこがフォーカシングの考え方では、最後ここに（胸に）聞けばいい。全部を抱えて「じゃそれってなんなの」とここに聞けばいい。それがフォーカシング。

　僕が学生に言ってるのは、やはり、自分にピンとくることを大事にしろと言うことです。いろんなことを読むけれども、いらないものは、ピンとこない。それらは置いといて、見たら分かるぐらいにしておけばよい。ピンとくるものは、なんか自分を惹きつけるものだから、さっきの葛藤じゃないけど、絶対自分にとって大事なものです。そこが大事。それを育てていく。あんまりなんでも学ばなくてはいけないとなっては大変ですから。

　やはり感触が最後です。そこで、まとまってくる。今自分にとって必要なことは、これでよいとわかる。

笠井：ありがとうございます。安心しました。

保坂：本当にたくさんのお話を聞いて，僕も笠井さんと一緒で，ぐるぐるしています。そのなかで一つ印象的だったのは，クライエントさんのニーズに答えるという話のなかで，PCAGIP で検討するとクライエントさんには他の資源もたくさんあることが分かるということでした。どうしても，一対一の面接だと，その場のことが全てのように僕らは思いがちですけど，一歩離れて，その人が普通の生活をしている場面があることを，常に意識していないと，ニーズには応えられないと思いました。ニーズに応えるためには，その人にはここで見せている顔だけではなく他の生活もあることをしっかり心において，これから支援をしていきたいと感じました。

村山：それは，だから，ランバートのパイで心理療法の効果要因の 40 パーセントはクライエント側の要因だという，まさにそのことですよね。セラピストだけが援助資源ではないという視点をこちらが持っていることで理解が進む気がします。僕にとって，一番のリソースは，最近はミック・クーパー（Cooper, 2008）の本と，あとはやはり体験です。PCAGIP は毎回違うから学ぶことが多いです。

日笠：「体験から学ぶ」ですね。今日は，先生に質問をしても感想を申し上げても，それが刺激になって先生からとても豊かな応答がいただけて楽しい時間でした。ありがとうございました。

＊　　＊　　＊

　実際のインタビューは 1 時間半以上にもわたった。その場で即時の相互作用に，先生の歴史から蓄積された知恵からのひらめきが，花火のように何段にも何重にもきらめき輝き広がるのを楽しませていただいた。
　ここにはその半分程度しか納められていない。省略した部分の多くは，院生が自分の実践上の困難に関わる質問をきっかけに展開した箇所である。実はそこここそ先生の面目躍如であった。例えば，非行少年たちの卒院後グループの運営に関する質問に先生は，自分はやったことがないけれどこれから必要だと励ましてくれ，その後，その取り組みをやろうとしている院生とのやり取りが展開した。そしてそこから，継続の必要性や来た人のニーズの尊重などたくさんの示唆が生まれた。その部分の掲載はかなわなかったが，重ねて，村山先生とのインタビューで最も印象的だったのは，自他をともに尊重するその場のやり

とりから生まれる創造的なプロセスであったことを強調しておきたい。

(編集責任:日笠摩子)

❏ 参考文献

Cooper, M. (2008): Essential Research Findings in Counselling and Psychotherapy: The Facts are Friendly. SAGE Publications Ltd. (清水他 (訳) (2012): エビデンスにもとづくカウンセリング効果の研究—クライアントにとって何が最も役に立つのか. 岩崎学術出版社.)

Gendlin, E. T. (2002): Foreword in Rogers, C. R., and Russell, D. E., Carl Rogers: The Quiet Revolutionary, An Oral History. Roseville, CA: Penmarin Books. (畠瀬直子 (訳) カール・ロジャーズ静かなる革命　誠信書房.)

神田橋條治 (2010) 発達障害は治りますか?　花風社.

村山正治 (2003) コミュニティ・アプローチ特論. 放送大学教育振興会.

村山正治・中田行重 (2012) 新しい事例検討法 PCAGIP 入門−パーソン・センタード・アプローチの視点から. 創元社.

押江隆 (2009) 地域における無目的志向のフリースペースの意義. 人間性心理学研究, 27, 45-56.

千石保 (2012) 高校生の生活意識と留学に関する調査報告. 財団法人日本青少年研究所.

平木典子先生との対話

[インタビュー・構成]
森岡由起子
(生地　新：司会，柴田康順，福島　靖，吉村梨紗)

森岡：今日の司会は，平木先生の日本女子大学での元同僚であった生地新先生にお願いいたします。生地先生は精神科医ですが，臨床心理学系の大学院の教員として勤務されており，臨床心理士のスーパービジョンもなさっているという立場で，このインタビューの総合的な進行役をしていただきます。

生地：平木先生には，大正大学カウンセリング研究所開設50周年記念の研修会でご講演をいただきました。その上で，このインタビューでは，若手の研究者から平木先生にお尋ねしてお答えいただくという形で進めたいと思います。一番手は柴田康順先生です。神奈川大学や大正大学で非常勤講師をしておられて，博士論文で，日本の青年のアイデンティティ形成に関する研究をなさっています。

アイデンティティと平木先生の仕事について

柴田：私は，現在，ある大学で学生相談をしています。学生数が2万人を超える大型キャンパスの中で学生相談をしていると，今の学生が悩んでいること，大学という組織が抱えるシステム上の特徴といったものを考えて学生相談に臨んでいかなければいけないと思っています。しかし，私には，学生相談員として自分を定義づけるという作業が進んでないという悩みがあります。実際，自分はどういうスタンスで学生相談に臨めばいいのかということを考えているのですが，平木先生は，学生相談を始めた頃は，どのように考えていらっしゃったのかを知りたいと思います。

平木：私は，1961年から64年まで2年半アメリカのミネソタ大学にいて，修士をとって帰ってきました。ミネソタ大学は，当時のアメリカではスクールカウンセラー養成で有名な大学でした。スクールカウンセラーになりたい人

たちがアメリカ全土から集まってきていたのです。若い学校の先生で教えることをやめてカウンセラーになろうとしている人たちがたくさん来ていました。だから同級生には転向組が多かったのです。

　当時のアメリカのカウンセラーの養成は，カウンセリングの伝統を引き継いだ養成だったのですが，ボケーショナルカウンセラー，今でいうキャリアカウンセラーの養成というのが大きな傘になっていました。小学校から自分のキャリアを考えるような教育をしたほうがいいというアイディアのもとにスクールカウンセラーの養成が行われていました。そういう大学へ行くとほとんど全員がそういう方向で勉強しているので，私もその中にすっぽり入ったという感じはあるのです。私は行く前に大学の学生部で仕事をしていました。その頃は，カウンセラーの職がなかったし，いったん辞めてアメリカに行ったので，その大学に帰るあてはなかったのです。大学生のカウンセラーをしたいというのと，私は英文科から心理に移っていてアイデンティティを一回変更しているということもありまして，キャリアをどう作るかという点で自分のことと大学生のことが重なるだろうと思ってやっていたので，意外とそこはすんなりと入れたのです。

　アメリカで学んだ後，私は津田塾大学に帰り，すぐ立教大学に移ったのです。当時の立教は，カウンセラーという名前の職がある大学でした。カウンセラーというアイデンティティは自分で作らなければならなかったのですが，名前はありました。だから私は比較的楽をしているのだと思います。「あなたは何をやる人なの？」っていう感じはなく，カウンセラーとしてあなたは仕事をしているのですねっという感じだったのです。柴田さんは自分の位置づけが困るとおっしゃっていましたが，その大学でフルタイムのカウンセリングの仕事をする人というのは私が初めてだったので，何をする人かみんなわかっていないのに自分がしなければならないという意味ではすごく大変でした。暗中模索でしたが，できることをするしかないという感じでした。でもラッキーでした。カウンセラーという職がフルタイムであったのですから。1967年のことですけどね。

柴田：当時は，大学側に連携を求めていこうとしても，なかなか理解が得られないという難しさがあっただろうと思うのですがいかがでしたか？

平木：確かにそれはありました。ただ，立教大学の学生部にはアメリカの教育使節団の民主化教育を受けた人たちがいて，それから宗教教育の一環として

学生指導を学んだチャップレンがいて，彼らは，学生の側に立って自分たちは大学で何をすればいいのかを考えるという精神を貫いて仕事をしていたのです。学生部の一部としてあった学生相談所は，その学生部が持っていたアイデンティティをそのままもらって，しかも私を引っ張ってくださった学生部長がそのあと総長になられて，すごくラッキーだったのです。その学生部長が，「大学は学生がいないと成り立たないところなので，学生部というのは学生の側に立ってものをいう時には誰にも対応できるんだよ」って言っていました。総長にだって文句言っていけるのは学生部だって言っていらして，私は支えられていました。ただ，大学側は，カウンセラーを雇っていればそれでいいという感じもありましたね。「学生のために君たちがちゃんと動かなかったら，大学が学生をつぶすっていうことだってあるんだよ」っていうのが私の留学時代の先生の教えで，カウンセラーが一対一のカウンセリングだけをやっていてはだめだと言っていました。「いつも組織に向かって学生のために変えるべきことがあったら言い続けていきなさい」と言われていました。ちょうど70年安保闘争の時代だったので，いろいろな体験をしたのは確かですけどね。

　連携と言えば，就職部とは連携しようと頑張りました。ただ，私は精神科症状のある学生を受けるので精一杯で，一人ではキャリアまで手が回らなかったのですが，キャリアカウンセリングをきちんとしなくてはという思いで，就職部の人たちと連携しようと頑張ったのです。就職部には4年生全員に適性検査を受けさせることをやってもらいました。

森岡：今のお話を伺っていて，私は，ロジャースのカウンセリングと一緒に，進路指導という形でのカウンセリングが日本に導入されていたということは知識として知っていたのですが，今日初めて結びつきました。

平木：ご承知のように，ロジャースは「カウンセリングと心理療法」という本を書きました。私はロジャースとウィリアムソンがちょうど論争をしていたころにアメリカへ行ったので，日本のロジャースのファンから「平木さんはロジャースの敵のところになんで行くの」って言われていました。論争というのは，アメリカ心理学会での論争だったのですが，ロジャースがウィリアムソンを，指示的なカウンセリングをしている。ロジャースは，自分のカウンセリングを非指示的と言って批判したのです。ウィリアムソンは，面接をしていて，「うんうん」とか「そうだね」とか言っているけど，それは指示

的ではないですかと返して論争していました。「そこにあなたは行ったのだから指示的カウンセリング派だろう」って言われました。ウィリアムソンは授業でも，ロジャースが自分を批判したから，自分の方法はダメだって思っている人がアメリカに一杯いると思うと言っていました。そこに行ったことが今にずっとつながっていると思いますし，「学生の立場に立つということはこういうことか」と身に染みて教え込まれた感じがします。

柴田：もう一つお聞きしたいのですが，ワーク・ライフ・バランスということです。エリクソンの青年期のアイデンティティ達成が最もあらわされるのが職業選択ということで，進路の選択というのは職業設定であると考えられている部分が大きいと思います。ただ，仕事が決まった後に結婚したいのだけれども，そっちの方に手をつけていなかったという人が，アイデンティティの拡散に近い状態になった事例が，博士論文を書いている時に，インタビューの中で印象に残りました。バランスが大事だと思うのですが，その点で，カウンセラーができることとしてどういったことがあるのかということです。

平木：私は立教では二つの力（ワークとライフ）のほどよいバランスの発達のためにグループをやっていました。立教には，アメリカのナショナル・トレーニング・ラボラトリーというところのセンシティビティ・トレーニングの流れを汲んだグループ訓練をする先生がいらしたので，その訓練に参加して，トレーナーの資格をいただいて，毎夏にそのグループもやっていました。学生部の人たちも訓練を受けていて学生のグループ活動を助けるのがうまかったというのもあって，グループ体験をする活動をやっていました。グループは，メンテナンス的なもの，ホールディング・エンバイロンメント（抱える環境）を持っているので，そこできちんとホールドされて，自己開示ができて，自分を見つめることができればいいと思っていました。そちらができると同時に課題達成ができる学生をどう育てるか，そういうのが特に重要です。最近は世の中全体が課題達成型になっていて，全体的にホールドするというか，情緒的なものを育てるということがとても低くなってしまっていますね。極端な言い方をしてしまいますが，引きこもりとか，摂食障害もそうかもしれないし，不登校もみんなホールディング・エンバイロンメントがないということを訴えている気がしてしょうがないのです。私は課題達成には行けないから引っ込んでいますと言っているように思います。学生たちが仲間づくりができず大変になるのも無理はありません。学生たちは，課題ではなくメ

ンテナンスがほしいのだと思います。

生地：日本の現代社会の傾向として，課題達成型の社会ということと，ロールの単一化ということもありそうですね。特に男性は，会社の人間で，家事や育児は女性にゆだねられている。女性は，会社の人間として育っていかないということありますね。そういう中で，グループで多様な人と出会うことは意義があるだろうと思います。

平木：そうですね。話はそれるのですが，2～3日前に見たテレビの番組で，日本の女性管理職が少ないという話で，日本では11％程度しかいないそうです。他の先進諸国というのは20％程度だそうです。もっと低いのが韓国なのですが，韓国は10％くらいだそうです。フィリピンが一番高く，次には東南アジアの国々があるのですが，真ん中あたりが欧米の諸国だそうです。日本で女性管理職がいないということは，女性にとってアイデンティファイするモデルがいないということです。それで先生が仰ったように女性を育てないのです。次第にいびつな形になっていって，大抵の女性が管理職にならないかと言われると尻込みをするそうです。あんなふうに働いていては子育てはできませんと言われるそうです。日本は女性の力を使わないと，人口が減っていて大変なのに，うまくできていないそうですね。第一生命がんばっていて今18％だそうです。それはダイバーシティ推進室というのを作ったそうで，その課長さんが女性なんだそうです。

生地：これも余談ですが，大学教授も非常に女性が少ないですよね。イノベーションとかいろいろなことを考えても，多様性があった方が絶対にいいと思いますよね。女性だけでなく男性も女性もということですが。

平木：そういうデータも多分出ていると思います。組織心理学の人たちが「ダイバーシティのほうが良い」という様なデータを。その点でも，学生相談は相変わらず大学の中で少数派です。障害のある学生のめんどうをみるところ，大学の変革の一翼を担うというところにはなかなかいかないですね。難しいなと思いますけど。

生地：まだいろいろお伺いしたいこともありますが，次に移りたいと思います。大正大学大学院臨床心理学専攻の修士課程2年に在籍している福島さんに，次の質問をお願いします。

アサーションについて

福島：私は小学校の支援員を学部時代からやっておりまして，その中でも子どもの発達にどういうことが必要かと考えています。それに関連して，アサーション・トレーニングについてお伺いしたいことがあります。平木先生が日本でアサーション・トレーニングを始められてから長い年月が経っていますが，日本へ導入したころから現在までの変遷とその中でのアサーション・トレーニングのあり方について教えていただけたらと思います。

平木：1980年代の初め，アサーションは大学生の役に立つと思って，アサーション・トレーニングのグループを春と秋にやっていたのです。そこに就職前の学生がたくさんやってきました。就職試験の練習ができると思ったのですね。4年生がたくさん来て，そして2年生や3年生がその4年生の話を聞いて刺激を受けるような，そんなグループを5～6週続けてやっていました。そして，日本・精神技術研究所のマネージャーの方が「先生，アサーション・トレーニングを他でやりませんか」と言って下さって，あるワークショップで1グループ作ってくださって，社会に向けてアサーション・トレーニングを始めたのが1983年だったと思います。その時に来た人たちは女性がほとんどで，社会に出ていくにあたって，女性がきちんと話ができる準備をしたいという人たちでした。アメリカと似ていたと思います。アメリカも1970年代にアサーション・トレーニングに来た人たちは女性が多かったのです。社会に出ていくにあたって，きちんと自己表現ができるようになりたいということでした。

　間もなく，外資系の会社が取り入れました。その後に広がったのが看護師さんでした。多職種と付き合わなければいけないし，ありとあらゆる患者さんと付き合わなければいけない看護師には自己表現は重要だったのです。看護協会が取り入れました。その次が先生方（教師）なのです。子どもの人権が問題になり始めた時期に，アサーションには人権の視点が入っているからということで取り入れられました。学校でアサーション・トレーニングを行う先生たちも80年代から90年代にかけて増えていきました。アサーションは小学校と中学校に広がっていますが，実は小学校でより広く普及したのです。小学校のクラスでアサーションを学ぶとみんな元気になるんですよ。言

動がアグレッシブな子も，段々アグレッシブに言わないほうがいいらしいということに気づいてくるのです。先生は正しい答として押しつけないのですが，「どんなふうに言ったほうがみんな気持ちいい？」と聞くとみんな大体アサーティブに賛成するんですよね。ホールディングの雰囲気を先生が作られるので，みんなが自由に発言し変わるのですね。国語の時間もアサーションに触れられますし，社会の時間もアサーションに触れられるのです。世田谷区では，「日本語」という教科が作られて，その中にもアサーションが取り入れられました。世田谷区は全国から注目を浴びているようです。現在は企業のうつ対策です。もちろん課長さんのリーダーシップ対策でもあり，コミュニケーション訓練にもなるようです。

福島：例えばある学級でアサーション・トレーニングを取り入れていくにあたって，子どもたちの間や先生と子供の間で，関係性がある程度できている中で，アサーティブになるには不安や恐怖感がある子もいると思うのですが，そういう部分をどのように汲み取って扱っていけばいいのかということを教えていただけるでしょうか。

平木：クラスの中でアサーションを教える先生がどこに気をつければよいかということになると，それ以外の問題ともかかわってくると思います。その子らしさというものとアサーションというのはうまく組み合わせなくてはいけないと思うのですね。誰もがはきはきと，きちんとものが言えるようになるというのはアサーションではないと私は思っています。先生たちにアサーションを教える訓練をするときには，その子らしさを大切にしないとアサーションは意味がないということを伝えています。

　浜松にある中学校の校長先生にアサーションを教えてくださいと頼まれたことがあります。まず私にアサーションの話を全校生徒に教示してもらって，アサーションのことをよくわかったら次は先生たちにどのように教えるかということを教えてくださって，そして先生たち全部がアサーションのことがわかったら全校で広げていきますと言われました。それでは困りますと私は言いました。なぜ困るのですかというので，それではアグレッシブにアサーションを教えていることになりませんかと返しました。ともかく私は生徒と先生たちにアサーションの話をしに行きますと伝えました。その後に「あれって何？」という話をクラスでしてくださいと頼みました。あれ変だよねということも含めて，「あれって何？」という話をたくさんしてくださいと。な

んか面白そうとかいうことで,「じゃあやってみよう」という先生が出たら,その先生たちを中心に何かするということにお手伝いするのでしたらしますと伝えたのです。そうしたら校長先生はすぐわかって,では一回来てくださればいいですと言うので一回行ったのです。次の年呼ばれたとき,5月か6月だったのですが,自治会の標語が「あなたも大切に　自己表現」というものでした。それで先生たちの訓練をその夏に引き受けたのです。その学校は何年もかけて全教員がアサーションの授業をするようになったようです。アサーションを教えるということが教え込むことになってしまうところが多いので,難しいですよね。つまり,子どもがどんな形でも,はじめは参加しない形でもよい始め方が大切です。

福島：学校の先生方の考え方や性格という部分もあるでしょうし。

平木：そうそう。教えたい先生の傾向ですね。そういうところで私はどんな話をするかというと,その人らしいアサーションというのはこういうアサーションなんですよと言って,あるトレーニングであった話をよくします。あるサラリーマンがトレーニングに来られて,その方は人事か何かの方だったので,研修などの助けになるだろうと思って来られたのだと思います。それで実際のトレーニングでは,アサーションの話をした後に自分がアサーションできないところをアサーションできるようになってから帰るというプログラムがあるのですね。その中でその方は「僕は人を褒めるのがへたですね」と言って,「特に僕はワイフを褒めることができないのです」とおっしゃるのです（笑）。

生地：それは正直な方ですね。

平木：正直な方ですよね。私も惚れ惚れしました。「それを練習していいですか？」と言われるのでそうしていただいたのですね。それで「自分はよそではワイフの自慢をするのです。料理が美味しいって。でも本人に言ったことはないのです。」と言うのです。

生地：非常に日本的ですね。

平木：そうそう。日本的です（笑）。それで息子と3人でご飯を食べているときに褒めるという練習をロールプレイでなさるのですが,よけいな話ばかりしていて進まないのですよ。あれがどうだね,これがどうだね,と言って。そして1回目はなかなか出てこないのでストップしましょうと言いました。ロールプレイの役は,ともかく何でもいいからいいところがあったら褒

めるという訓練つきなのですね。ですからグループのメンバーは何かしら褒めなくてはいけないのです。そこで「あそこで躓いたのがよかった」とか，いろいろみんなで言い合うのですよ（笑）。「あの時きっと褒めようかなと思ったに違いない」とか，「あそこで妻の方をちょこっと見たのがよかった」だとか，そういう褒め方をいろいろして，そして，2回目に今やったことを活かしましょうと言いました。2回目もだいぶ時間を待つのですが，また褒められないのですよ。ただ最後に，息子に向かって「お前このおひたしどうだ？」と聞いたのです。そうしたら息子役の方が「旨いに決まってるじゃないか。お母さんのご飯はいつも美味しいんだよね。僕はお母さんのご飯が大好きだ」とかたくさん褒めたのですね。それでも彼は何も言わないのですけどね（笑）。それでまたストップして話し合います。みんなそれは当然褒めますよね。「代わりに息子を使ったのはよかった」とか「あなたのメッセージだって少しは伝わったに違いない」などと言います。そのようにして3回目をやったのですね。ロールプレイというのは3回くらいやると成功するのですが，そうしたらその3回目は，なかなか褒められなかったのですが，最後に一言えたのです。本当に真っ赤な顔をして「このおひたし美味しいな」って言ったのです。そうしたらみんながとたんに拍手喝采しまして，涙を流して拍手喝采していた方もいらっしゃいました。私は，それがその人らしいアサーションだと思うのです。堂々と言えたから良いわけではなくて，その人がそんなふうに褒めることができたことがすごいことなわけです。そういうことを学校の先生たちがキャッチできるようになってほしいと思っています。正しいアサーションを教え込むのでなくね。

福島：今のお話をうかがっていると，人それぞれアサーションまでにいろいろな方向と距離があり，そこに合わせていかないとなかなかうまくはいかないようですね。

平木：一対一のカウンセリングの中でのアサーションも，そういうふうに考えるとよいと思っています。

福島：わかりました。ありがとうございました。

平木：これも余談ですが，少年院で非行少年のアサーションも実施したことがありまして，それも本当に面白いものでした。みんなアグレッシブなんですよ，そうでなかったら，凄くノンアサーティブです。アグレッシブなのがアサーションだと思っているのです。また，「アサーションできますか」とい

う質問に対してはみんな「できます」と答えるのです。

森岡：柔らかな表現はできないのですね

福島：日本で取り入れられ始めた時というのはノンアサーティブな方々が多かったのでしょうか。

平木：そう多かった。女性でトレーニングに来た人たちというのはほとんどノンアサーティブですよね。日本はアグレッシブな方々というのはあまり来ないですよ。最近パワハラやセクハラなどいろいろなことが言われるようになって参加する人が増えました。自分はアグレッシブなところにいるな，というのが自覚され始めたのではないですかね。

柴田：非行少年はアグレッシブなアサーションをするというというお話が今ありましたが，その人の今用いているアサーションが本当にその人らしいアサーションなのかというのはどうやって見極めていけばよいのでしょうか。

平木：それはトレーナーの力量にかかっているところがあるのです。やはりカウンセリングをやっている人がアサーション・トレーニングをするとうまくいくのです。なぜかというと，内気な人が，いきなり「はきはきする」なんて，なりっこないです。自分が言いたいことを言いたい時に言えるようになれば，小さい声でもいいわけです。それで，今までで一番刺激的だったのが，大学でアサーション・トレーニングをしていた時のことです。非常勤で大学院でアサーション・トレーニングを教えるゼミをやったことがあったのですが，その時に，「アサーションしない権利がある」という話をしたら，ある男子学生が「よかった，これがあった」と言うのです。「どうしたの？」と聞いたら「僕は実はこれを使っていたのです」と言うのです。ゼミなどの仲間から「お前は何で黙っているんだ。何か言え」と言われるそうです。「だけど僕は喋ることはないんだけどな」「喋らなくても僕は気持ちがいいんだけどな」とずっと思っていたそうです。それなのにみんなから何でお前は喋らないんだと言われていて，「今僕はこのアサーションしない権利というのを使っていたのだということが分かったので，ものすごく気が楽になりました」と言ったのです。するとみんなが「あ，そうだったの？」と言うわけですよ（笑）。そうしたら面白いことに，その後から彼は結構喋りだすようになったのです。そういうものなのですよね。自分がアサーティヴを自覚することがあって，囲りがその人らしさを認めていく相互作用にアサーションの進化があるのでは――。

柴田：きっかけのようなものがあるのですね。

平木：そうでしょうね。気が楽になって認知が変わるのですね。アサーションってそうなのねとただ頭で分かっただけではなくて，個人にとっては認知の枠組みが変わることも大切なのでしょうね。

生地：それでは，次に吉村さん，お願いします。吉村さんも大正大学大学院の臨床心理学専攻の修士課程に在籍しています。

生殖補助医療における心理職の役割と家族という視点

吉村：先日，平木先生にお会いした際にお話しさせていただいたことですが，私，昨年生殖心理カウンセラー養成講座を受講しまして，資格を取りました。私の父が産婦人科の医師ということもありまして，不妊治療の分野に関心があったので講座を受講いたしました。先生は日本生殖医療心理カウンセリング学会の副理事長でいらっしゃるということで，この分野のお話を聞けたらと思っております。

不妊といいますと男性側にも女性側にも半々に原因があるといわれておりますが，いまだに女性の問題と捉えられがちな面があると思います。夫の協力なく，女性一人が治療を受けていることが多いというふうに言われているんですけれども，仕事と治療の両立といった大変な面もありますし，そういった際の心理的援助というのは，どのように考えたらよいのか，先生のお考えをうかがえたらと思います。

平木：不妊の原因が男性側の場合もあるっていうのは，だいぶ理解されてきているでしょう。ただ女性が身籠る性であるために，女性の方が頻繁に病院に行かなくちゃならないですよね。男性は，精子を人工受精するなんていうことになっても，そんなに大変じゃないわけです。また，女性の方が痛い思いをしなくちゃならないこともあるとか，そういうことが全部女性の側に背負わされるのでストレスフルですね。特に夫が協力的でない場合，そういう夫であるっていうことがストレスになります。だから，その大変さを聞くのも生殖医療での心理カウンセラーの仕事だろうし，家族療法的な視点から，男性が来なくてもいい日でも一緒に来ましょうと言うこともあるでしょう。だけど，産婦人科医の多くは，女性さえ来てくれればと思っているでしょう。おそらく日本の男性は，自分が性的に不能であるということによるプライ

ドの傷つきが女性よりもすごく大きいので，回避的になりがちなのでしょう。そういう男性の気持ちをケアしなければならない部分もあるんじゃないかなと思いますね。特に配偶者の精子じゃなくて，他の人からもらって受精させるということになったら，すごく傷つけられるわけですね。生殖医療の方法によっても心理的に違うと思うので，そんなことも分かっていながら対応できるのは，やっぱり心理の人じゃないですかね。父親以外の精子で生まれたことを子どもに告知すべきかという問題もありますね。

　それから，子どもが授かるものからつくるものに変わったのが現代だっていう言い方がありますね。「子どもがつくれる」っていうことで何が起こっているかっていうと，自分たちの思い通りに育てていいということになっている。この世の大切な社会の後継者として育てていくなんていう考えは全くなくて，自分たちの思い通りに育てる，最大限の努力をして，一番良い環境の中で育てることになっている。一方，その中で一番極端に現れるのは，必死に生みたいっていって頑張っていた人で，生んだ後育てないという人がいる。生むことだけが目的なんです。そこにもカウンセリングの役割がある。

吉村：もう一つの質問です。不妊というのは，夫婦だけの問題ではなくて，その親世代にも影響が出るということですよね。親は不妊ではなかったから自分には孫ができるっていう生殖物語があるわけで，それが崩壊するという面もありますので，家族のケアっていうのも心理士としてはやっていく必要がありますよね。

平木：ほんと大切ですよね。プレッシャーかかって自分は不妊治療をうけるかどうか分からないのに，親に言われて来る人もいますからね。親やお姑さんと一緒に来たときでも，一人になった時にその人はどんなつもりでいるのか聞いてあげたほうがいいと思います。本人はまだ生まないとか思っているのに，あなたは女としてダメだと言われているようなプレッシャーもありますもんね。私は三世代，時には四世代の問題だなと思います。

吉村：特に母親と娘関係の間で問題が多いっていうことを伺ったのですが。

平木：そうですね。実の母娘関係っていうのは，それこそ永遠のテーマだと思います。不妊になると，良かれと思って一生懸命世話する母親のそばでノーと言えないで，必死に応じようとしている娘がいたりします。私が恥ずかしいと言うおばあちゃん，おじいちゃんもいますよね。子どもをつくれるようになったから幸せとは限らない話が，生殖医療にあるんですよね。何度も何

度もやって妊娠する確率は低いわけですから。

生地：医療にしてもメンタルヘルスにしても医療モデルが強いんですけど，そこからこぼれてしまうことがいっぱいあって。そこで臨床心理士などの心理カウンセラーが求められているところがありますよね。

平木：そういう医療のスキルを専門にする方たちって隙間が見えてなくて，こちら側から見えているのですが，向こうでは見えていないのですから，言葉にして伝えていくことがとても大切です。

森岡：最近は婦人科と泌尿器科が一緒に開業して，女性の不妊と男性不妊を両方扱って，しかもカウンセラーを置くっていう新しいクリニックができていて，ようやくそこまで来たかって感じですけどね。先生が仰ったように，男性不妊の人の傷つきってすごく大きいですよね。男性アイデンティティが揺らぎますからね。そこのカウンセリングは必要かと思います。

生地：私は，直接，生殖補助医療にかかわっていないんですけど，さきほどからいろいろ聞いて思っていたのは，管理職の女性が少ない問題も含めて，こういう心の問題を考えるときにも，お父さんってなかなか出てこなかったりする。お父さんが出てくるときは，ずいぶん警戒して出てくるのですね。時間をかければそこは理解してくださるんですが。この辺が日本のジェンダーの問題って結構根深いし，お父さんたちもジェンダー・ロールに囚われてしまって，自分の弱みを出せないでいる。不妊の問題でも不登校の問題でもキャリアカウンセリングの問題でも，弱みを出せるようになったらお互いにずいぶん変わるのになって思いますね。さらに余談ですけど，教育相談のスーパービジョンとかコンサルテーションで，お母さんしか来てないケースが90％ぐらいじゃないですか。毎回来なくてもいいけど，発想がないのがびっくり。しかも担当者の多くが女性なのに，その発想がないのがとても不思議で。お父さん出て下さいって僕は思うんですけど。

平木：そういう意味で家族療法が，いろいろな領域で広がるといいんですけどね。家族療法をやりましょうじゃなくて，お父さんに参加してもらう方法としてです。最近は呼ぶと来るお父さん多くなったんですけどね。

生地：ただ，お母さんの方がお父さんを呼びたくなかったり，あるいは来ないんじゃないかと思い込んでいる場合がまだ多いですね。

森岡：私も山形で中学校のスクールカウンセラーやってたときは，特に不登校のケースの場合には，両親揃って5回来て下されば親面接しますっていうこ

とにしていたんです。動きますよね，子どもが全然来なくても。
平木：なるほど，動きますよね。二人来るだけでも。
森岡：そうですね，2週間に1回，5回来て下さるとすごく動きましたね。今まで我慢して言わなかったんだってことを，お父さんが言い出したりとかします。それで，夫婦の関係が変わります。
生地：それでは，森岡由起子先生お願いします。森岡先生は，大正大学人間学部臨床心理学科の教授として，臨床心理教育に携わっています。

心理療法のスーパービジョンについて

森岡：私自身は，医学部の精神科での経験が長かったので，ケースについては医局で話をして，患者さんを一緒に診ているドクターとか他の同僚とケースカンファレンスをして，講師レベルの先生がアドバイスをしてくれるってことでずっとやってきました。ですから，一時間の面接をきちっとスーパービジョンを受けるという体験が少ないのです。きちんとしたスーパービジョンを受けるという体験なく教員になって学生のスーパービジョンをしている人って，日本の現状では実は結構多いように思います。スーパービジョンは臨床心理の仕事をしていく若い人たちはこれから絶対必要だと思います。それで，スーパービジョンをスーパービジョンするようなことも実は必要じゃないかと私は思っています。日本で今，精神分析の人たちは，そういうトレーニングのシステムを始めているようですけれども。

　平木先生が書かれた『心理臨床スーパーヴィジョン』の中でアメリカのスーパービジョンとかスーパーバイザーのあり方について丁寧に紹介なさって提言もしていらっしゃいますけど，スーパービジョンやスーパーバイザーのスーパービジョンについてお考えがありましたら，教えていただきたいと思っています。

平木：今，スーパービジョンのスーパービジョンをしているのは，産業カウンセリング学会なんですね。たまたま私がスーパービジョンについてあれこれ考えているころ，その当時の産業カウンセリング学会の理事であった楡木先生が，産業カウンセリング学会が一番スーパービジョンのニーズが高いのにスーパーバイザーが少ないので学会側も悩んでいらしたのです。産業界では様々の人がカウンセリングをしているんですよね。5〜10カ月ぐらいの

訓練で産業カウンセラーになった人から，経験を積んだ臨床心理士までいるわけです。そんな状況なので，経験年月が長く仕事をしている人にスーパービジョンの依頼がいくという状況になっていて，統制も指針もない状態から，スーパービジョンについて一緒に考えてくださいませんかとさそいをうけて委員会に入ったのがきっかけで，5年がかりでシステムを作ったんです。アメリカのスーパービジョン制度を学ぶことから始めて，家族療法のスーパービジョンのやり方とか，アメリカの博士課程でやっているスーパーバイザー訓練などを勉強しました。大体のことが分かったので，産業カウンセリング学会でスーパーバイザー養成課程を作ったんですね。その養成課程は，簡単に言うと大学院2年ぐらいの時間を使って実践訓練をやろうということなんです。そこでやったことは，養成講座として，大学院の単位が渡せるぐらいの時間を，土日を使って詰めて実施するのです。その養成講座は，スーパービジョンの理論からカウンセリングに必要な理論も含めて，スーパービジョンの倫理を学んで，最後に，かなりの長い時間，仲間同士でロールプレイでスーパービジョンをするという訓練をし，自己のカウンセリングとスーパービジョン・モデルの明確化を図ります。スーパービジョンとはどんなものかが体験を含めて分かって終わるのです。その後，メンタリングをすることにしました。メンタリングで今度は生のスーパービジョンをしたビデオを持ってきて，ビデオと逐語をもとにメンタリングを受ける。スーパービジョンのスーパービジョンを受ける。そのメンタリングをする人は5年間スーパービジョンの訓練制度をつくり，自分たちもスーパービジョンの訓練を受けた人です。アメリカに比べたらスーパービジョンのスーパービジョンを受けた回数も少ないのですが，ひき続きその人たちの訓練も重ねながら，スーパービジョンのスーパービジョンをやっていくわけです。二段構えでスーパービジョンのスーパービジョンをやりながらスーパーバイザーの養成をやって，今5人資格を取った人が出ました。長いことカウンセリングをやってきた人たちなので，成長が早い人がいます。第一号は，今，名古屋大学の臨床の博士課程にいる人ですけど，社会人を経て博士課程に行った人です。

　私は自分の研究所がトレーニングを兼ねてセラピーをやっているので，コセラピー（共同のセラピー）を訓練にも活用しています。ベテランと若い人が組んでコセラピーをします。若い人は訓練を受けながらセラピーを生でやるという形です。しかもそれをワンサイドミラーで見ています。そういう意

味では，セラピスト同士とそのとき見てる人とのディスカッションもありますね。私のところは，途中でインターセッションを一回入れるので，となりの部屋で見ている人と話してきますって言って，戻って来る。昨日なんかおもしろかったんですけど，セラピストが「あなたのご苦労に対して私は何も労りの言葉かけをしませんでしたけど，所長はご苦労だったって伝えてくれとのことです」と言ったりします。そんなことができるので，インターセッションを使うスーパービジョンはいいです。

生地：先生の今回の講演の記録を読ませていただいて，キャリアカウンセリングから始めてこられて，しかし，ずいぶん医学的なこともよく知ってらっしゃると思いました。立教大学で病気の学生さんの相談で悪戦苦闘した結果なのだと思います。一方で現場で悪戦苦闘する経験があって，一方できちんとしたトレーニングを受けるというこの両方の世界を行き来することが大事だなと思いました。一方で指導を受けていて優等生的な人がいて，一方で現場で指導を受けずに頑張っている人がいますね。現場の人は，いろいろ取り入れているけど，でも大学や大学院教育の場には来ないみたいなところもあったりですね，どうしたらいいかなと思ったりしています。

平木：そういう意味では，私は，自分のキャリアを作り上げることにあれこれやってたんですね，きっとね。

森岡：臨床心理士としてのキャリアをどのように積んでいくかっていうのは，なかなか見えにくいですよね。

平木：柴田さんがそこに問いを出してらっしゃるのがわかりますね。それこそ，すくすくと自分がしたいと思うことがすーっと得られている人って，羨ましいですよね。私は食べていくためには，英語の先生ぐらいって思っていたので。アイデンティティなんてものないところでやってきました。

生地：いえいえ，それがほんとのアイデンティティだと思うんですけど。

森岡：それでは，ここでインタビューを終わりにしたいと思います。平木先生，長い時間ありがとうございました。

（編集責任：森岡由起子）

村瀬嘉代子先生インタビュー

［インタビュー］
伊藤直文・西牧陽子

　このインタビューは，先生のご講演を受けて，伊藤直文，西牧陽子が先生のご自宅にお邪魔してお話を伺ったものである。

「時所位」の考え方と手順

伊藤：ご講演を伺って一番思いましたのは，ある意味当たり前のことなのですが，我々心理職ももっと社会の動きや時代の流れをきちんと捉えていなければならないということで，それが大前提なのだと。例えば医療分野では，医療技術が飛躍的に進歩して患者さんの想いと少しく乖離してしまうことが生じ，情報も膨大になって納得して治療を選択することが大変になってきています。また，教育分野では，子どもや親御さんの変化に学校システムが追いつかない。そういうところで不満とか疎外感が生じやすい。そこで心の援助というようなことが言われ，心理の仕事が求められるのだろうと思います。こうした場での仕事は，先生も普段仰っているように，心理の領域に引き込んでといいますか，こちらに来ていただいてするのとは違って，もともとのその場の論理や言葉やルールというものがある現場に入って行って，都度自分の頭で考えていく必要がありますね。ご講演のお話は，まさにそのことを仰っていたのだろうと受け取っています。
　さまざまな現場で活動していける心理職にどのようにしてなっていくのか，そのヒントを，時所位の話，言葉の使い方，生活の事実をどう捉えるかといったお話に込めて，ご講演のなかでもお話下さいました。今日はそれをより具体的にイメージできるようにお話を伺っていけたら，ご講演を聞いた方にも，この本を新たにお読みくださる方にとっても橋渡しになるかな，と思っております。

そこで「時所位」の話からなのですが，この時所位には，状況をしっかりと認識するという側面と，それができるためには，「ナルシシズムに気づく」「自分を括弧に入れて考える」と先生がよく仰られますが，いわば私たちの"我"の問題をどうするかという側面の両方があるように思われます。そのあたりを，もう少し教えていただければと思います。

村瀬：「時所位」という言葉は，今からもう60年も前になりますか，大学１年生のときの一般教養の授業で，家政学の時間に学んだことです。

伊藤：家政学ですか!?

村瀬：ええ，ところがその家政学の講義を担当しておられたのは，学長をされた波多腰ヤスとおっしゃる，京都大学へ女高師（奈良女子高等師範学校）から通って，鯛はなぜおいしいかそのタンパク質を分析して，こういう分子構造だから独特の旨味を持っているということを解明した学位論文を書かれた先生だったのです。独創的な先生でしたが，いつも授業はおんなじで，ほとんど全員が優の成績を取れるんです。期末試験では「人生の三要点はなんですか」という問題に決まっていて，それが「時所位」なのです。どんな職場に行っても家庭であっても，それが大事であると。

　例えば，英文学教師になったとして，当時教師になる方が多かったのですが，何を教えるのでも，ただその知識を生徒に伝えるというのではなくて，時所位で考えてみると，今この学校のなかでどういう位置に自分はいるのか。その学校は地域でどういうことを期待され，だいたいどのような生徒が来ていて，どういう役割を果たしてきた学校か。それと自分の年齢，そして今はどんな時代思潮のなかにあるのか。ときは流れて変わっていくので，自分がこれは正しいと思って勉強して，しかじかのことを会得したと思ったら，もうそれは時代から遅れている，ということも起こるわけです。ですので，常に変わる時代を見つめながら勉強し，それから自分がどれくらいのライフサイクルのなかにあり，自分が責任を持って引き受けられるか，ということが大事であると。だから時と所と，所のなかで位置を考えればいい，それを考えれば家庭のなかでも，ここは家族の言うことを上手に聞き，ここでは自分で主張した方がいいと，きちんと判断できるはずだということでした。これを抜きにただ知っていることを言おうとか，あれは新しいからいいことだと取り入れてやろうとすると，時所位が抜けて，一生懸命やっていてもその知識や方法論と外れることがある。これは個人の生活も職業も同じで，組織のな

かで新人は新人なりの時所位があるし，上の人はそれなりの時所位がある，これを覚えればこの授業では細かいことは求めません，とおっしゃったのです。

　あとは楽しい実験の話とか，それからとにかく，今の言葉でいうとジェネラルアーツでしょうか。いつまでも自分が学んだときの内容が最新ではないということを，昔の卒業生とのエピソードを交えながらお話しくださいました。あの頃，ビタミンも A，B，C，…K までわかって，もっとその次までわかりそうだという時代でした。ビタミンだって最初はこれだけあるとわかったことでもみんな感動しましたが，それが B，C となって，いま K までいっている，次も見つかりそうだと言っているときに，昔の教え子が，「先生，ビタミンは ABC ですよね」なんて言うからがっかりする，終生勉強だって先生はおっしゃっていたのです。

　だいたい，みんなガリ勉でおもしろくない，ガリ勉では人を窮屈にさせる，昨日聞いた都々逸ぐらいは詠えなきゃダメ，ということをおっしゃり，授業中に都々逸を習いました（笑）。本当におかしいのは「家庭というのは，相手が浮気をするときもある，大抵そういうとき奥さんは非常に興奮して怒る，でもそういうのはますます相手を追い詰めることになる。そういうときに，こういう都々逸を詠えばいい」と，暴力振るう夫に，"あなたお気を付けにならないと，私の髪に触れたら箸に触れて手を怪我されますよ" という趣旨の都々逸を黒板に書かれて，「まず日本語の美しさ，詩が持っている美しさを分かるには，短歌や俳句を知っていなければだめ，『いやよ！』なんて言わないで，これを詠うんだ」と言って，もうとても恥かしかったのですけれど（笑）。みんな揃って都々逸を習ったことがあるんです。異色の授業で，テキストも使わなくて，でも，期末の試験は「人生の要点を述べよ」と決まっていて，その人その人なりに，時所位にもっともらしい解説が付いていたらほとんど優の評価がつくのでした。こんな甘くて，だからやっぱり女子大なんだな，他の授業はすごく難しい社会思想史とかで，みんなどこか背伸びして話を聞いていたりするのに，こんなことでいいのかなと思っていたのです。でも，考えてみると，おかしいときというのは，この時所位が抜けていて，確かに先生が教えて下さった通りなので，なるほどなぁと思うようになったのは卒業してからです。だから，この原点はそこからなのです。

伊藤：確かに家庭のなかから仕事まで，すべてに通じる話ですね。

村瀬：それで，仕事は諸手を挙げて，いいように仕事ができると思うのは違う。

その前に，時所位にあてはめてみると，このぐらいからなら自分は手をつけて変えていけばいいかというところが見えてくるわけで，繰り返し繰り返し，人生の三要点とはこれだったのです。

伊藤：ということは，それこそ行った場所で素早くそれを掴まえて，ということが必要なのですよね。

村瀬：そう，瞬時に。だから，面接も本当はそうなんです。相手は自分をどう見ているか，それに応じてこの場は何をどのくらいしようか。ありとあらゆるところに，時所位で考えると，大きな失望や失敗はない代わりに，そんなめくるめくような格別な方法でなくても，普通にコンスタントにやっていって，大きくはずれたり大事なことを落とすということがないのではないかと思うのです。

西牧：それは，我々が大学院のとき，先生がゼミで繰り返し仰っていた，"構造を持ってきちんと物事を捉えること" ということと同じで，それはもうまさに時所位だったのですね。

村瀬：あの頃も，時所位と思っていたのですが。時所位や都々逸なんて言っても，お若い方には分からないから（笑），構造とか座標軸という言い方をしましたけれど，実は波多腰教授のお話であったと思います。

伊藤：心理というと，受身的に「とにかく待ちましょう」という形にうっかりするとなりがちですが，ときと場合と自分の立場によっては，一歩踏み出さなきゃならないことも当然ある，ということになりますね。

村瀬：そうですね。例えば，犯罪が絡んでいる事件性のあるときなどそうですね。

伊藤：そういう多様で厳しい場面に出ていくときにも時所位は当てはまりますけれども，私達の場においでいただいて面接する場合って，うっかりすると，もう時と所もこっちが支配しているつもりになってしまって，忘れてしまうことがありますね。往々にして，そうなりやすいことが起きます。

村瀬：時所位を思い浮かべて物事を考えると，結果的に，自分や状況を相対化していますよね。相対化してものを考えると，「まぁそうかな」という気持ちがだいたいおきますよね。自分の立ち位置だけで，すごく釈然としないとか，非常に感情的になりかけのときに時所位を考えると，ああここはおかしい，でもこのへんはそうかなというように，落ち着いて感情的にならないでかかわってみようとか，ここはもう少し待とうとか，緩やかな自動制御装置になると思うのです。

伊藤：それこそ，さきほど私は"我"という言い方をしましたけれど，自分を括弧に入れてとか，ナルチシズムを排してとか，それ自体を正面から課題に据えなくても，相対的に客観的に考えるとそれは自動的にそのようになるということですね。

村瀬：具体的に手順を示すと，時所位になるのです。例えば，「我が強い」と言われると評価が入っていて，言われる人にとって辛い，概して我の強い人に対して，「我が強いことに気をつけて」と言っても，受け入れられ難い。それよりは「時所位で状況を考えてみたらどうですか？」と言うと，場を整理できて，整理できると気持ちがクールダウンして，現実的に「今はここまでできる」，「ちょっと待とう」，「用意がいる」と，その整理をする手順だと思います。

伊藤：だいたい物事が暗礁に乗り上げたり，関係がギクシャクしたりというのは，お互いに相手の足を踏んづけながら「そっちが先に足を引っ込めろ」と言い合っている感じが往々にしてありますね。
　具体的な手順は，どのようなところから見つけていったらよいでしょうか。

村瀬：あまり感情を刺激するようなやり方でなくて，手順は，みんなが共通に公共性を持って使おうと思えば使えることなので，時所位って考え方の手順ということなのだと思います。

伊藤：確かに，一体今どういう場でどういうときであって，我々全体としてどういう問題を抱えていて，ということを一つずつ確認して明確にしていくと，もう自分がここは突っ張ってもしょうがないなと落ち着く，ということなのでしょうね。

村瀬：いわゆるネゴシエーション，話し合って折り合いをつける場合も，こういう順番で考えていると，もちろん相手とは違っていても，いかにも感情を交えた話し合いにならないので，向こうも「まぁ，そうかなぁ」と少し聞かれてそこで接点が生まれる可能性も出てきます。

西牧：感情だけを取り上げて感情論に入っていくというのではなく，お互いに客観的に状況を見て，どこから手をつけていったらよいのかを整理をするのが面接であるということですね。現実思考を持ってかかわることが大事であると。

村瀬：私，なるべく物事は省エネでいったほうがいいと思うんです。相手の人もイライラしたりとか，いろいろなことに変にエネルギーを使って興奮す

ることを少なくするし，落ち着いて考えるためには，今のようにしていけば，だいたいこのぐらいは無理かなとか，これぐらいのこういう工夫をしたらいけそうだ，ということが見えてくる。

伊藤：ふと思い出したのですが，家庭裁判所で家事部に入ったとき，今ではそんなことは許されませんが，5年越しでゴタゴタにもめて何度もリターンマッチしている大変な財産持ちの遺産分割ケースを私の指導官だったベテラン調査官が担当しまして。大量の資料を読み込んだと思ったら，争っている双方の複数当事者を同時に呼び出して，それぞれ別の調査室に入れて，どの土地が欲しいのか図面に色を塗らせたんです。まぁ，いろいろな経緯があるけれど，双方が求めているのはこういうことだと，色を塗った図面を両方重ね合わせて，食い違っているのはここだけ。存外食い違いは小さいけど，色々な行きがかりがあって，もめていたのですね。それを食い違っている場所について一つずつ話をしようと進めていったら，1カ月くらいで決着してしまったんです。時所位とは少し違うかもしれないのですが，具体化して目に見える形にしてつき合わせると，まぁこれでいいじゃないか，となったのです。家事部に入職して2年目ぐらいのことだったので，大変衝撃を受けました。

村瀬：私もその方がお書きになったものを読んだことがありますが，情熱は人一倍あるけれど，なさることはそういう手順がしっかりしている方でした。

伊藤：ある具体的レベルにすっと落とし込む力が，とても大事なんでしょうね。つい我々は，情緒的なところに話を持って行ってしまうところがあります。

村瀬：情緒はパーソナリティとつながって考えられますけれど，ではパーソナリティは何かといえば，その人がどう問題を解くかという，式のたて方と解き方ではないでしょうか。と考えれば，さっきの土地のことも，式の解き方で，土地のどの部分が欲しいかということはまさに，それぞれがどう解きたいかということを図にしたもので，それを親の世話をこれだけしたのにとか，情緒のところで話をすると，なかなか解決に辿りつかない。パーソナリティは，その人がどう生きるかという式のたて方です。

伊藤：確かに，情緒とか気持ちというのは，それこそが自分だ，ということもできるけれど，感情というのはある意味，勝手に生じて外からやって来るようなところがあって，それをどうこなし，どうつきあっていくかということこそ，その人の生き方だし，人柄なのでしょうね。

具象から重層的な意味を捉える

伊藤：話は少し変わりますが，ご講演のなかでもお話しされていらっしゃったし，これまでにもよく伺ってきたことなのですが，先生は，具体的とか具象という言葉をよく使われますね。

村瀬：はい，具体と抽象が循環している，ということですね。

伊藤：お話を伺っていて，常々ここには二つの側面があるなと思っています。一つは，具体的に話を聞く，聞くときになるべく具体的に，具象的なレベル，生活の事実まで思い描けるように聞くということと，それからもう一つは，働きかけのあり方がすごく具体レベルであるということです。それぞれ二つは切っても切れないものなのでしょうけど，両方がいろいろな場面で出てきます。初心のカウンセラーからすると，まずは聞くことが重要だと思いますけれど，なにか平たい言い方のようでなんなのですが，そのあたりの聞き方についてお聞かせください。

村瀬：例えばお話を聞くときに，「私はわりと人情に篤くて，人に親切です」と言われると，非常に平易でそうだなと普通は思いますけれど，でも親切も，この人は同僚に対するときと，後輩や子どもに対してどうかな，それから目上の人に対するときはどうなのかな，人によって違うのだろうか，あるいは利害得失を含んだ親切か，純度はどのくらいかということを，すぐ考えるのです。聞きながら，この人の親切は，誰に対しても無欲に親切なのか，あまり意識しないけれど，でも自動的に利害得失が入っているのかなということは，なんとなく感じられるものなので，人の話は大事に聞きながら，それがどういう性質を持って現実に機能しているのかを考えますね。だから，ロールシャッハテストを解釈していく場合，式によってこうだというのがありますけれど，こうなっている人が友達といるときどんな顔をしていて，一人になったときはどうなのか，とにかく行動の面を生き生き思い浮かべて，本当にあっているのかなということをちょこっと聞いてみるのです。言い換えると，平面にロジックとして書かれている文字としてなっているものから，立体をもって，できればこれに本当は動画まで浮かびあがるといいな，色とか音が聞こえるといいなと考えています。

伊藤：今のお話の順番だと，あるきっかけからもっと具体的な状況を思い描き，

そこから具体的な質問をすることでさらに膨らませると同時に確認していくということですね。

村瀬：具象的に聞くと，それが妙に抽象的な話をすることよりは，あまり価値概念を含まないで，相手も素直に返事をされますね。素直になると，自分で気づかれる。相手の緊張が少しでも緩んで，なるべく自然に自分のペースで考えて，この人と話していたら，僕は自分でこういうことを気づいた，というようになるのがいい。私が「こうじゃありません？」と言って，「ああ，そうです」という指摘はなるべく避けた方が，相手の自尊心が守られるのじゃないか。

伊藤：そうすると，さっきの例でいえば，「ああ，〇〇さんは親切な方なのですね」と言うのは，愚の骨頂ですね（笑）。そうじゃなくて，例えばこんなこともあるのかな，こんなときにはこんなこともお考えになるのだろうか，と聞いていくなかで，先生の方も親切についていろんな種類があると理解できるだけでなく，相手自身も「自分は親切だ」と言っているが自分の親切とはこういうものだな，と気づいていけるといい，ということなんですね。

村瀬：はい，その方がいいと思います。それで例えば，自分は親切にしているはずなのになぜか報われないという不満を持っていらっしゃる方がおられますね。そういうときに，今のように考えて，指摘するのではなくて，こちらが想像しながら何気なく発する言葉によって，あ，そういえば自分はどうだろうと相手が思い，「いやぁ，無理し過ぎてるんですかね」というような発言が出てくるんですね。

伊藤：具体的に聞くということを，我々も院生さんに言うことがよくありますが，そうすると，本当に文字通り具体的というか，生活史を拾うようで，「あ，これは聞いていませんでした」となってしまうんです。でも先生がおっしゃるのは，ずいぶん違う意味ですね。具体や具象を聞くなかで，その人の生活のありさまとか，考え方とか，式のたて方を考えておられますね。

村瀬：そう，式のたて方を思い描こうとしているのです。

　やっぱり，生きづらいと感じている人は，自分の式がうまくたてられないことがあります。あまりにも計算しすぎて報われない，それでこじれている場合は，なるべく人が指摘するよりは，ちょっとお尋ねすることで，本人が，「そういえば自分はちょっと過剰に適応しようとしている，無理かなぁ」と気づかれることが大事で，「あなた，過剰適応でしょ」みたいなことは言わ

ない。ご苦労様と思っている。
伊藤：ともすると「ずいぶん無理なさっていません？」ということを言ってしまいますね。でもそこにいたるまでの，その言葉を10個ぐらいに割ったような，細かいステップの，想像力の階段のようなものがこちらにないと，そういう質問ができないですね。
村瀬：でも，そんなに難しいことではなくて，今のようなことを瞬間的に，細かく考えていると，結果として表れている行動は芳しくない，人に迷惑をかけたり，常識を外れていて病的であったりしても，プロセスを考えると「そうなっちゃうんだなぁ，大変だ，お気の毒，これはえらいことだろうなぁ」というようにわりとこちらの気持ちが穏やかになります。

それと，プロセスを瞬時に丁寧に想像することとは別にもう一つは，会った瞬間に，ものすごく威圧的で横柄で嫌な感じの人もいますよね，でも，この人赤ちゃんのときってどんな顔をしていたのかなぁと思うと，たぶんどんな人でも赤ちゃんのときはそれなりに可愛かったと思うんです（笑）。そう思うと，本当に目の前の失礼な人も，苦労の結果こんなふうになったんだなと思える。つまり，私は大好きとのめりこむような場合もそうはない，一方，とっても嫌な人というのもそれほどないんです。想像力は，自分も相手も緊張を和らげるものです。
伊藤：確かに，赤ちゃんのときを想像するのはいいですね。どこかから本当に，家族の役割やいろいろなものを背負って，こうやって突っ張って頑張らざるを得なくなっているという場合がありますね。
西牧：こちらが感情や情緒に揺さぶられなければ，余計な衝突とか引き出すものは減りますね。
伊藤：こっちがこちらの気持ちを表に出してはいけない，我慢しなければならないということとはぜんぜん違いますね。ふっと次元が変わる感じですね。
村瀬：無理していないですよね。例えば赤ちゃんを想像するのは，誰にとっても赤ちゃんだし事実だし。
伊藤：働きかけにおける具象性ということで，先生が書かれたものを読ませていただいてもそうですし，ご講演のなかでも，アノレキシアの方にきれいなお弁当を作って渡されたことが出てきますが，あれもまさに具体的な何かを渡しておられますね。あの方のとても渇望しているその欲求に応えるという側面と同時に，ある意味文化的な，このようでありたい理想の方向，退行と

前進の両面を先生はいつも一つのことに込めながら差し出すのだなと思っています。

村瀬：これは，いみじくもいま仰って下さいましたが，基本的に仕事ですから，ものごとは重層的な，一つのことにいろいろな意味があって，やっぱり短い時間に効果が表れる方がいい。だから例えば粘土をただこねるだけよりは，パンを作ったり蕎麦を練ったりすることは，重層的な意味がありますね。退行と，人に供することと。外から見ていると，なんだ日常のことをただ遊びでやっていると映ることに，そういう効果をちゃんと考えて，でもいかにも考えているということは表に出さないで，ごく普通に自然に味わってやるということかなと思います。

矛盾を生きること

伊藤：重篤な方に会っていると情にほだされてではないですが，この方の満たされない欲求をちょっと満たしてあげたいというような，退行的な方向に応えて満足させてあげたらちょっと癒されるんじゃないかと，そっちに行ってしまいそうな気がするのですが，そちらに偏りすぎるのはとても怖いことですね。

村瀬：それはいつも，言葉にしないですが，非常に意識しています。
　最近は小さい子どもさんとプレイセラピーをしたりしませんが，子どもが「お父さん」と呼んだんですよ，私を。どこかで「これはNo」ということが非常にはっきりしているからです。それで「お父さん，ほらね」と言って子どもがハッとして，この人は女の人だって気づく，ということがありました。

伊藤：私は逆に，以前小さい子と面接で会っていて，「お母さん！」と呼ばれたことがあります。

村瀬：あぁ，でもお母さんはいいんじゃないですか。

伊藤：いや……（笑）。私が，最初に読んだのは何十年も前ですが，先生の書かれた，メタモルフォーゼの少女のケース（「さまざまな身体症状を訴えた一少女のメタモルフォーゼ」，季刊精神療法4巻3号，1978）をずいぶん何度も読んでいるのですが，あのケースはまさにそれがあちこちに出てきますね。先生の家の一員になりたいような欲求があって，先生の家のおせち料理を作らせてというときに，それだけだとある意味で退行的な彼女の欲求を満

たしてしまうことになるのだけれど，お金を渡して「全部この範囲のなかで」とするのは，まさにリアリティですね。

村瀬：それと，やっぱり自分も働ける，一人前になるはずだという側面もあります。

伊藤：重層的だということもあるし，あれ自体が治療の枠組みなのだなと思います。

村瀬：まぁ，温かいのか冷たいのかわからない人だと，そういうふうに言われますね。

　これは，大学でお話したときにも，少し触れたエピソードなのですが，調査官研修所の研究員だったときに，犯罪を犯した精神疾患を抱えた子どもにどういう面接をするか考えるために，週に1日だけ，児童精神科へ行くようにということで行きましたらば，今と違って，古い陸軍病院の病棟で，お世辞にも清潔と言えず，洗ってあるのでしょうけれど，見るからに清潔という感じのしないシーツが敷かれていました。病棟へ伺った最初の日に，12，3歳の子どもが電球のソケットに指を入れて自殺を図り，でもおねしょをするのでシーツの下にゴムが敷いてあったから電気が通らずに指先だけ焼けたんです。その子が痛さのあまり，ちょうど指先を食いちぎったところに私は参りました。本当は痛くて泣くでしょうに，その子は虚ろな顔をしていました。婦長さんがその子を抱きながら「ボク，嚙むんなら綺麗にスパッと切ったらいいのに，これは処置が大変だ」とか言われながら，外科に連れて行かれました。泣き声も上げずに宙を見つめて虚ろな眼差しをしているその子を見て，何ともいえない……，死ぬというのは大変な思いだったと思うんですね。でも死ねなくて指はそんなで，しかも「ボク，ちゃんときれいに嚙まないと」なんて言われて，これは大変なことだと思いました。

　入院しているということは，ここで暮らしているということ，いくら私が研究員だからといって子どもの面接をしたり心理テストをしたって，どう考えてもこんな重篤な子どもたちがすぐどうなるわけでもないし，資格がないので看護助手の仕事もできないし，それよりは掃除や洗濯の手伝いをする方が，ここで少しでも役に立つと思ったのです。看護婦さんたちはすごく驚かれて，そんなことは裁判所から来ている人にさせられないと言って，主治医も予期せぬ展開にどうしたものかと思われたようでしたが，非常にしゃっきりした婦長さんが，そんなお掃除とかは頼めないけれど，今と違って院内学

級もなくてボランティアもほとんどいない，入院したらそれきりというような状態だったのです。子どもたちが，昭和63，4年頃，まだそんなに食べ物も溢れていないし，おやつの時間に喧嘩が起きないようにおやつを配って，一緒に遊んで，なにか習いたい子どもには教えてやってください，と言われました。それで，お盆におやつを載せて談話室に入ったら，少しシャープな男の子が見るなり，「あぁ，お姉さんシゾになったけど，シゾが治って復学できた大学生だね」と言ったのです。そしたら，他の女の子も，「えっ，シゾが治るの！」と。ここの子どもたちは，シゾは大変で自分たちはそれだと知っている子が何人かいるらしい，ここで自己紹介しても家庭裁判所なんて言ってもよく分からないし，なかには四人兄弟の末っ子で上の三人がみんな東大に行っていて「僕は生まれて来なければ良かった」と言っている子の話を聞くと，なにか本当のことは言えなくて，なんかモゴモゴして名前だけ言ったのです。それで，病気になったことがある大学生としてしばらく通いました。

　そのシャープな男の子に，「ぱっと見たときに，温かそうだけどすごく冷たく冷静な感じで，とっても矛盾している。人間は矛盾しちゃうと辛くなって，分裂するんだよ。これが分裂病だよ。分裂しちゃうと大変なのに，どうやって治ったの」と言われたのです。それって，切実な願いですよね。人間て，みんな矛盾していると思うんですけれど，大変な辛い人を見ると温かい方が無理にたくさん引きづり出されやすい。それと，自分の生活全体のなかで，仕事は一生懸命するけれど，仕事に自分の存在価値をみんなかけて，人から評価されないと寂しくてしょうがないというのは，卒業している必要はあると思います。もしここで誤解されたり嫌いと言われても，必要だと思うことは責任もって言って，「大嫌い」「冷たい」と言われても，仕事はこういうものだと，結構若いときから割り切っていました。

伊藤：矛盾した両面が同時にあるという。誰もが矛盾しているのかもしれませんが，我々は，どこかでそれを認めたくないのかもしれません。

村瀬：矛盾していることを認めると辛いですよね。落ち着かない。

伊藤：それこそ先程の話で，自ずと複層的な働きかけが出てくるのは，自分のなかに両方が生きていることをそもそも認めていないと難しい。

村瀬：小倉清先生が，「村瀬先生って，ロールシャッハテストのカードみたいね」と仰ったことがあります。村瀬先生ってこうね，と周りの人が言うのを聞くと，それぞれ違っていて，みんな自分の何かを投影しているんだ，と。私は

無色透明なんだと思います。

伊藤：成田先生も，あらゆる投影を可能にするのが良い治療者であると，書かれていました。無色透明だけど，刺激的なのでしょうか。

　メタモルフォーゼのケースに戻りますが，非常に矛盾というか，いわゆる男性的な役割というものと，一緒にパンを作ったりするお母さん，女性的な部分と両方が随所に出てきていて，私は男性なので，男性が両面性のようなものを表現していくことって，難しいなといつも思うんです。

村瀬：でも，例えば「ピノキオから少年へ」のケースでは，周りのお力をたくさん借りたと思うのですが，あのなかで，職場では独身で偏屈な人と思われていた営繕係の人が，モノを壊すことしか知らない暴力をふるっていた少年と，下駄箱を作るんです。それもなんか，いらない板切れを集めてきて。出来上がって彼の家に持って帰るとき，タクシーにも乗れないので歩いて持っていったのですが，横断歩道で営繕係の人は途中まで渡りかけていたのだけれど，お年寄りの人が先に渡りきれるように先に譲って信号を見送る姿を見て，この人は優しい細やかなところがあるな，とその少年が気づくことがありました。

　その営繕の人は，変わり者で，職員の間では話もしないし忘年会にも出てこないような人だったのが，少年とこういうことをしてから，忘年会に出るようになり，話すようになったということでした。それで，その少年が「あの人は，本当はいい人だ」と言ったのです。でもよく，その暴力ばかりして雑なことしかできない子に，カンナの使い方とか釘の打ち方とか手を添えて教えていて，そういうときは表情もなにか優しそうでしたね。私が解釈して余計なことを言うと，うるさいなぁ，という表情をしましたので，黙っていたのですが（笑）。私にはとてもできないことでした。

伊藤：それぞれが，自分の持ち味を発揮しておられたのですね。

西牧：時所位の話から始まり，繰り返し先生から学んできたことは，常に循環されて，自分が年齢を重ねていくごとに，その時々にこういうことだったのかと少しずつ気づくことが増えていっているように感じます。面接でクライエントさんとお会いするときには，今の自分を突きつけられるもので，自分が問われることにどれだけ耐えられるか，心理臨床の学びとは終わりのない，終わりはないけれども，無駄なことはない，すべて意味あることがずっと続いていくんだなということを，今日お話を伺いながら改めて思います。

村瀬：お顔もすぐ思い出せないような，教室で出会った人とか，何年も経ってからくださる手紙のなかに，今になって教室で聞いたことはこれだとすごく思い当たるとか，仕事をしていてどう判断しようかを考えるときに，村瀬先生だったらどうするかと思うと，我ながら冴えた答えが出ますと（笑）。いや，だから私の考えではなくてその人が冴えているのですけれど。一緒にいるときは，意味がピンと来なかったけれど，仕事をしているうちにこうだと思うようになったということを，ずいぶん多くの方がお手紙でくださいます。

伊藤：今のお話は，それぞれの現場に行って，責任を持ってなにかコミットメントしようとする，そこから本気で考え始めるようになり，そのときにこれは先生が仰っていたことだなと気づく，ということなのかと思います。やはり，さきほどの時所位と同じですが，その場にきちんとコミットすることは大事なように思います。

日常をていねいに過ごすこと

伊藤：また少し違う話題に移りますが，生活の便利さを得ることで失うものがある，という話ですが，さまざまな経験不足による困難さが来談される方に見受けられます。一方で我々治療者側にも同じことが起きていて，これは大変問題であると思っています。例えば「知っています」と言うときの意味が，我々が思うことと若い方との間でだいぶ違うなと感じることがあります。これまでお話いただいたように，先生が臨床で大切であるとお考えになっていることを実質化するためには，治療者側が具体的な生活事実とか，いろいろな生活体験があり，厚みのようなものを持って「識っている」ことが重要になってくると思うのですが，このあたりをどのように考えたらよろしいでしょうか。

村瀬：本当に仰ることは，いつも痛切に大事だと思いますね。平たく言うと，毎日の日常生活を無理にだらだら丁寧にする必要はないけれど，あまりにも能率を考えて雑に暮らさない，雑にならないということではないかと思います。

伊藤：ずいぶん前にお話されていたと思うのですが，例えば買ってきたアンパンを子どもに出すとしても，袋から出してお皿に乗せて，ちょっと温めて出すのと，袋のままポンと出すのとは違うと。その違う何かとは，人の手が加

わったものとかことのなかに，実は心はあるのだという気がして，そういう心をつけ加えるプロセスを磨いていく，そういう感性を仕入れていくことが大切だと思います。

村瀬：ありとあらゆるとき，私たちは，面倒くさいと思ってそれを省けば用は足りるわけですけれど，面倒くさいと思わずにちょっとやること，例えばさっきのアンパンの話で，お皿に乗せると，なにか多少の感動と，そうやって出してくれた人の気持ちも伝わります。だから，いつもアンパンをそうして食べるというのではなくて，ちょっと時間があるから，一緒にアンパンを買って，何か最近思ったことを話そうとか，毎日が能率よくというのではなく，少しそういう時間を見つけて，あぁこういうことって，どこか格別のドライブして素敵な所に行かなくても，気持ちがほっとするなということになるし，上等な洋服を買えなくても，シンプルな無地のものに，ちょっとしたアイロンでつく刺繍とか少し手を加えると，自分で何か作れなくても，オーダーメイドの自分のことを気遣った洋服を用意してくれたということになる。そういう生活に彩りをもたらすものを大事に考えることです。普段はだいたい，どの器に何を盛るかは決まっていたりしますが，食欲のわきにくい，蒸し暑い梅雨の時期に，小ぶりな器に上品にご飯を盛ってみて，ちょこっと紅ショウガを乗せると，ご飯なんか食べたくないというときに何か少しさわやかな気持ちになるとか。そういうセンスでしょうか。

伊藤：そうしたセンスとか，具体的な気遣いとか，少し何かを添えるということが，臨床場面ではとても大事なことですね。

　新人教育でいえば，ロールプレイとか応答技法というだけでなく，言葉遣いも含め日常の所作について伝えることが大事ですね。でもこういうことは実際には会社でも言われることですね。心理の教育ではあまり言われてこなかったというのは問題かもしれません。

村瀬：本当に一般教養が大事です。いま行っている厚労科研研究でも，調査のまとめとして同じことがいえて，一般教養をしっかり持っている，それをまずは試してみて，そういう人が勉強していく，勉強しているときにも一般教養が身についていくようなカリキュラムが必要であるということです。

　卒業生の方が勉強に来られるのに，仕事が終わってから遠方から来られる人もいるので，お菓子とお茶を少しだけお出しするのですが，最初は自分の分だけ取って，隣の人にどうぞと渡すこともしなかったのですが，少しずつ

周りの人に気遣うようになっていかれます。決して食べ物でどうこうするというのではなく，遠くから来て疲れているでしょうから，少しだけれども，と配慮を示すということだと思います。

西牧：今ふと，大学院時代にある日の夜の授業で，先生がみんなの分にとその当時は珍しいイチゴのドライフルーツをご用意くださり，みんなで一つ一ついただいて，あぁ，大切にされているなと思い，何か嬉しいし元気が出て，みんなで頑張ろうと授業に臨んだのを思い出しました。こうやって，先生は行動でずっと示してくださっていましたね。

伊藤：心を形にして伝えるということは，日本のすごく大切な伝統ですよね。

村瀬：食事会するよりは，お金をかけなくてもお店に行かなくてもすむようにということで，村瀬ゼミは最後の日に一人一品持ち寄る形での会をしたのです。見栄を張らないで，楽しく変化があるというのは大切で，意外な男の人が手作りしてきたりということがありました。便利さのなかで，でも感性は忘れないということを毎日はできないけれど，ゼミの終わりのときにそういうことすると，変に勉強というと嫌味ですけれど，お互いによい特徴に気づく機会になりました。

西牧：お互いのことを気遣い，いま振り返ればここでも時所位を働かせて，あの方はこういうものを準備すると言っていた，では自分にできる範囲で何を持っていこうと考えて準備していました。

村瀬：そう，特別に材料が高価だとかそういうことは誰も気にしなくて，これだけ人がいるとこんなにお料理があるんだ，と思いました。

伊藤：この年齢になって，親のことで思い出すのは意外とそういう部分ですね。男三人兄弟でしたのであまり華やかなことはありませんでしたが，小さいときに母親がリンゴをウサギの形にむいてくれたことを思い出すんです。そういうことを，どう人との間でどう行っていくか，どう育てていくかということですね。

村瀬：基本は面接だけでやるのですが，気持ちが形になる表れが必要かなと思います。施設でやる仕事は家事みたいと思うかもしれないけれど，そこに考えが滲むと思ったらすごい高度なことだといつもみんなに言っているんです。

伊藤：とても本質的なことですね。いわゆる典型的な心理治療面接の考え方で，非日常の枠組みを究極まで強めてそのなかでやっていくのは，圧力釜のなかにいるようで，うっかりすると日常生活との気圧のギャップが生じすぎる場

合があるように思います．先生が仰られるように，日常の具体物に心を乗せて，治療と日常をなだらかな形にしていくことが，これからの心理臨床において重要な意味を持つように思います．

　自分自身が経験してきたことを大切に，それを生かしていくことが大事である，その手順が時所位であるという，ご講演を読み解く鍵をいただいたように思います．今日は，本当にありがとうございました．

（編集責任：伊藤直文）

第Ⅲ部

心理臨床の諸相

教育相談・スクールカウンセリングのこれからと"原点"

卯月　研次

はじめに

　多様な価値観が併存し，テクノロジーが著しい進歩を遂げる現代社会では，学校教育にも様々な課題が突きつけられている。不登校やいじめといった生徒指導上の問題，学級崩壊などの学級運営上の困難，関係構築の難しい保護者への対応，発達の偏りのある子どもたちへの指導など，次々と学校における課題に社会の注目が向けられてきた。また，1995年度のスクールカウンセラー（以下 SC）導入，2007年度からの特別支援教育の本格実施，2013年のいじめ防止対策推進法制定など，制度的・法的な面での大きな変化もあった。

　教育相談は，学校や教育に困難を抱える子どもたちにかかわるものであるだけに，実は学校教育が根本的に直面している課題に目が向きやすい面がある。相談にたずさわる中で，問題があるのは子どもたちの方か，それとも時代に合わない学校や教育の方なのか，と考えさせられることは少なくない。例えば滝川（2014）は，不登校急増の背景に「学校へ行くこと」の意義が大きく低下する一方で，高学歴社会で学歴取得の圧力が強まった時代背景を挙げ，「希望に導かれた努力ではなく，圧力に強いられた努力は消耗しやすく長続きしない」と指摘する。多くの知識や正しい解き方を覚えるよりも，例えばいわゆる「ハーバード白熱教室」のマイケル・サンデルに多くの人が刺激を受けたように，様々な価値観や考え方に目を向けていく新しい教育の方が現代社会で求められていることかもしれない。大企業の破綻や突然の大災害を幾度も目の当たりにした今，とにかく勉強すれば将来は幸せになれるという価値観は，子どもたちにどれほどの説得力をもつであろうか。

　一方，テクノロジーの面では，タブレット型端末やスマートフォンなどの ICT を活用した教育は広がりを見せており，今後の授業風景を一変させる予

感を抱かせる。タブレット型端末によって一人一人の児童生徒に応じた教材が選択でき，それぞれの子どもに合った学び方が可能になれば，もはや従来型の一斉授業は見直されることになるだろう。しかし，電子メールやSNSが子どもたちに普及するにつれて，ネットいじめや学校裏サイトなど，テクノロジーの進歩に付随する新たな問題も生まれている。

本稿では，まず次節で日本における教育相談の変遷を概観した上で，第3節で今後の方向性について整理していく。また，最終節ではそれらを踏まえた上で，あらためて教育相談の"原点"に目を向けて論考したい。

教育相談の変遷

教育相談は「一人一人の子供の教育上の諸問題について，本人又はその親，教師などに，その望ましい在り方について助言指導をすること」（文部省，1981）と定義される。その担い手は教師やSCなど様々であり，それに応じてカウンセリング的要素の強いものから，教育的要素の強いものまで幅がある。ここでは，歴史的な変遷を扱う性質上，教育や学校の範疇で児童生徒にかかわる対応を広く教育相談ととらえることにする。本節では教育相談というものがどのような経過をたどってきたのか，主に文部省（1990）を参考にしながら概観していきたい。

生徒指導や教育相談という概念が日本の教育に広く導入されたのは第二次世界大戦の後である。1947年の児童福祉法制定により，各都道府県に児童相談所が置かれるようになり，また，この時期に各地で公立の教育相談所が設置された。1950年代になると，学校内で教育相談室が作られ，ロジャーズの非指示的カウンセリングを学んだ教育相談担当の教師がカウンセラー的役割を果たすようになる。ただ，この時期は問題傾向をもつ児童生徒を早期に発見し指導するという面が重視され，いわば「専門機関の縮小版」と言えるような状態であった。「教育相談」イコール「カウンセリング」という傾向が強かった。

やがて1960年代から1970年代になると，問題傾向をもつ児童生徒の指導だけでなく，広く児童生徒の自己理解や自己実現の援助という積極的な機能を生かそうとする試みが生まれてくる。文部省（1971）の「中学校におけるカウンセリングの考え方」には，「学校の教師はすべて，なんらかの意味でカウンセリングに関係すると思われる」との記述が見られる。また，文部省（1972）の

「中学校におけるカウンセリングの進め方」では，カウンセリングとは「すべての教師が生徒と接触するあらゆる機会に必要な基本的な指導の理念ないし態度の問題として取り入れ，あらゆる教育活動の実践の中に生かすべきものとして，広義に解することがたいせつである」といった記述がある。カウンセリング理論をベースにしつつ，それを教育活動に広く応用しようとする広義の捉え方が提唱されていた。

その後は高校紛争や校内暴力の増加に伴い，荒れる教育現場で求められたのは，生徒の個性や自由を尊重する教育相談的な対応ではなく，秩序と規律を維持するための厳しい指導であった。それまでのようなカウンセリング重視の傾向は弱まるが，一方で教師の教育活動全般に通じる教育相談的視点として「カウンセリング・マインド」という言葉が登場する。

1980〜1990年代になると，いじめによる自殺事件や不登校児童生徒数の増加が社会で大きく取り上げられるようになる。そして1995年に「スクールカウンセラー活用調査研究委託事業」として，SCの派遣が開始された。教師が行う教育相談だけでなく，SC，そして2008年度から導入されたスクールソーシャルワーカーなど，様々な専門職種の人たちが教育相談にかかわるようになった。SC導入当初に比べると，学校外の専門家・人的資源を受け入れ，連携協力し合うことに学校側も慣れてきた感がある。村山（2011）は，こうした現状を「異業種間のコラボレーション時代」にあると指摘する。

多職種の幅広い観点からの手厚い教育相談へと向かいつつある一方で，学校教育が直面する現代的な課題は新たな様相を呈している。地震などの自然災害や学校で起きた事件・事故後の緊急支援，発達に偏りのある児童生徒へのアセスメントと指導計画の作成など，これまでよりも教育相談の範囲は確実に広がりつつあると言えよう。次節では，これからの教育相談の方向性について目を向けてみたい。

教育相談のこれから

従来，教育相談には，問題解決に重点を置く「治療的」側面と，問題が深刻化する前にかかわる「予防的」側面，そして積極的に子どもたちの対人関係やコミュニケーション力に焦点を当てて心の成長を促進しようとする「開発・成長促進的」な側面があることが言われてきた。文部科学省（2010）では，この

3点目の開発的側面を「育てる教育相談」と呼び，問題解決への指導とは別に「学校教育全体にかかわって児童生徒の学習能力や思考力，社会的能力，情緒的豊かさの獲得のための基礎部分ともいえる心の成長を支え，底上げしていくもの」と位置付けている。その上で文部科学省（2010）は，「教育相談の新たな展開」として，①グループエンカウンター，②ピア・サポート活動，③ソーシャルスキルトレーニング，④アサーショントレーニング，⑤アンガーマネジメント，⑥ストレスマネジメント教育，⑦ライフスキルトレーニング，⑧キャリアカウンセリング，といった手法を挙げ，授業内外での実施を提案している。いずれも，児童生徒のコミュニケーション力や社会的な適応力を高めようとするものである。

　増田（2014）は，SCの活動が「量的拡大から質的向上」へとパラダイムシフトに迫られているとし，背景には「①活動のマンネリ化（ニーズに対して活動のイノベーションが行われていない），②効果の減少（心理臨床の効果の検証は難しいが，教職員のSCに対する評価の低下），③危機感の潜在化・顕在化（学校側・SC側の双方）」があると指摘する。その上で，SCが考えておくべき新しい視座として，(1) いじめ問題への積極的介入（体験学習を取り入れた心理教育，早期発見やいじめ防止のための教職員研修会やいじめ発見のためのアンケートの実施，いじめ防止を中心とした相談体制の中心的役割，いじめ発覚後の事実確認と被害者・加害者の支援，警察に通報するかどうかの判断の相談）と (2) 学級経営のコンサルテーション（学級崩壊に代表される学級経営の問題）を挙げている。

　伊藤（2011）はアメリカにおけるSC活動の新たな方向性を紹介している。米国SC協会（ASCA：American School Counselor Association）では「安全な学校風土を保持し学校構成員全ての人権を擁護することがSCの役割のひとつと明記され，一対一の臨床活動ではなく小集団や学級単位で多くの子どもに一度にサービスを届ける活動を優先すべき」としているという。また，米国での新しいSC像（TSC：Transformed SC）として，「カウンセリング，コンサルテーション，コーディネーションの3セットに加えて，リーダーシップ，アドヴォカシー（権利擁護），チーム形成とコラボレーション，アセスメントとデータの活用，情報機器などのテクノロジーであり，それらを駆使して，より広く学校全体への支援，あるいは風土づくりを実現すべきだという」役割が求められていることを指摘している。

増田，伊藤に共通する点は（伊藤の方はあくまでアメリカの潮流ではあるが），いじめなどの暴力のない，各人の権利が守られる安全安心な学校環境作りが，これからの教育相談の一つのテーマと考えられることである。また，学級経営や学校全体への支援，チーム作りやリーダーシップの発揮など，従来カウンセリング寄りだった教育相談を積極的に教育活動へと還元しようとする方向が見られる。通常の学校生活とは異なるものの，事件・事故・災害等が起きた時の緊急対応や児童生徒の心のケアにも社会的要請が高まっており，安全な学校環境作りや学校全体への支援という視点からも，日頃から備えておく必要があろう。

　一方で，教育相談に対してより専門性を求める流れもある。高野（2012）は，これからの教育相談を論じる中で，「教育相談員に対して発達障碍や発達特性についてのより高度な専門知識とアセスメントの力が求められており，それに加えてアセスメントの内容を実践的な取り組みに落とし込む力，つまり学校や家庭で実行可能な具体的な支援プランを立てられる力が求められている」と述べている。特別支援教育が定着するにつれ，この指摘はますます重要性を増していくだろう。そして，これは前述のような学級経営や学校全体への支援と矛盾するものではなく，むしろ教育相談のそうした積極的な側面を支える専門的な根拠を与えるものとなる。また，高野（2012）は相談室を離れて積極的に学校や学級に出向いていく相談が増えている現状とその利点を踏まえた上で，「『出向く』相談が十分に機能するためには，つなぐ先の『待つ』相談が専門性や継続的な援助において十分力を持っていることが必要であり，お互いは相互に関連しあっている」とも述べている。新しい教育相談の方向性に注意が向けられる中，やはり従来から行われている個別の相談が必要でなくなるわけではない。教育相談担当者としては，新しい流れを見据えつつ，従来機能していた相談活動も十分に維持していくことが求められるのではないだろうか。

あらためて教育相談の"原点"を見つめる

　ここまで，歴史的な変遷およびこれからの教育相談の方向性についてまとめてきた。最後に，時間的な意味での原点ではなく，社会の変化に翻弄されない"本質"という意味での教育相談の"原点"を考えてみたい。夜空に北極星があるように，社会の変化が大きい時だからこそ，原点となる立ち位置を確かめておくことが役立つはずである。

村瀬（2003）は,「子どものこころをどう開くか」「子どもをどう理解するか」「子どもをどう指導するか」という命題の設定があふれている今,「『大人はどのようにあれば，子どもから捉えられ，通じ合えるのか』という，少し視点を変えたみずからを省みる問いの設定が要るように思われる」と述べている。先述のように，昨今は様々な教材,教育方法,スキルのトレーニング,アセスメントツールなどが次々と開発され，教育現場に導入されている。子どもをどう理解し,指導するか，という側面が急速に進歩し，変化を遂げているわけだが，一方でそれを使う私たち大人は子どもたちからどう見られているのだろうか。信頼され，通じ合える相手となり得ているのだろうか。岩宮（2009）は，子どもたちが心の内側で起こっていることを言葉にできない状態（つまり,「内面」が育っていない状態）であることをSCとして経験したいくつもの例を示しながら,「子どもが人に気持ちを言葉で伝えることができるようになるためには，身近に優れた聞き手がいることが，何よりも必要だ」と述べる。子どもたちの心や感情の「揺れ」に付き添いながら,「つたない表現を理解しようと時間をかけてつきあってくれる人が周囲にいるとき，子どものコミュニケーション能力は飛躍的に向上するのである」と言う。プログラムやトレーニングで知識やスキルを教えていくことも大切だが，子どもたちに本当に耳を傾け，気持ちの通じる聞き手であろうとすること，そして自分がそうなり得ているのかを自問していくことも私たち大人に課せられている。

　本章のはじめで述べたように，教育相談は，子どもの側の問題だけでなく，学校教育や社会，自分を含めた大人たちが直面している課題に気づかせてくれる面をもっている。子どもたちだけではなく，自分たちのあり方を見つめ直すこと，自らを省みる問いを忘れないことも，教育相談の本質,"原点"ではないだろうか。

❏ 参考文献

伊藤亜矢子（2011）学校風土・学級風土の視点から見たスクールカウンセリング論．臨床心理学増刊第3号, 104-108.
岩宮恵子（2009）フツーの子の思春期．岩波書店．
増田健太郎（2014）スクールカウンセラーの歩みと今後の展開　SC活動のイノベーションのために．教育と医学の会（編）教育と医学．62（2）．慶応義塾大学出版会．
文部科学省（2010）生徒指導提要．教育図書株式会社．
文部省（1971）中学校におけるカウンセリングの考え方．大蔵省印刷局．

文部省（1972）中学校におけるカウンセリングの進め方．大蔵省印刷局．
文部省（1981）生徒指導の手引（改訂版）．大蔵省印刷局．
文部省（1990）学校における教育相談の考え方・進め方－中学校・高等学校編－．大蔵省印刷局．
村瀬嘉代子（2003）統合的心理療法の考え方．金剛出版．
村山正治（2011）スクールカウンセラー事業の展開．村山正治・森岡正芳（編）臨床心理学増刊第3号．22-26，金剛出版．
高野久美子（2012）教育相談入門．日本評論社．
滝川一廣（2014）不登校という行動の意味．教育と医学の会（編）教育と医学，62（3），慶応義塾大学出版会．

面会交流支援と心理臨床

青木　聡

はじめに

　ここ数年，父母が別居／離婚したあとに，子どもと別居親の面会交流をめぐって激しく争い続ける裁判が後を絶たず，大きな社会問題となっている。平成23年度には，面会交流紛争の新受件数（調停＋審判）が，ついに年間1万件を突破した（裁判所，2012）。子どもにとって面会交流紛争に巻き込まれることは，不穏な家庭環境で育つことを意味している。児童臨床の現場では，多くの事例の背景に父母の離婚と関連した家庭環境の問題が見え隠れすることは周知の事実であろう。しかし，子どもの症状や不適応行動の背景にある父母の離婚にまで焦点を当てることはあまり一般的ではなく，ましてや面会交流を支援する方法を学んだ専門家はほとんど見当たらない。

　あらためて指摘するまでもなく，この問題の主な原因の一つは離婚後の単独親権制度である。わが国では，単独親権制度を採用しているため，親権や面会交流に絡んで泥沼の離婚紛争が展開しやすくなっている。夫婦の争いが，いつのまにか子どもの親権の奪い合いや面会交流をめぐる争いにすり替わり，熾烈化してしまうのである。それどころか，親権や面会交流をめぐる裁判を有利に進めるため，共同親権者の承諾なく子どもを勝手に連れ去る別居が横行し，同居親が子どもと別居親の面会交流を正当な理由なく一方的に拒絶したり，相手方を裁判で不利にする悪意を持ってDVや虐待を虚偽申告する問題も広がりを見せている（棚瀬，2010）。こうした脱法的な行為によって簡単に裁判で有利になってしまうことも，現行制度の重大な欠陥を示している。

　加えて，わが国では，いまだに「月1回数時間の面会交流」という審判が定番であり（法務省，2011），国際的な潮流である「『子育て時間（parenting time)』としての面会交流」という発想とほど遠い現実がある。法制度の不備

や家庭裁判所の審判によって，離婚すると親子関係が文字通り「引き裂かれて」しまうのである（ジョーンズ，2011）。それにもかかわらず，わが国ではこの問題に関する議論も面会交流支援もようやく始まりつつある段階であり，事実上，激しい離婚紛争のあとは子どもと別居親の交流がほぼ必ず断絶するといっても過言ではない。

　一方，欧米諸国では，『児童の権利条約』（1989）の批准前後に，離婚後の共同養育制度を整備している。父母の離婚を経験した子どもが「頻繁かつ継続的な面会交流」と「必要十分な養育費」に支えられて安心して育っていけるよう，各種の法制度を改正した（改正し続けている）のである。また，「頻繁かつ継続的な面会交流」を円滑に実施するための支援の取り組みについては，数多くの実践と研究が積み重ねられてきており，わが国における面会交流支援を考える上で非常に参考になる。そうした取り組みでは，児童福祉や心理臨床の専門家，弁護士や裁判官，学校の教職員などが，職種の垣根を越えて密に連携し，「子どもの最善の利益」に適った面会交流のために奮闘している。

　本稿では，米国の取り組みを参考に，面会交流を支援する際のポイントを確認しつつ，併せて「心理臨床の原点とこれから」を考えてみたい。

面会交流支援における心理臨床の必要性

　わが国における面会交流の支援者は，単独親権制度下で「夫婦の別れ」を「親子の別れ」にしないという大変な難問に取り組むことになる。単独親権制度である以上，裁判で親権を剥奪された別居親は見知らぬ他人と同じ扱いになってしまう。その悲しみと怒りに苦悩する別居親を支えながら，面会交流を拒絶する同居親の気持ちを汲み，激しく対立する両者の関係を調整しつつ，何よりも親の離婚に傷ついた子どもをケアしていかなければならない。制度的な枠組みがないなかで，父母の別居／離婚後も実質的な親子関係が続いていくように，離婚家族全体の支援に取り組まなければならないのである。

　米国では，面会交流支援の取り組みが始まって約30年になるが，概観すると，およそ以下のような「3本柱」に集約されてきていると思われる。

1．親教育プログラムと養育プラン

　未成年の子どもがいる離婚の場合，離婚後の片親疎外や貧困の予防として，

親教育プログラムの受講と養育プランの作成および提出が法的に義務づけられている。親教育プログラムでは，親の離婚が子どもに与える影響，離婚後の子育ての留意点，面会交流と養育費の重要性などを父母に学ばせる。子どもの発達段階に応じた適切な関わり方や，元配偶者とのコミュニケーション・スキルの体験的理解に比重が置かれ，短時間ではあるが，各種のエクササイズやロールプレイによる実用的なスキル練習も含まれる。それとは別に，養育プランで面会交流のスケジュールを取り決め，かなり詳細に離婚後の親子交流のあり方について定めていく。対立する父母がゼロから話し合う困難を避けるため，各自治体が面会交流の標準プランを用意しており，書き込み式で簡単に養育プランを作成できるように工夫されている。標準プランは隔週2泊3日（3泊4日）＋毎週夕食1回＋長期休暇中の連泊ありが一般的である。この標準プランによって離婚後も年間100日以上の「子育て時間（面会交流）」が保障される。その後，面会交流が円滑に実施されていないことが明らかになった場合は，特別な親教育プログラムの再受講や現実的な養育プランの再提出が求められることもある。

2．親子関係修復のためのアプローチ

　面会交流が円滑に実施されずに疎遠になった親子関係を修復するためのアプローチとしては，小グループで行う野外キャンプや心理教育的ワークショップが実践されている。野外キャンプは，日曜大工（DIY），宝探し，オリエンテーリング，タイムアタック（登山やカヌー），アウトドア・サバイバルなど，親子で協力して課題に取り組む冒険型プログラムになっている。心理教育的ワークショップは，離婚後の親子関係や対人関係全般について，面白い心理学実験（被暗示性，記憶歪曲，選択的注意，対人魅力，同調実験など）を「笑える」動画やエクササイズで学んだり，子グループと親グループに分かれて別居の気持ちを話し合って子に対する思いや親に対する思いを発表したり，親子がお互いにプレゼントする作品（メッセージをペイントしたTシャツ，マグカップ，フォトフレームなど）を制作したりする構成型プログラムになっている。いずれも共同作業や達成体験や本音の対話を軸とした密度の濃い集中的な交流で親子関係を修復していく。また，個々の家族を対象とした心理教育的な親子再統合セラピーも実践されている。これはセラピーといってもいわゆる心理療法ではなく，親子のコミュニケーション改善を目的として定期的な面接で指導する

心理教育的アプローチである。

3．アンガーマネジメント＋グリーフケア

　離婚という移行期の家族を支えるときの視点としてもっとも重視されているのは，アンガーマネジメントとグリーフケアであろう。面会交流の支援全般を通して，怒りや悲しみという感情の扱いに焦点が当てられるのである。離婚時に激しく争った父母は心の痛みや傷つきを解消できていないことが多く，知的には面会交流の重要性を理解していても，誰もが気持ちの整理や相手方との新しい関係性の構築を必要としている。子どもも離婚にまつわる自分の気持ちをうまく表現できずに苦しんでいる。そこで，自分の体験してきた怒りや喪失の悲しみに気づき，語り，上手に扱えるように，アンガーマネジメントやグリーフケアが行われる。特に父母に対しては，原家族の親子関係における怒りや悲しみを振り返ることも含めて，かなり内省的な心理面接が行われている。そうした心理面接では，キーワードとしてインナーチャイルドやインナーペアレントという用語がよく使われており，自分自身の内なる子どもの視点を失わないように意識することや，内なる親意識を涵養することおよび親役割を自覚することが重視されている。これは内的な親子関係イメージを扱うアプローチであり，きわめて心理臨床的な作業となっている。

　上記の「3本柱」は，子どもや相手方との関係性の質的変化を目標に，外と内から予防的・治療的にアプローチしており，わが国の面会交流支援の今後の方向性を考える上で非常に参考になる。それらは内容的にいずれも面会交流支援における心理臨床の必要性を示唆しているといえるだろう。次に，面会交流支援を通して見えてくる「心理臨床の原点とこれから」について考えてみたい。

面会交流支援を通して見えてくる「心理臨床の原点とこれから」

1．「聴く」という支援

　面会交流支援では，相手方の話を聴く態度がいかに大切かということが繰り返し強調される。どれだけ激しい対立であっても，聴く態度によってあっさり解消し，これまでの争いはいったい何だったのかと唖然とさせられることが「頻繁に」起きるからである。聴く態度が家族内にほんの少し浸透するだけで，困

難な対立に決定的な変化が起きるのである。面会交流をめぐる争いは，お互いの言い分をぶつけ合って白黒をつける法的解決には馴染まない。笑い話のようだが，「話し合い」によってむしろ対立が激しくなり，もはや解決の糸口を見いだせなくなるまで混乱が深まってしまうのである。その意味で，面会交流支援においては，聴く態度の心理教育や，「話し合い」よりも「聴き合い」を促す支援に重点を置くべきといえる。面会交流支援における聴く態度の重要性は，どれだけ強調しても強調しすぎることはないだろう。まずは，支援者自身が優れた聴き手として，さまざまな立場の人たち（同居親，別居親，子ども，親族，代理人弁護士，家事審判官，家裁調査官，調停委員，他職種の専門家など）の見方や考え方を丁寧に「聴く」ことが，的確な支援につながっていくと思われる。理想としては，支援者の聴く態度がロールモデルとなることを目指したい。考えてみれば，これは心理臨床の原点といえるのではないだろうか。

2．実証的研究に基づく心理教育プログラムと「手作りの臨床」のバランス

　面会交流支援では片親疎外や貧困の予防を目的とした心理教育が重視されており，その点は心理臨床の新しい方向性を示しているといえる。今後の心理臨床の仕事は，実証的研究で得られた知見に基づく予防的な心理教育が増えていくに違いない。心理臨床の実践と実証的研究は今後ますます連動していくものと思われる。一方で，家族の問題は個別的事情に大きく左右されるため，決してマニュアル化できない面があり，ケース・バイ・ケースの「手作りの臨床」が大切にされている。米国のケース支援者たちが自分の担当する家族の問題に取り組む姿勢はおしなべて手厚く，心から感心させられる。支援者の熱意や親身なかかわりによって家族の心が動かされ，面会交流の円滑な実施に向けて前向きな変化が起きていくようにも見えるほどだ。専門家として倫理的に適切な距離を保ちつつ，しかし同時に，家族から深く信頼される親身なかかわりを常に心掛けることの重要性も再確認しておきたいと思う。一般化されたプログラムで正しい知識や役に立つスキルを教育することも大事だが，個別的な親身なかかわりこそ支援の成否を分ける鍵であるということを決して忘れないようにしたい。

3．グループ・ファシリテーションの実践

　面会交流支援の心理教育には，グループ・ファシリテーションの技量が要求

される。講義形式で心理教育を行うだけでなく，グループでの体験型ワークやエクササイズ，ロールプレイ，ディスカッションなどを上手にファシリテートできることが必須の技量といえる。今後は，従来のような面接の仕事に加えて，例えば自治体の要請を受けて出向くような出前型のグループ・ファシリテーションの実践も，心理臨床の仕事にさらに含まれていくだろう。そのような要請に応えるためには，個人の心理力動に加えて，グループ・ダイナミクスを理解するための研鑽を積む必要がある。また，出前型のグループ・ファシリテーションを実践する場合，主催者との連絡調整，プログラムの構成，配布資料の作成や会場設営など，事前の準備にもかなりの時間を割かなければならない。そうした雑務を厭わず，心理教育的な予防啓発活動に積極的に取り組む姿勢が求められている。

4．危機介入と長期支援

　面会交流支援は，危機介入としての意味合いが強く，迅速な対応が欠かせない。親子関係にとって，時間は非常に貴重である。会えない日々が長引くほど，関係を築くことが次第に難しくなり，取り返しのつかない致命的な深い傷となりやすい。たとえ，しばらくたって会えるようになったとしても，会えなかった時間は二度と戻らない。支援者は時間の重みを肝に銘じて，一刻も早く支援に取り掛からなければならない。一方で，未成年の子どもがいる離婚は，子どもが成人するまでの長い子育ての年月を展望して考える必要がある。離婚係争中はもちろんのこと，離婚後の父母関係・親子関係には折々に新たな課題が浮上する。子どもが成人したあとも，自分の再婚，子どもの結婚式や出産，孫（自分の子どもの子ども）との関係，里帰り，介護，葬式，遺産相続など，父母関係・親子関係にとって悩ましい出来事が次々と待ち受けている。離婚という分岐点ないし移行期だけでなく，父母関係・親子関係を長期的に支援する視点を持ちたい。危機介入と長期支援のバランスが重要であることも，面会交流支援に限らず，あらゆる領域の心理臨床に当てはまることではないだろうか。

おわりに

　面会交流支援を通して「心理臨床の原点とこれから」を考えてきたが，端的にまとめると，一見相容れない二項対立をバランスよく包括し，関係づけ，両

立を模索するよう相談者の内省や自覚を促すことに，心理臨床の本質があると思われる。言い換えると，夫×妻，父×母，外×内，予防×治療，普遍性×個別性，個人×グループ，危機介入×長期支援などの二項対立を見抜き，その両極を俯瞰するメタ視点から全体を捉え直して進むべき方向性を見出していくことが，面会交流支援における心理臨床の作業となるだろう。それは，例えば「子どもの視点」や「離婚後の子育て」といった用語で語られる新たな立脚点への心理的な移行を支援することであり，面会交流に対する眼差しの変化を目指す取り組みといえる。

❏ 参考文献

外務省（2014）児童の権利条約. http://www.mofa.go.jp/mofaj/gaiko/jido/（2014.7.17 閲覧）
法務省（2011）親子の面会交流を実現するための制度等に関する調査研究報告書. http://www.moj.go.jp/MINJI/minji07_00100.html（2014.7.17 閲覧）
ジョーンズ，コリン，P. A.（2011）子どもの連れ去り問題. 平凡社新書.
裁判所（2012）司法統計年報　家事事件編. http://www.courts.go.jp/search/jtsp0010（2014.7.17 閲覧）
棚瀬一代（2010）離婚で壊れる子どもたち. 光文社新書.

発達障害と心理臨床

井潤　知美

はじめに

　カウンセリング研究所はその開設から50年を迎えたという。昨年（2013年6月），その開設50周年を記念して講演会が開かれた。私はこちらに勤めるようになってわずか数年の新参者であるが，これまで取り組んでこられた先生たちのご苦労や想いを拝聴することができ，現在のカウンセリング研究所の存在の重みを実感することができた。なかでも，野村東助先生の「新しいビルができたことは喜ばしいことであるが，高みにとどまり，現実がみえなくなることのないように」というお言葉に非常に感銘をうけた。

　さて，本稿の「発達障害と心理臨床」というテーマである。近年の発達障害ブームともいうべき事態のなかで，現実に生きている人たちを支援するために，真にクライエントの人たちのニーズに即したサービスを提供するために，私たちは何を目指してやっていくべきだろうか。これまで発達臨床に取り組んできたものとして，また，今後，研究所のスタッフたちと協働してよりよい臨床活動を行っていきたいと願っているものとして，日ごろ感じていることを以下に記そうと思う。

発達という視点の普遍性

　私たち心理臨床家は，クライエントが「自分の人生を生きること」を援助する仕事である。ただ，私たちが出会うのはクライエントの人生のある一断面に過ぎない。目の前に現れたクライエントが3歳の子どもであれば，その子どもが生まれてから3年間の時間経過がその子どもにはある。3歳の子どもの場合，クライエントはその保護者であることが多い，家族を視点に入れれば，その子

どもが世の中に誕生するまでの家族の歴史も背景にみえてくる。30 歳のクライエントがある症状をもってあらわれたとしたら，30 年間の成長のありよう，試行錯誤の歴史がそのクライエントにはあるわけである。

　例えば，「落ち着きがない」という主訴で 7 歳の子どもが連れて来られたとしたとしよう。落ち着きのなさが「授業中じっと座っていられない」という行動で問題視されているとしたら，その背景にどのような要因があるのかを検討することが求められる。行動のコントロールの問題を抱えているのか，状況の読み取りが悪く落ち着きがなくみえるのか，それとも情緒的に混乱していて落ち着かないのか等々。背景にある問題によって有効な支援策は異なるため，心理臨床でいうと「見立て」が求められよう。例えば，パーソナリティ障害と診断された 38 歳の成人がやってきたとしよう。この場合はどうであろうか。疾患や外傷による急激な脳機能の損傷がないならば，人格は一夜にして形成されるわけでも突然に変容するわけでもない。気質と環境の相互作用，本人の言動とそれに関する周囲の反応，それに対する本人の認識の積み重ね，このような複雑なプロセスを経て形成されるものである。

　つまり，心理臨床のなかで「見立て」という作業を行う際に「発達」の視点は不可欠である。「発達をみる」ことは発達障害に限ったことではない。「発達」を考えるということは「プロセス（これまでの道筋と今と今後）」を考えるということであり，クライエントを理解し，支援するための重要な視点を与えてくれるといえよう。

ニーズに沿った支援となるために

　昨今，発達障害に関して多くの理論や技法が開発され，わが国にも紹介されている。クライエントにとっては選択肢が増え，臨床家にとっては使える手段が増える，ということで，大変喜ばしいことである。しかし，確立されたプログラムは諸刃の剣，有効性が確認されていたとしても使いようによってはクライエントを傷つけるものとなり得る。私はペアレントトレーニングという発達障害をもつ子どもの親への支援プログラムの開発に携わり，実施するなかでそのことを実感している。そこで，ペアレントトレーニングプログラムを例にあげ，有効な支援となるために大切なことを考察してみたい。

1. 導入までのプロセスの大切さ

　子育てに困難を感じているからといって，必ずしもペアレントトレーニングを受けたいというニーズがあるとは限らない。表面的な事象のみを捉え，臨床家主導でプログラムの参加を決めた場合，ドロップアウトする率が高まる。

　問題を抱えた子どもの家族の臨床に長く取り組んできた研究者たちはアセスメントからプログラム導入までの連続性の大切さを述べている（Webster-Stratton, 1994；Cunningham, 1998）。子どもの発達状態だけでなく，家族の関心のもち方や，家族自体の問題解決スキル，他に抱えている問題の有無，家族にとってプログラムに通うことの負荷の度合いなどの情報を集める。そして，プログラムを実施するかどうか，実施する場合はいつ開始するのか，または他機関に紹介するのか等を親と臨床家が協働して決定していくプロセスを重視している。ペアレントトレーニングは専門家から一方的に処方されるものではなく，親自身がその決定に至るプロセスに関わることが大切なのである。

2. プログラムは万能ではない──説明と合意のプロセス──

　どんな優れたプログラムも万能ではない。ペアレントトレーニングは臨床研究によってエビデンスに基づいた介入法と認められ，その対象および効果がおおよそ示されている。私たちはその知見に基づき，最初のオリエンテーションで，参加者に「プログラムを受けることで期待できること，期待できないこと」をあらためて説明する。このプログラムでは何を扱っているのか，どのような改善が期待できるのか，その期待できる効果を得るために参加者がすべきことは何か，といったことである。

　困難を抱えている家族は，「困っている」ということは確かであるが，自分たちが何にどのように困っているのか，これらがどのように改善していくのかという方向性がみえなくなっていることが少なくない。専門家が苦しさから解放してくれるのではないかという漠然とした期待を抱いているかもしれない。しかし，先に述べたようにプログラムは限定された効果しか認められていないのであり，全ての家族の全ての問題をカバーできるはずはない。最初のオリエンテーションを丁寧に行うことで，参加者の期待が現実的なものになる，参加者自身が取り組むことが明確になる，それによって臨床家とクライエントが協働する枠組みをつくることができる，これもまた重要な要因である。

3．主体性を獲得すること

　ペアレントトレーニングには，子どもの問題行動の対応に困難を抱える家族が参加することが多い。振り返ってみると，これまで出会ってきた家族はそれぞれに異なっていた。診断名が同じであっても，困り方も工夫の仕方もそれぞれに異なる。そして，常に感銘を受けるのは家族には力があるということである。

　ペアレントトレーニングという言葉には，参加者は親としての能力に欠けているからトレーニングを受けなければならない人，専門家であるファシリテーターは正解を知っている能力のある人，という位置付けを暗黙のうちに含んでいる。実際，来談したときは，行き詰まり，自信を失い，疲れ果て，無力感にとらわれている家族がほとんどである。

　はたして，ファシリテーターは正解を知っているのだろうか，といえば，答えはNOである。子どものことを一番よく知っているのは親である。日々接するのも家族である。ファシリテーターは研究によって裏付けられた理論や知識を知っている。それはプログラムの仕組み（行動変容理論），発達障害の知識などである。しかし，子どもの性格や気質，好きな遊び，家族の文化や価値観などは知らない。例えるなら，既製服を作る方法は知っているが，より着心地のよい洋服を作るならオーダーメイドのほうがよいわけで，それには，家族の力が必要なのである。

　私はペアレントトレーニングプログラムを受けることでなぜ参加者が変容していくのかをインタビューから分析した（井澗，2013）。その結果，鍵となる概念は「振り返りによる発見」であった。これは専門家から教えてもらったものではなく，自ら試行錯誤するなかでつかんだものである。そして，これらの発見を繰り返すうちに，いつもうまくいくわけではないけれど，わが子の親としてまあまあやっていけるだろうという感覚を獲得するようになる。親としての主体性の獲得が起こっていることが明らかとなった。

聴くこと＋伝えること

　心理臨床の基本である「聴くこと」をおろそかにしてはならないと自戒している。クライエントのニーズを丁寧にききとることは発達臨床においても当然求められる。ただ，聴いているだけではニーズに応えられないことがある。

　発達障害をもつ子どもの親を例にあげてみよう。以前，ペアレントトレーニ

ングに参加したAさんがしみじみとこうおっしゃった。「（以前通っていた相談機関の）先生はよく話はきいてくれたけれど……ただ愚痴を聴いてもらっているだけのような気がしていた。私の悩みは変わらない。わが子のことがまったくわからない。どうしてそうなの？！　とイライラする，落ち込む日々は変わらなかった」。Aさんの場合，いくつもの専門機関をたずねておられた。医療機関では「診断はつけられない」と伝えられ（少なくともAさんにはそう伝わっていた），教育相談機関では「お母さんたいへんですよね」ときいてもらっていたがそれだけではAさんのニーズは満たされてなかった。Aさんはわが子のことが知りたかったのである。発達障害でないならば，なぜわが子はこんなにも扱いづらいのか？　そのもやもやとした気持ちを自分でも扱いきれず，困っておられた。ペアレントトレーニングと並行して，お子さんのアセスメントを実施し，お子さんの特徴をお伝えしたことがAさんには役立ったと思われる。

　「伝える」という作業は，相手に伝えたいことが伝わって初めてその任務を終えるのである。私たち専門家は数値や診断名を伝えることで伝えた気になっていないだろうか。私は自分の師から「検査報告書を書く際に専門用語を使わずに書くこと」と指導を受けた。またその報告書をもとにクライエントに伝える際には日常の出来事に結びつき，理解が促進されるような伝えた方をすることが大切であると学んだ。

　文章にすると簡単なようであるが，実際に伝えようと思うと，毎回むずかしさを痛感している。発達臨床においては，聴くことに加えて，きちんと伝えることも重要である。

さいごに

　発達臨床だから即，診断，療育のプログラム，ペアレンティングプログラムがよいというわけではない。話を聴いてもらいたい，自分の気持ちを整理したい，というニーズもあるだろう。クライエントが必要だと思ったときに診断やプログラムは有効になるのだと思う。そこに至るまでのプロセスを一緒に歩んでいく臨床家でありたいと願っている。

❏ **参考文献**

Cunningham, C. E.（1998）A large-group community-based, family systems approach to parent training. In R. A. Barkley (Ed.), Attention-deficit hyperactivity disorder: A handbook for diagnosis and treatment 2nd ed. NY: Guilford Press.

井潤知美, 上林靖子（2013）：ペアレントトレーニングに参加した親が自己効力感を獲得するプロセスの検討 − 修正版グラウンデッド・セオリー・アプローチを用いて −．児童青年精神医学とその近接領域 54（1），pp.54-67.

Webster-Stratton, C. & Herbert, M.（1994）Troubled Families - Problem Children Working with Parents: A Collaborative Process. Chichester, England: John Wiley & Sons.

クレバーハンス
臨床心理学への示唆

玉井　邦夫

　1904年，ベルリン市北部に「名所」が出現した。入場料はなく，誰でも訪れることができた。ホストの名はフォン・オステン（von Osten）という66歳の男性だったが，「名所」の主役は彼ではなく，彼の愛馬ハンスだった。オステン氏は元数学教師で，動物の知性に関する一風変わった信念を持っていた。動物の知性が人間より劣っているとされているのは，適切な教育を受けていないからだ，というのである。そして，その信念のもとに「教育」を施したハンスは，人間並みの「知性」を獲得した，というのであった。実はオステン氏は以前にも馬の「教育」を試みており，今回のハンスはいわば2代目に当たっていた。それだけに，「満願成就」という思いもあったのかもしれない。オステン氏は，ハンスの「知性」を認めてもらうため，「誰が出題してくれてもいい」と自分とハンスが暮らす地所を公開したのである。

　彼が4年間にわたってハンスに施してきた「教育」の方法が，シュトウンプ（Stumpf, C.）によって報告されている（Stumpf, 1911, 246-247頁）。

　　算数の授業は，ハンスの正面に1本の木製ピンを置くことから始まる。「脚を上げて！　1！」という指示が出される。……（中略）……馬に，1回だけタッピングすることを教えるために，オステン氏は馬の前脚をつかんで脚の動きをコントロールした。ちょうど，人間の生徒に書字を教える際に，その子の手を持ってガイドするように。……（中略）……さて，今度は5本のピンが用意される。そのうちの3本は，（その上にピンが置かれている）布で隠されている。馬が2回タッピングをする。オステン氏は「2」と言う。それから布の覆いを取り去る。ハンスがさらに3回タッピングをすると，オステン氏は「と（and），3」と（andを）強調して伝える。

　ハンスが示した「知性」は多彩だった。主だったものを列挙してみる。

①ハンスはドイツ語で教示を受け、理解できた時にはすぐにうなづき、理解できなかった時には首を左右に振ることでそれを伝えた。
②教示に用いられる語は限定されていたが、しかし比較的豊富であった。
③オステン氏は、他人がハンスに教示する時はたいてい同席していたが、他人の（オステン氏以外の）教示に対するハンスの反応性は、当初は乏しくても次第に高まっていった。
④ハンスの解答は、「はい」の時はうなづきによって、「いいえ」の時は首振りによって示された。それ以外の方法は右の前脚を使ったタッピングによって伝達された。
⑤位置で解答できる場合には首の向きや体の動きで答えた。ハンスに対面している人が、左右どちらの手を挙げているか、と問われると、ハンスはたちどころに（もし右手ならば）右へ移動することで答えた。たとえ、ハンスから見ればその人の挙げている手が「向かって左」側に見えていたとしても、である。
⑥服の色を指定されれば、その色の服を着ている人へ近づいて指摘することができた。
⑦少なくとも1から100までの基数と、10までの序数を理解していた。
⑧周囲に人が何名いるか、そのうち女性は何人か、傘を持っている人は何人か、眼鏡をかけている人は何人か……等に正確に答えることができた。
⑨正答が小さい数の場合にはゆっくりとタッピングした。しかし、大きな数を答える場合にはタッピングの速度が上がった。まるで、たくさんタッピングしなければならないことを初めから知っていて、急いでいるように。
⑩答えが「0」になる場合は首を振ることで答えた。
⑪四則演算、小数点計算、面積問題に解答できた。以下、ハンスが正答した問題の例を挙げる。「2／5＋1／2＝？」（最初に9回のタッピング、続いて10回のタッピング）「ある数から9を引いたら3が残った。元の数はいくつか？」「28の因数をすべて答えよ」「365287149の8の後に小数点を置く。100の位の数はいくつか？　1000の位はいくつか？」……ハンスは10と100とのアナロジーから、1000の位は4桁目、10000の位は5桁目ということを知っていた。誤答をした場合、「どの桁で間違った？」と問われると訂正することができた。
⑫筆記体でも活字体でもドイツ語を読むことができた。プラカードに書かれ

た単語のなかから，指示された語を選び出すことができた。
⑬ハンス特製の文字マトリクス板が作られていて，5段の1列は「s」，2列は「ss」，というようになっていた。したがって，タッピング5回，続いて1回というような方法で，ハンスはいくつかの単語を綴って問いに答えることができた。たとえば，「この女性が手にしているものは？……Schrim（傘）」「この写真に写っているのは何か？……Pferd（馬），Krippe（主人）」
⑭ハンスは卓越した記憶力を持っていた。ドイツ硬貨はすべて弁別ができた。カレンダーを理解していて，「その月の8日目が火曜日であったとすると，次の金曜日は何日か？」という質問に正答した。
⑮時計を理解していて，「7時半から5分経つと，時計の短針はどことどこの間にあるか？」「15分の時点から7分後と45分の時点との間に，長針は何目盛り移動するか？」という問いに正答した。
⑯音程への感受性が優れていて，C，D，Eの和音を聞かせ，「協和音だったか？」と問うと首を振った。「では，どの音を除けばいいか？」と問うと，Dを指摘することができた。ハンスは明らかに古風な音楽的嗜好を持っていて，現代的なコードは嫌っていた。だから，セブンスコード（レファラド）を聞かせると首を振って，ドを除くべきだと答えた。

当時，ハンス以外にも，「知性を示す動物」の例は多かったようである。しかし，オステン氏の場合，ハンスのパフォーマンスを公開するに当たって一切金銭的な要求をしなかったことと，ハンスへの「出題」を自分以外の人間にも快く許したという点で，「大道芸」的な事例とは異なっていた。それだけに，ハンスは重大な科学的関心の的になり，ついにはハンスの「知性」を解明するための委員会が結成されることになった。委員会にはベルリン動物園の園長といった動物行動の専門家の他，サーカスの団長なども含まれており，調査の主眼はハンスの「知性的行動」を実現させているトリックを暴くことであった。しかし，結果として委員会はそうしたトリックを発見することはできず，報告書を次のような文言で結ぶしかなかった。

　これは，原則として，今日までに知られているいかなるケースとも違っている……（中略）……それゆえ，真剣な，そしてきわめて厳しい調査を行う

に値するものだ（Bush et. al., 1911, 253 頁）。

　委員会に参加していたベルリン大学心理学研究所長のシュトウンプは，委員会が報告書を提出した後も，ハンスの謎にこだわり続けた。そして，謎の解明作業は，心理学研究所の共同研究者であったオスカー・プフングスト（Oscar Pfungst）に引き継がれることになる。20 世紀の初頭。ヴィルヘルム・ヴント（Wilhelm Max Wundt）がライプツィッヒ大学に世界初の心理学研究室を開室してからまだ 30 年足らず。データ収集を内観に頼り，行動を要素主義的にしかモデル化できずにいた心理学者の前に，ハンスは現れた。臨床心理学としては，フロイトの『夢判断』が出版されて数年。わずか 600 部の本はいまだ完売していない時期だった。プフングストがハンスの謎に挑む時に示した文章は，実験・臨床を問わず心理学が科学としての矜持を保つために不可欠の精神を含んでいる。

　この，あふれかえるような「説明の洪水」のなかで何をすればいいのだろう？　誰もが自分の意見こそが唯一の正解だと考えている。しかし，誰もが他者を納得させことができずにいる。必要なのは，単に断言することではない。証拠を示すことなのだ（Pfungst, 1911, 29 頁）。

　クレバー・ハンスの物語はあまりにも有名であり，プフングストによる解明の経緯を詳細に紹介することが本稿の目的ではない。しかし，プフングストの名著が「動物と人間の実験心理学に対する寄与」という副題を持っていることでもわかるように，彼がハンスの謎に迫っていったプロセスは改めて確認しておくべきであろう。
　ハンスの正答原理を実験的に解明するために，実験の阻害要因を徹底的に排除しようとしたプフングストは，実験のための環境設定に入る。

　それゆえ，オステン氏の地所内に広大なキャンパステントを設営した。これは，馬の自由な動きを妨げることなく，（実験に）必要な統制状況を作り出すためである（前掲書, 30 頁）。
　……（実験中も）時には馬を地所内で引き歩かせたり，必要な休息をとるために地所内で自由に動くことが許された（前掲書, 33 頁）。

プフングストは，ハンスを「実験の土俵」に連れてこようとはしなかった。「ハンスの土俵」に実験条件を組み込もうとしたのである。彼の発想は，単に実験の統制を図るために排除できる阻害因子はできるだけ排除しようとしたというだけなのかもしれない。しかし，実験の対象が人語によるコミュニケーションの不可能な馬であったことで，結局こうした阻害因子の排除は馬がそれまでに学習し，幾多の問題に解答してきた状況を可能な限り守るというやり方にならざるを得なかった。結果として，彼は，見事なフィールドワークをしたのである。
　ハンスの解答の仕方は，タッピングによるもの，首の動き（頷きや首振り），解答となる対象まで歩いて行く，の3通りあった。プフングストは，これらの解答の行動様式ごとに実験を組み立てていく。
　タッピングによる解答は，なかでも見事な検証過程を示す。プフングストは，まず数を扱う問題について，問題が提示される状況を「知識あり（質問者が正答となるタッピングの回数を知っている条件）」と「知識なし（質問者が正答となるタッピングの回数を知らない条件）」とに分けた。結果は歴然としていた。前者の状況ではハンスの正答率は98％に達していたが，後者の状況では8％に過ぎなかったのである。これは，文字を刺激とした問題でも同様であった。「どちらのプレートに描かれている言葉が『ハンス』か？」といった質問に対して，「知識あり」条件での正答率は100％であったのに対し，「知識なし」条件ではただの一度も正答が得られなかったのである。人語の理解に関する検証はなおも続き，次には問題となる単語がハンスの耳元で囁かれ，文字用のマトリックス板をタッピングすることで解答する状況も対象とされた。質問者はプフングスト自身だったが，彼がマトリックス板上の文字配置を知らされていなかった状況では，"Rom（ローマ）"と囁かれたハンスが綴って見せた単語は"jjst"だった。文字配置を知らされていなかったプフングストではあったが，実は「a」については自然な配置としてもっとも先頭に置かれ，「s」についてはプフングスト自身が配置を指定していた。ハンスの回答は，「a」と「s」――すなわち，プフングストが文字の配置を知っていた文字――についてのみは誤答がなかった。さらにプフングストは，31回のタッピングを必要とする単語をハンスに呈示し，今度は自身が前もって文字の場所を確認しておく手続きを試した。ハンスは，ただの一度も誤ることなく単語を続けて見せた。

　あきらかに，ハンスは質問者からの何らかの助力を得なければ文字を綴る

ことはできないのである（前掲書,37頁）。

　プフングストはそう結論づけつつ，さらに執拗なまでの検証を続ける。足し算，カレンダーの知識，音楽の好み……それらについてもすべて「知識あり」「知識なし」条件での実験が行われた。ハンスの正答率は「知識あり」ならば90％，「知識なし」では10％であった。上述のプフングストの結論は，ハンスがタッピングを介して示したとされる「知性」のすべてについて当てはまることが示唆されたのである。しかし，「何らかの助力」とは何なのか。プフングストは書く。

　　……この馬が環境からのなんらかの刺激に頼ることなく課題を遂行することは不可能であることが明らかになった。次なる疑問は，この馬が，質問されている間にこの刺激を受け取っているのか，それとも反応している間──つまり，タッピングの間──に受け取っているのかということである。
　　もし，オステン氏の意見が正しいとすれば，実験で馬が成功するためには質問している過程が重要な役割を果たしているはずである（前掲書,40-41頁）。

　オステン氏は，ハンスが自分の教示を聞いて理解できていると信じていた。だから，プラカードを立てて教示を発する口の動きを見せないようにしたり，馬に耳当てをしたりすれば，ハンスはまったく正答できなくなるだろうと考えた。しかし，プフングストらの実験では，音がまったく聞こえないと想定される状況下でも，ハンスは正答を示すことができたのである。「オステン氏もこれには大変驚いていたが」とプフングストは書き加えている（前掲書,42頁）。
　ハンスの正答に聴覚は関係していないと考えたプフングストは，視覚的刺激の統制に進む。最初に，衝立をたてて，ハンスにタッピングを求める状況を設定した。ハンスは，衝立の向こうに教示をしている人間があることは知っているし，その声を聴くこともできるが，姿を見ることはできないという状況である。この時，ハンスに顕著な反応が出現した。ハンスは目に見えて荒れ狂い，衝立の影にいる質問者を何とか見ようとしたのである。この実験以前に，ハンスがこれほどの抵抗を示したことはなかった（ただし，ハンスは必ずしも「gentle」な馬ではなかったようである。シュトゥンプは，プフングスト

とその共同研究者は，少なくとも一度以上はハンスに噛みつかれた，と記している（前掲書, 9-10 頁））。そのため，果たしてその試行においてハンスが質問者を見ることができたかどうか判断がつかない，ということも生じた。それでも，結果は明らかな傾向を示した。「質問者が見えなかった」状況での正答率は 6%。対して，「質問者が見えていた」状況では 89%。「見ていたかどうか判断がつかなかった」状況では 18%。

ハンスが必要としているのは何らかの視覚刺激である。プフングストは確信する。そして，この確信は，彼のハンスの謎に対するアプローチが優れてフィールドワーク的であったからこそ見出されたと考えられる，ある発見によって補強されていた。

> 夕刻に近づくにつれて，（馬の）反応はどんどん不正確になっていった，ということも述べておくべきだろう（前掲書, 46 頁）。

ハンスの「正答」を引き出している視覚刺激はどのタイミングで発せられているのか。この疑問に答えるためプフングストが注目したのが，ハンスの「バックステップ」と呼ばれる行動だった。ハンスはたいていの場合右前脚で行っていたが，反応を終わる時にはこの脚を引き，少し後じさりする。これが「バックステップ」である。

> 実験者は，馬に問題を提示するとすぐに，無意識に首を曲げ，体をわずかに前傾させる。すると馬は右前脚を出してタッピングを開始する。しかし，実験者のこうした反応がない場合には，馬は出した脚をそのまま元の場所に戻すのである。求められている回数がタッピングされるやいなや，実験者は頭をわずかながらぐっと引き上げる。すると，馬はただちに脚をスイングさせて，元の位置に戻すのである（前掲書, 47 頁）

もし，曲げた首を元の姿勢に戻すことがタッピングの終結を伝える刺激になっているとすれば，出題者が首を戻すことは，必ずやハンスがタッピングを終える前に出現しているはずである。ストップウォッチによる時間の計測が行われた。プフングストと，もう 1 人の実験立ち会い者が出題者になった場合には，結果は明瞭だった。ハンスが正答している場合には，出題者の姿勢の戻し

がハンスのタッピング終了に先行していたケースが 74 〜 100% であり，ハンスが誤答している場合には，0 〜 17% でしかなかったのである。ところが，出題者がオステン氏の状況では，結果は必ずしも明瞭ではなかった。もともとオステン氏はプフングストらと違って，ハンスの反応中に体を前後に揺らすなどの動きが大きく，細かい仕草を判定しにくいということもあった。さらに，プフングストたちはある動作がハンスの反応の手がかりになるであろうという仮説のもとで意図的にその動作を開始するのに対して，オステン氏にはそのような仮定はなかったのであるから，オステン氏から手がかりになる動作が出てくる瞬間をとらえることはより困難だったはずです。時間計測は馬と出題者それぞれを別の人間が観察しながら手動でストップウォッチを操作するやり方で行われていて，そこにどうしても誤差が入り込むことを排除できないとプフングストは考えていた。なにしろ，「出題者の動きが先行する」といっても，それはコンマ何秒，という差なのであり，手動計測には限界があったのである。

　ここで，プフングストは初めてハンスの反応の積極的な統制を試みる。それまでの精密な観察を主としたアプローチから，自身の仕草によってハンスのタッピングをコントロールできるかどうかの検証に入るのである。

　　はっきりと解明をしよう。質問者が直立姿勢を保っていると，馬からの何の反応も引き出せない。何か質問者が馬に話しかけたとしても，である。しかし，質問者がわずかでも身をかがめる姿勢をとると，ハンスはたちどころにタッピングを始める。質問者が質問を口にしていようといまいと，である。こんなことがこれまでに発見できなかったというのはほとんど滑稽に近いと思われるが，しかし容易に理解しうることだ。なぜなら，質問者は質問を発した途端に前傾する——実にわずかに，ではあるが——馬の前脚をよりしっかりと観察するために。ハンスの前脚こそがハンスの話し言葉だったのだから。ハンスは，私が何かメモしたいと思って首を前傾させると，きまってタッピングを始めた。たとえ身体そのものは直立したままでも，頭をかすかに傾けるだけで十分だった。この方法で 30 回のテストが行われ，29 回の成功が得られた。ハンスは，質問者が完全に元の直立姿勢に戻るまでタッピングを続けた。たとえば，私がハンスに「13 回叩きなさい」と指示してから前傾姿勢を取り，20 回のタッピングが行われるまでその姿勢を保持すると，ハンスは何のためらいもなく 20 回のタッピングをした。「3＋4はいくつか」

と尋ねて，14回まで姿勢を変えずにいると，ハンスは14回タッピングした。このようなテストは，26回くり返してすべて同じ結果になったのである。(前掲書，56-57頁)

ほとんど残酷とさえ言いたくなるような検証である。オステン氏が信じていたハンスの「知性」は，タッピングに関して完膚なきまでに覆された。そして，プフングストはこれ以降，首や身体の傾きの角度が異なることでハンスのタッピング速度が変わることも立証し，「大きい数を叩かなければならない時は急いでタッピングをする」というハンスの行動の謎も解き明かす。さらに，首の動き(頷きや首振り)，解答となる対象まで歩いて行く，というタッピング以外の解答方法についても，それが質問者の意図しないサインによる反応に過ぎないことを明らかにしていく。

これらのテストにあたって何よりも必要なことは，質問者が完全に直立姿勢で立っていることである。……(中略)……「どっちが正しい？」「上はどっちか？」。ハンスはリズムも理由もなくあらゆる類の首の動きを示す。ハンスが，何か首を動かすことを期待されているということを気づいているのは確実だ。しかし，彼はどの方向が望まれているのかを知らないのだ。しかし，質問者がその顔を上げれば，ハンスは頷き始め，質問者が顔を下げるまで続ける。……(中略)……オステン氏は，一連の実験手続きに入る前に，ハンスが理解したことを示す頷きをするまで待つべきだと常に主張した。我々は応じて言った。ハンスは頷く。そして――そのたびに信用を墜としていくのだ！　と。(前掲書，74-75頁)

時として，私はハンスに首を下げさせるシグナルと，タッピングを始めさせるシグナルの違いに迷うことがあった。……(中略)……ハンスは，質問者が前傾姿勢をとっていても，たまたま彼の正面にいるか，彼の頭のすぐそばにいる場合には頷きの反応をするのだ。ところが，全く同じシグナルを発していながら，質問者が後ろに下がるとタッピングを始めるのである(前掲書，75-76頁)。

(異なった色の布にさまざまな言葉を記したものを等間隔に敷き詰め，ハ

ンスに特定の布を選択させるという実験では）直立し，オステン氏はいつも目標の布やプラカードの方向に頭や身体を向けていた。ハンスは彼の主人を見続けながらその方向に移動していた。移動を始めた後ですら，馬のもつ広範な視野のために，質問者はわずかに右や左に身体を動かすだけで彼をコントロールできるのである（前掲書, 80-81頁）。

　ハンスの「知性」的行動が，外的な刺激への反応に過ぎないということを実験的に証明して見せたプフングストは，あらためて問い直す。ハンスに対してさまざまな問題を提示してきた質問者たちは，自分たちが発しているサインについてどう意識していたのか。彼は，フィールドを離れ，実験室でこの問に答えようとした。集められた人間の被験者たちは，心のなかで一定範囲のどの数でもいいから思い浮かべるように指示され，それをプフングストは手の拍数で的中させた。質問者は，自らが相手に正答の手がかりを与えていることに気づいていない——そのことが，ハンスとオステン氏という個別的な関係性を超えて実証されたのである。
　前述の通り，クレバーハンスの時代，人間を対象とした心理学はようやく勃興期を過ぎようとする地点にいた。一方，博物学からの伝統を引き継いだ動物心理学や比較心理学は，すでにある程度の水準に到達していた。この領域では研究対象に「言葉」がないため，かえって「言葉」に依存しない研究方法の洗練が進んだのかもしれない。動物心理学・比較心理学における研究姿勢としてくり返し引用されるのが，ロイド・モルガンによって示された動物行動を理解する公準である。「もし，ある活動が，心理的により低い段階の能力を発揮した結果として解釈することができるならば，その活動を，より高次の心理能力を発揮した結果であると解釈してはならない」（Morgan, 1903, 59頁）（昨今，授業や集団活動に同調しきれない子どもがいるとすぐさまにADHDではないか，ASDではないか，と言い始める風潮には辟易する。今一度この公準の真意を理解してもらいたい）。プフングストはまさにこの公準に則り，ハンスの謎を氷解させたのである。オステン氏の地所内での観察と実験，大学に戻ってからの人間を対象とした実験を終えて，プフングストは研究全体を丁寧に振り返っている。そのなかで，そもそもオステン氏がハンスを「教育」していく過程で，正反応を学習させるためのプロンプトとしてさまざまなシグナルを使用していたと考察した。そのような方法を採っていたことを認め，さらにはプフ

ングストたちの検証実験に立ち会うなかで，自らが発しているシグナルへの気づきを何回となく与えられていながら，オステン氏は当初の信念を変えることはなかった。プフングストとしても，この点についてはオステン氏の特異的な人格のなかに理由を求めるしかなかった。

　……我々の判断は，以下のようなものにならざるを得ない。最も重要なことは，フォン・オステン氏は，特定の手がかりに対して反応するように意図的に訓練をしていたということである。もう一つ言えば，彼がシグナルを発していたすべての試行において，彼はそのことを知っていたということもある。その反対だということになると，我々は今回のケースにおいて得た幾多の事実に関して，解きがたい矛盾のただなかに置かれてしまうことになる。……（中略）……まったくもって，我々としては，フォン・オステン氏の性格の内にある，不可解きわまる矛盾を考慮に入れざるを得ない。（前掲書，239頁）

クレバーハンスは，心理学が開祖ヴントの打ち立てた「要素還元主義」「内観依存」「意識の対象化」という特徴のそれぞれにアンチテーゼが打ち出される時期に出現した。これらのヴント心理学的枠組みは，20世紀初頭から急速に発展するゲシタルト心理学，行動主義心理学，精神分析によって乗り越えられようとしていた。クレバーハンスをめぐる人々のなかには，こうした心理学の発展の源流になった人々が含まれている。プフングストが大学の実験室に戻って行った実験に参加した学生のなかには，後にゲシタルト心理学の重鎮となるクルト・コフカがいた。また，ハンスの調査委員会に参加したベルリン動物園長のオスカー・ハインロートは，動物行動の科学的研究の先達として大きな影響を与え，コンラート・ローレンツに代表されるエソロジー（動物行動学）研究の扉を開くことになった。プフングストの著書に対して好意的な書評を寄せたのはジョン・ワトソンであった。プフングストが成し遂げた成果は当時としてもきわめて印象的だったのか，ドイツ語の初版が発行されたのが1907年でありながら，すでに1908年の時点で，米国のマーガレット・F・ウォッシュバーン（米国で初めて心理学博士号を授与された女性で，後に米国心理学会長となる）の著書『The Animal Mind』のなかで引用され，「あまりにも速すぎる学習」「問題をほとんど見ることもなく解答を始めること」など，「Clever Animal 解

釈」の陥穽の代表例として言及されている（Stumpf, 1911, 13頁）。

プフングストは，その著書のなかで，オステン氏について特に多くを語っていない。ただ，彼の著書に序文を寄せたシュトウンプは，オステン氏の人となりに加え，ちょっとした後日談を記している。

> ドイツのギムナジウムの元数学教師，情熱的な馬乗りでありハンター，極度に勤勉で同時にきわめて怒りっぽく，一度に何日間も馬を使うことを許容するほど寛容で，しかも同時に馬鹿げた条件を押しつけるほど暴君的，教示の方法はとても賢く，なのに科学的な手続きという点ではもっとも初歩的な条件すらかけらも持ち合わせていない——これらすべてがオステン氏という人だった。自らの主張に関しては狂信的で常軌を逸した精神の持ち主。その精神にはガルの骨相学理論から馬には内言能力があるという信念までがぎっしり詰まっていて——（後略）（18）

> ……彼はしばしば，彼の見解によれば「混乱するばかり」だという試行を中断させたり妨害したりした。……（中略）……ついに，私は彼から手紙を受け取った。そこには，今後，ハンスとの実験を禁ずるということが書かれていた。我々の探索は彼の理論を実証するためのものだったはずだ，と彼は述べていた（Stumpf, 1911, 13頁）。

ダグラス・キャントランド（Douglas K. Candland）は，こう記している。

> ヴィルヘルム・フォン・オステンは1838年11月30日に生まれた。彼の父親は広大な地所を維持していたことが知られていて，このことが彼にvonという称号がついていることや，同時代の著述家の何人かが彼に「男爵」という称号を冠していることの説明になり得るだろう。彼は，ケニングブルグとダンツィッヒの，今も昔も名門で知られる大学に学んだ。彼は，現在のドイツにあたる地域のあちこちで学校教師を務めた。1866年，26歳の時に，ベルリンのグリーベノウ通り10番地に居を構えた。広大な邸宅を所有していたようだが，彼自身は二部屋の使用で満足していたらしい。1890年前後に，彼はハンスⅠ（当時15歳）との取り組みを重ねていた。我々がクレバー

ハンスとして知っているハンスⅡが登場するのは 1900 年のことである。当時, 5 歳馬であったと考えられている。

　プフングストの本が公刊されたのは 1907 年である。この本を読んだオステンは, 自身が虐げられ, いいようにあしらわれたように感じ, 体調を崩しかねないと思った。しかし, 彼の怒りはプフングストにではなく, ハンスに向けられた。どうやら彼は, ハンスが彼を騙していたと信じていたようだ。彼は, この馬の詐欺師もどきの行動のせいで自分は病んでしまったと語っていた。そして, 実際に彼は肝臓がんに罹患したのである。

　オステンは, かつてのかけがえない仲間を呪いさえした。彼の最晩年に寄り添ったカール・クラール (Karl Krall) によれば,「ハンスは今後死ぬまで霊柩車の引き馬で過ごせばいい!」と望んだという。死の床につくまでハンスの裏切りを責め続け, 決して許すことなく, 自分の病はハンスの背信のせいだと非難し続け, 1909 年 6 月 29 日にがんのため息を引き取った。享年 70 歳だった (Candland, 1993, 135 頁)。

オステン氏のこの反応は, もはや「馬の調教に失敗した」失望の水準ではない。これは, 愛してやまなかった子どもに裏切られた親の反応である。期待に背き, 親の顔に泥を塗った子どもへの恨みであり, 自らの人生が徒労だったのかもしれないという絶望を根底にしているように思われる。まさに剥き出しの愛憎表現であり, オステン氏がハンスを自分同様の人格をもった存在として信じていたことを窺わせる (馬と比較することは不謹慎と言われるかもしれないが, フロイドがユングに対して寄せた感情に酷似している気がする)。

　クレバーハンスの物語は, 心理学の世界ではクレバーハンスの「エラー」として定着している。「いわゆる実験者効果の一つである。すなわち, 被験者が実験者の期待を敏感に察知し, それに応えようとする傾向があるということである」(『心理学事典』, 1999)。だが, 本当にそれだけが心理学がこの物語から学ぶべきことなのだろうか。プフングストは, ハンスの達成はきわめて些少な仕草に対する知覚と, 強烈かつ持続的な注意力を基盤としていると総括し, こうしたハンスの能力が「非常に偏って発達していた (one-sided development) と記した (前掲書, 240 頁)。何がハンスをしてこのような発達に導いたのだろうか。オステン氏の「教育」の方法だけが理由であったとは思われない。彼自身が, 初代ハンスに関しては「教育」に失敗しているのである。たとえ, 初代

ハンスが「教育」を受けた時点でかなりの馬齢に達していたのに対してクレバーハンス（2代目のハンス）が「早期教育」を受けたという違いを認めるとしても，やはりハンスの達成には何らかの——ハンスならではの——個別性があったように思われる。そして，その「個別性」を，オステン氏が抱いていた信念の強さと，ハンスの学習と達成に対する揺るぎない信頼にあったと考えるのは，あながち間違いであるとは思われない。オステン氏が必ずしも慈愛に満ちた馬主ではなかったことは，これまでの引用でも明らかである。しかし，彼のハンスに対するある種の信頼は，「常軌を逸する」と評されるほどに強かった。それこそが，ハンスに信じがたいほどの学習を成立させる底流的な要因だったのではないか。

　野球の世界には「名手ゆえのエラー」という言葉がある。凡人ならばそのまま安打になってしまうような打球に追いつける選手は，クリーンヒットに追いついてグラブを当てることができたがゆえに「エラー」と判定されてしまうということである。オステン氏が「名手」であったかどうかは論じない。ただ，彼ほどに馬の「知性」を信じる人間でなければ，そもそも「クレバーハンスのエラー」は生じなかったかもしれない。

　実験心理学は，現実の構成条件を統制する形で実験条件を作りだし，そのなかで仮説を検証する。仮説が実証されない場合，取り得る態度は二つである。「仮説が間違っていた」とするか，「仮説は正しかったが実験に未知の妨害要因が入り込んだ」とするか，である。前者は潔いが，下手すれば科学的真実の解明を遅らせることにもつながる。後者は最悪の場合には「どんなに現実とずれていても仮説を変えない」という態度を招いてしまう（オステン氏の態度がまさにこれであろう）。だが，こうした態度は，臨床の場面ではしばしば遭遇するものである。障害をもつ子どもや，パーソナリティ障害の臨床においては，周囲からは「馬鹿げた」と批判されるような思い込みが，ついに状況を変え，相手を変容させるという事態に出会うこともある。もちろん，だからといって相手の強い思いを尊重していさえすればいいということではない。しかし，その強い思いのなかに，思いの形成過程を含めて，何か肯定的な要素を見出す姿勢を捨てたり軽視したりすることは許されない。

　オステン氏とハンスの関係性のなかに，相当の歪みがあったかもしれないが「絆」という要因があったことを読み取ることは，決して無理なことではない。この物語の主役をハンスではなくオステン氏として読み直してみること——そ

れが，クレバーハンスの臨床心理学に対する「寄与」になるのかもしれない。

❏ 文　献

Bush, P. et al. (1911) The Report of September 12, 1904. In Pfungst, O. (translated by Rahn, C. L.) Clever Hans: The Horse of Mr. von Osten A Contribution to Experimental Animal and Human Psychiligy. New York, Henry Holt and Company, pp253.

Candland, D. K. (1993) Feral Children and Clever Animals: Refrections on Human Nature. Oxford University Press, p135.

Morgan, C. L. A. (1903) Introduction to Comparative Psychology. The Walter Scott Publishing, pp59.（モルガンのこの公準は，彼の著書内でしばしば言及されている。現在筆者の手元にある資料のなかでは，以下の文献にこのような記載がある。"in no case is an animal avtivity to be interpreted as the outcome of the exercize of a higher psychical fuclty, if it can be fairly interpreted as the outcome of the exercize of one which stands lower in the psychological scale."）

中島義明，安藤清志，子安増生（1999）心理学事典. 有斐閣.

Pfungst, O. (translated by Rahn, C. L.) (1911) Clever Hans: The Horse of Mr. von Osten A Contribution to Experimental Animal and Human Psychiligy. New York, Henry Holt and Company, pp29.

Stumpf, C. (1911) Mr, Osten's Method of Instruction. In Pfungst, O. (translated by Rahn, C. L.) Clever Hans: The Horse of Mr. von Osten A Contribution to Experimental Animal and Human Psychiligy. New York, Henry Holt and Company, pp246-247.

支援者にとっての被害者／被災者支援

柳田　多美

はじめに：「準拠枠」を揺らされること

　「心理臨床の原点とこれから」について何か言うとは，と逃げ回るうちに大幅に原稿の締切り日を過ぎてしまった。待っていただく原稿ではないと思うとさらに書けないという悪循環から抜け出すべく，被害者／被災者支援についてこれまでのつたない経験から思うことを以下に述べてみたい。トラウマ体験が当事者に及ぼす影響や，被害者／被災者支援の方法に関しては，様々な資料がすでに豊富に示されている。そこで現時点で被害者／被災者支援について思うことを，支援者側に焦点を当てて今回は述べる。

　被害者／被災者と呼ばれる人とお会いすると，その人生にもたらされた苦しみが単なる偶然によることに愕然とすることがある。今こうして苦しんでおられるのはあのときあの場所にいたから，としか言いようがない話を聞くのだ。「今日もきっと自分は大丈夫」，この根拠のない安心感に守られ，私たちは毎日の生活を安心して送ることができる。しかし実際にはその安心は実体のないもので，いつ大切なものを失うかは自分ではコントロールしきれない。さらに世のなかには危険だけでなく，人の悪意もたくさん存在し，いつ自分に向けられてもおかしくない。それをいきなり突き付けてくる体験がトラウマとなるのだ。

　トラウマを受けた人の話を近くに聞くほど，支援をする側にこのような感覚が起き，次第に確証のようなものになることがある。一方でトラウマ体験について見聞きすることは，その相手に対して特別な強い思いを生む。まるでその人の人生の重要な一部を共有したかのような感覚を一方的に抱きやすいのだ。それはトラウマ体験が持つ非日常性や，支援者も相手の語るトラウマ体験に圧倒されたことから起きていると思う。だが，目の前の被害者／被災者にできることは大きくない。ほぼ何もできないというときもある。そうするうちに支援

する側も"根拠はないが生きてゆく上での守り"となる安全感が薄くなり，自身を無防備で無力なものと感じやすくなる。

　このような支援する側へのトラウマ体験の影響は，現在では「二次受傷」としてくわしく概念が整理されている。それによれば支援者にも起こる二次的なトラウマ反応のようなものは，原則として休めば治るという。しかし支援者の「信頼」や「安全」などに関する認識，すなわち「準拠枠」にもたらされた変化は，軽くなることはあっても完全に元に戻ることはないという（大澤，2010）。事実を認識することで起きた変化であれば，なかったことにはできないということなのだろう。カウンセリング研究所開設から50年が経過し，本稿を執筆している現在についても記しておきたい。現在は，東日本大震災とその後の予期せぬ原発事故の経験がまだ生々しい。あの経験から日本に住む誰もが安全に関する「準拠枠」を揺らされ，変化させたようにも感じられる。程度の差はあるがみながまだその影響のなかに暮らし，研究所のある首都圏は次に起こる可能性が高いといわれる直下型地震に粛々と備えている，そんな雰囲気のなかにある。

"主体性"を取り戻すこと

　事件・事故直後の急性期に主に行われるいわゆる「こころのケア」の現場では，様々な手法が用いられる。心理教育，ストレス・マネジメント，マッサージ，話を聴くことなどを，"安全・安心"に配慮しながら柔軟に行う。また社会的，現実的な支援も含まれる。それがその場と相手のニーズに合い，実行可能で，相手をさらに傷つけるようなものではないこと以外は，具体的な方法に制限はほぼない。しかしどの方法を用いても，被害者／被災者が"主体的"に自己をケアし回復してゆく姿勢が強調される（小澤，2010）。また特に最近はその際に，被害を受けた当事者の持つ「レジリエンス（回復力）」に注目する。誰もが自ら回復してゆく「レジリエンス」を持つので，その力を発揮できるように支援することこそが「こころのケア」の役割とするのだ。

　これらの姿勢が強調されるのは，災害や事件のような出来事の前では，誰もが無力で受け身にさせられるからだろう。またそれだけ支援者が回復のために直接できることがこの時期は少ないということでもある。トラウマとなるような出来事は，その人の意思の遠く及ばないところで起き，彼らが人生に対しそれまで持っていたはずの"主体性"を突然に停止する。奪われた"主体性"を

取り戻すには，もう一度"主体的"に自身をケアしようとすること，その姿勢自体が重要なのだろう。さらにその姿勢を強調することで，「こころのケア」を受ける人は"弱い"，という被災者・被害者自身のスティグマを防ぐことにもなる。

支援者の安全を守ること

　一方で支援者からすれば，急性期にはそれまで「心理支援」と思っていた関わりはほとんどできない。被災者・被害者からのニーズも少ない。そして筆者自身の経験からも，何かしたいと思うほど，思っていた支援ができないことに支援者は意外に弱い。「サイコロジカル・ファーストエイド（Psychological First Aid：PFA）」は，こういった支援者側の脆さ・傷付きにも配慮がされたガイドラインである。東日本大震災を契機に，「こころのケア」に役立つガイドラインとして多職種間でひろまった。同名のものは複数存在するが，代表的なものに米国国立PTSDセンターと米国国立子どもトラウマティックストレス・ネットワークによるものがある（明石ほか，2008）。その内容はごく"普通"のことだ。例えば，支援活動について述べた手順のはじまりには「被災者に近づき，活動を始める」とあり，まず自己紹介をすることから書かれている。

　日本語版作成者の明石ら（2009）は，このPFAを「専門家が専門性を一旦脇においたときにどう振舞うべきかを丁寧に教えてくれる，いわばパラダイム・シフトを促してくれる教材」と位置付けている。ほとんどの心理職は，急性期の現場ですぐに役立つ，薬の処方や血圧測定といった直接的な身体ケアのスキルを持ち合わせない。いわゆる「こころの専門家」以外の役割を支援の場で見つけることは難しい。明石らの経験でも阪神・淡路大震災では専門性を発揮できないことで，ジレンマに陥ったり，自信を失ったりする「こころの専門家」が多かったという。そのようなときに，ごく"普通"の関わりを支援の大事なステップとしてガイドラインに明示することは，無力感のなかでもその場にとどまり，なんとか機能しようとする支援者の力となる。もちろん，すぐに効果が確認できるものではないが，非日常の極みの体験をした直後の人に，日常的な配慮のある関わりをすること自体に意義はあると考えられる。しかしWHOによるPFAガイドライン（2011）では，「あなたの行動が被災者をさらに傷つけないようにする」と述べている。役立つ以前に最低限「傷つけないよ

うにする」こと自体の意義も強調されているのだ。「何もできない」としても「さらに傷つけない」ことはその場でできるかもしれない。そして，「さらに傷つけない」ことしかできなかった支援者との出会いでも，少なくともその次の支援者につながる可能性を高めることはできる。またこれらのPFAガイドラインでは，実際に支援を行った人のセルフ・ケアについても記載がされている。ガイドラインとは実際は，被災者／被害者だけでなく支援者自身のこころの安全を守るためのものである。

"その後"に立ち合うこと

　急性期の支援では特に，関わりが1回限りに終わることが珍しくはない。筆者は公立の女性支援施設で，ドメスティック・バイオレンス（DV）から緊急で逃れてきた直後の母子に関わっていた時期がある。一時保護施設のため原則2週間の滞在後は，その様子をほとんど知ることができなかった。もちろん，施設に来た当初よりは，行き先が決まり退所する頃は落ち着いた様子の人がほとんどに見えた。実際に調査をした結果でも，精神健康の指標は退所時までに一定の統計的にも有意な改善を示した。しかしそれでも大部分の人が，指標上の「臨床群」に依然として該当していた。フォローアップで一部の人のその後を知ることもできたが，精神健康の指標上はその後の改善はほとんど起きないことが示されていた（柳田ほか，2004）。DV被害は加害者との離別だけでは解決しないということである。

　母子でのDV被害の場合，親子である以上は加害者の面影が子どもには当然ある。その子どもたちをどう育ててゆくのか，暴力で支配するという価値観を知っている母子が，それにどう折り合いをつけ新たな関係を構築するのか，といった問題に向き合うのは離別後からである。何よりも母子の双方にまだトラウマ反応がある。DV"被害者"と呼ばれる人が，母親としては子どもの出す様々な反応に対処する"支援者"の役割を担うことになる。急性期の様子だけを知り，その後に立ち会えないことは，支援する側にとっても心残りが多いことをこの経験から実感した。

　現在はカウンセリング研究所，つまり大学附属の相談室でDV被害を受けた親子と会う機会がある。こちらに通えるということは，ほとんどの場合，緊急の支援が必要な時期はすでに過ぎている。もちろん，子どもたちの問題は新生

活が落ち着き始める時期に目立ってくるので，DV 被害は加害者との離別では終わらないと改めて実感させられる。それでも関わりを続けてゆくなかで，女性たちが難しい状況でも自身の考えで判断を行いそれに基づき子どもに接した，と語る瞬間に出会える。それは暴力が起きないことを第一に暮らしていた頃は許されなかったことであり，"主体性"を取り戻した姿がそこにあると思う。DV 被害に限らず，このように急性期だけの関わりで終わらずに支援を継続し，"その後"に立ち合うことは支援者のこころにもよいものをもたらす。また実際にそれを裏付ける調査結果も示されている（栁田，2006）。

それでも急性期だけで支援が終わることが多い背景には，トラウマ後の中長期の支援に対応できる支援資源が限られているという現実も関係している。DV 被害者に関しては，カウンセリング研究所では個別での面談に加え，「子育て支援プロジェクト」の立ち上げに伴い，PCIT（Parent Child Interaction Therapy：親子相互交流療法）や AF-CBT（Alternatives for Families A Cognitive-Behavioral Therapy：家族のための代替案 認知行動療法）といった親子を対象とするプログラムの実施が現在は可能になった。この 2 つの療法は，DV 被害に特化したものではないが，養育スキルや対処スキルなどを学ぶことを通じ，暴力により傷ついた親子関係それ自体の回復をはかろうとする。そして，その親子関係がその後の親子双方の回復に役立つ資源となりえる。言い換えれば，回復のための資源は当事者の間に作ってゆくことができるものなのだ。

おわりに

カウンセリング研究所の 50 周年という節目を迎えて，なぜか筆者が懐古調になることを最後にお許しいただきたい。本稿の共通テーマは前出のように「心理臨床の原点とこれから」なのだが，筆者の被害者／被災者との関わりも偶然に始まる。4 歳のときに人生ではじめて見た死者は，ひき逃げ事故にあった男の子だった。通りに倒れていた彼と目が合い，「死んでいる」とただ分かった。文字通り引きずられてすぐにその場は立ち去った。翌日，聞いていないふりを活用して周囲の話から彼のことを知った。同じ 4 歳の子だった。

そして大学 4 年のとき，ゼミで「近くの研究所で交通事故の調査を手伝いたい人はいる？」という話が出たのだった。それまでの卒論テーマ「アイデンティティ」の追求にさっそく見切りをつけ，挙手したところもう一人の同級生も手

を挙げていた。ところがこちらが「じゃんけん！」と呼びかけたとたん手が下がった。そんな同級生の遠慮か配慮で，その研究所で調査助手となった筆者は，交通事故の遺族と出会い現在まで被害者支援の領域に細々と関わっている。あの日のじゃんけん次第では，現在関わる領域が違っていたのかもしれない。筆者の心理臨床のテーマ一つを取っても起こる，偶然が人生にもたらすものの大きさを改めて思う。それでも，あのとき手を挙げたことだけは紛れもなく自分の"主体的"な意思からである。できることは少なくても，筆者自身の恐れや無力感から支援の場を去ることはないようにしたいと，この領域で仕事を続けているところである。

❏ 参考文献

明石加代，藤井千太，加藤寛（2008）災害・大事故被災集団への早期介入─「サイコロジカル・ファーストエイド実施の手引き」日本語版作成の試み─心的トラウマ研究（4），pp.17-26.

明石加代，藤井千太，加藤寛災害（2009）大事故被災集団への早期介入法の普及に関する研究．兵庫県こころのケアセンター研究報告書，平成 20 年度版，pp.1-7.

大澤智子（2010）二次受傷の理解．日本心理臨床学会（監）同支援活動プロジェクト委員会（編）危機への心理支援学．遠見書房，pp.51-52.

小澤康司（2010）心のケアとは．日本心理臨床学会（監）同支援活動プロジェクト委員会（編）危機への心理支援学．遠見書房，pp.15.

柳田多美，米田弘枝，浜田友子ほか（2004）ドメスティック・バイオレンス被害者の短期トラウマ反応とその回復─公立施設での一時保護活動を通して．心理臨床学研究，22（2），pp.152-162.

柳田多美（2006）死の告知について．トラウマティック・ストレス，4（2），pp.155-163.

World Health Organization（監）金吉晴,鈴木友里子（監訳）（2011）心理的応急処置（サイコロジカル・ファーストエイド：PFA）フィールドガイド．(http://apps.who.int/iris/bitstream/10665/44615/18/9789241548205_jpn.pdf)

組織臨床コンサルタントという発想

廣川　進

　これからのカウンセラーに求められることは,「組織臨床コンサルタント」とでもいうべき役割ではないかと考えている。

　カウンセラーの果たすべき機能を藤原（2013）は四つあげる。①カウンセリング（温かい信頼関係を構築し,問題解決過程を支援する）,②アセスメント（支援に必要な情報を収集する）,③コーディネーション（複数の支援者をチームにまとめる調整機能,ネットワークのつながりで支えるために重要）,④コンサルテーション（他の専門家に対して行う専門的助言）である。しかし,従来,カウンセラーは個人の内面と深く向き合う心理療法を基本として主に①と②の機能を果たしてきたが,③や④のトレーニングを受ける機会は少なかった。

　コンサルタントとは何か。辞書によれば「企業経営などについて相談を受け,診断・助言・指導を行うことを職業にしている専門家（大辞泉）」とある。経営コンサルタントのように,財務データの分析などから組織の問題を指摘し,改善策をアドバイスする。カウンセラーが個々のケース,個人の気持ちという主に「ミクロの眼」で関わるのに対し,コンサルタントは「マクロの眼」で関わる,と言えるだろう。

　「組織臨床」とは何か。学校臨床,病院臨床などクライアントと出会う場所によって分類する考え方に沿えば,産業領域の臨床は「会社臨床」という言葉の方がしっくりくる。さらに学校であれ病院であれ,カウンセラーとクライアントが出会う「場」には様々な関係機関,関係者がいる。スクールカウンセラーを例に取れば,子ども本人,クラスメイト,親,担任,学年主任,校長,養護教諭,児童相談所,教育委員会等々。さらにその学校,地域の特性なども影響することもあるだろう。援助者側の相互関係も重要である。病院であれば,医師,看護師,作業療法士,言語聴覚士,心理職等。1人のクライアントへの有効な援助に際しても,これらの諸機関,関係者相互の関係,「場」の見立てが必要になる。さらに組織がクライアントの場合,組織を見立て,アセスメント

することが必須となる。それを「組織臨床」と呼んでみたい。

「組織臨床」とは、経営学の「組織行動（OB）」や組織開発（OD）、「産業・組織心理学（I/O）」などの知見と臨床心理学的なアセスメントの視点とアプローチを合わせた組織への援助、働きかけである。

組織臨床コンサルタントは「ミクロの眼」と「マクロの眼」を往復させながら、個別のケースへの対応と組織全体の問題の分析、解決への見通しなどを考える。組織をクライアントとして見立て、アセスメントする力が求められる。メンバー間、グループ間の関係性や集団の力動を読むことが必要な場合もある。組織と関わる際のポイントを以下に述べる。

1. クライアントは誰かを明らかにする

組織心理学の創始者といわれる E. Schein（2002）はクライアント、すなわちコンサルタントが影響を及ぼすべき対象者は誰かを明らかにすることがまず必要だとして、クライアントを以下のように六つに分類している。

(1) **コンタクトクライアント**：要請や問題をもって最初にコンサルタントに接触（コンタクト）してくる（1人または複数の）個人。
(2) **中間クライアント**：プロジェクトが展開していくにつれて、様々な面接調査、ミーティングその他の活動に関与するようになる個人または集団。
(3) **プライマリー・クライアント**：取り組んでいる問題や課題を最終的に抱えている（1人または複数の）個人。たいていはこの人の掌握している予算でプロジェクトが賄われる。
(4) **自覚のないクライアント**：組織の中でプライマリー・クライアントに対して上位か下位か横並びの関係にあり、介入の影響を受けることになりそうだが、自分に影響が及ぶことに気づいていないメンバー
(5) **究極のクライアント**：コミュニティ、組織全体、職業集団およびその他の集団であり、コンサルタントはそれらの集団のことを気にかけており、どのような介入をする場合もその福利を考慮しなければならない。
(6) **巻き込まれた「クライアントでない人たち（ノン・クライアント）」**：最後に注意しておかなければならないのは、変化を起こそうとするとき、そこには進行中のことに気がついており、上に挙げたどのクライアントの定義にも当てはまらず、援助作業の足を引っ張ったり止めたりするこ

とが彼らの利益であるような，個人や集団が存在するかもしれないということである。どんな社会的組織的環境にも政治的な問題や権力劇や対立する目標があり，いろいろな介入を計画したり遂行したりするとき，援助者はそういうものに気づいていなければならない。

こうして各種のクライアント間，クライアントとコンサルタント間あるいは部門間に起こる様々な力動，防衛機制を正確に読み取ることはなかなか困難であるが最も重要なアセスメントではないだろうか。ここに組織臨床の醍醐味もあるだろう（Vansina, 2008）。

2. 職場に起こる無意識（unconscious at work），力動を読む

A. Obholzer（2006）は精神分析を組織に応用して次のように考察する。職場という組織の中でのメンバーの言動も，無意識レベルの隠された意味を解釈することができる。組織を見立てる上で有効な視点が防衛機制の中の「抵抗」「否認」「スプリッティング」「投影」などである。

例えば援助職にありがちな「否認」は，クライアント（患者）に対する怒りや回避などの否定的な感情を抱いたとしてもそれを意識化，言語表出しないことである。職業的な倫理からもこうした感情を表出することは抑制されている。そこでこの陰性感情は他の同僚，他のグループ，他の専門職，部署，外部の機関等に「投影」して，様々な感情を巻き起こす。中傷，非難や不満，憎しみ，ねたみ，偏見等の対象にすることで自らの葛藤に対処しやすくなる，というメカニズムである。自分たちは良くて，悪くて劣るのは他のグループだ，というわけである。こうして「悪の感情を自己の外に投影することで，錯覚としての善と理想化された自己という状態」を作り出すと，不安や痛みをもたらす複雑な現実と向き合わなくてもすむ。こうした善悪，白黒をはっきり分けてしまうスプリッティング（分裂）の心性は，複雑な問題を単純化してしまい，協力し合う関係ではなく硬直した職場文化を作ることになる。「医師たちは権威主義者であり，ソーシャルワーカーはおしゃべりで，精神療法家は気取っていて，管理者はただお金のことだけを考えている」（Obholzer & Roberts, 2006）。

援助者の陰性感情自体に対処せず，組織がこうしたスプリッティングと投影の状態を続けていると，次第に「職場では自分たちの苦悩を吐き出すことを社会的に是認されていない」ために援助者の「病気や長期休職，高い離職率，モ

ラールの低下，時間厳守の乏しさなど」の問題や生産性の低下などが起きてくる。
　こうした組織の無意識のプロセス，力動に気づき，組織の「抵抗」「否認」を極力，下げながら，その解釈を組織で共有していくことが，組織臨床コンサルタントの仕事であり，組織のアセスメントとコンサルテーションのカギを握っている。

3．組織と文化を理解する

　対象となる組織の顧客，目標，事業，業務の特徴，特殊性等について理解する。組織の人員数（男女，年齢別構成比），組織形態の特徴（固定したピラミッド型，階層型や流動的なプロジェクト型など）。合併の場合の両社の違いと融合への変化も重要な視点である。また E. Schein（2009）は企業文化に着目し，組織を特徴づける文化の概念を三つのレベルに分けた。レベル 1 ＝文物（Artifacts）：目に見える組織構造とプロセス（解読が困難）。レベル 2 ＝共有されている価値観：戦略，目的，哲学（標榜される正当な理由）。レベル 3 ＝潜在する基本的な仮定：無意識の当たり前の信念，認識，思考と感情（価値と行動の源泉）。しかしこれらは質問紙調査では測定できず，企業文化を深く理解するためには，外に現れた行動，方針，規則や慣習（文物）と共有されている価値観との間の不一致，矛盾を見つけ出すことが必要である。「従業員を大事に」「活気ある職場作り」など，社内報などに掲げられたトップのメッセージと実際に現場で起きていることのギャップなどが手がかりになるだろう。

4．問題意識を共有し主訴を絞込む

　最初に接触してくるコンタクトクライアントが訴える問題のレベルは様々である。最近，職場のメンタルヘルスの状況が悪化している。休職者が増えてきた。トップが関心を持ち始めたが何から手をつけたらいいか。コンタクトクライアントや中間クライアントとの打ち合わせを通して，現状の把握と問題意識の共有，主訴の絞り込みを行うことが，対策対応，処方箋を描く前に必要なことである。このプロセスを想定せず，対策を立てようとする担当者もいるが，その場合は根本の改善改革までを本音では望まず，アリバイ作りの要素がある場合もあるので注意が必要である。結果的には経営層からも現場からも理解と協力を得られないことも多い。現状把握の基本はデータ化，見える化であろう。退職率，休職率，健保の医療費それらの属性別（男女，年齢別，階層別，部門別等），

過年度比較などによる分析が必要である。意外にこれらの基礎データを出していない企業も少なくない。ある官公庁でメンタルヘルスの講演会を頼まれたときに，年齢別の休職者率を出してもらうと，中高年の方が高くて担当者が驚いていた。ストレス耐性が低くなっていると世間一般的に言われている若年層の問題だと思っていたようだ。対策の優先順位も内容も変わってくる。こうして問題を絞り込み，決定権のある人の理解を得ながら対策を立案推進することになる。

5. 求められている役割の限界を見極める

　組織と関わる心理職に今，ここでどこまでの役割を期待されているのか，表（建前）のメッセージとウラ（本音）の意図を読み解くことが大事である。周囲を読み間違ってあまり熱心に仕事をし過ぎないようにしないと，職場の問題点を顕在化させるところまで期待されていない場合もある。脇目もふらず梯子を一生懸命登っているうちに，1人になって梯子を外されることもありうる。

6. たえず状況は変化する

　1から5にあげたクライアントとその周辺状況はたえず変化していく。熱心に推進していた担当者が異動になる，メンタルヘルス対策に強い関心を示し，バックアップしてくれていた取締役が退社する，会社の経営状態が悪化して当初の予算が削られ，計画が縮小や解消を余儀なくされる等々。こうした環境変化を受け止めながら，援助者側に起こる陰性感情をコントロールしつつ，その時その場でできる最適解を探し求めていくしかない。

　私が院生のころ，スクールカウンセラー制度導入に貢献された村山正治先生がゲスト講師で授業をされ「国を診るのが優れた医者である」と言われたことを思い出す。「医者」を「コンサルタント」に代えても成り立つのではないだろうか。

❏ 参考文献

藤原俊通（2013）組織で活かすカウンセリング 「つながり」で支える心理援助の技術．金剛出版．

Obholzer, A., Roberts, V. Z. (2006) The Unconscious at Work: Individual and Organization Stress in the Human Services. Routledge.（武井麻子監訳（2014）組織のストレスとコンサルテーション　対人援助サービスと職場の無意識．金剛出版．）

Schein, E. H. (1999) Process Consultation revisited: Building the Helping Relationship. (稲葉元吉訳 (2002) プロセス・コンサルテーション　援助関係を築くこと. 白桃書房.)
Vansina, L. S. (2008) Psychodynamics For Consultants and Managers. Wiley-Blachwell.

心理臨床の倫理と社会常識

伊藤　直文

　この20年ほどで,「心理カウンセリング」,「臨床心理士」などの言葉が, すっかり社会に定着したように見える。それらは, 公式には期待を込めて口にされることが多いが, 反面, その期待に十分に応えられない個々の営みが, 社会の批判的な目に晒されることも増えてきている。その批判, 非難は,「社会常識」の視点から発想され, 最終的には「法的」訴えとなって表現されることになる。心理臨床がますます社会化されつつある現在,「心理臨床」の営みを, 社会的視点から再検討する必要があると考える。

　ここでは, 法的理解を基盤にしながら, 心理療法やカウンセリングが, 社会的行為としてどのように理解されるのか, また, その中で心理臨床家の「職業倫理」は, どう具体化されるのかについて考えていきたい。

職業倫理と法と社会常識

1．職業倫理と法律

　仕事に関わる利用者からの深刻なクレームが話題になるとき,「訴えられたときに大丈夫か」という文脈で議論が進むことがある。組織としてのリスクマネジメントを考えるときに, この視点を無視することはできないが, 専門職自身が「訴えられても負けないから大丈夫」という考えに基づいて, 自らの職業上の行為をチェックするようなことがあってはならない。

　「職業倫理」特に「専門職倫理」と言われるものは, 法に優先するものと考えるべきである。専門職は, ①公共性の高いサービスを担い, ②その集団に加わるために高度の教育, 訓練を必要とし, ③すでに加わっているものにも高水準の知識, 技能が期待され, ④その集団は, 新規参入者の審査やメンバーに対する退会処分を含む懲戒を行うことができ, ⑤その処分の根拠となる倫理コードを持ち, ⑥国家に対しても一定の自律性を有するとともに, ⑦名称の独占が

許されている。つまり，専門職は，そのサービスの公共的必要性故に，国家（公共）的庇護を受ける代わりに，その責任を果たすために国家権力による法的規制に先んじて自律的な規制を行うのである。倫理的規制は，教育・訓練とともに，専門職集団の命綱と言える。

2．「守秘」に関する法的規定

倫理と法について考えるとき，「守秘」を巡る法規定が興味深い。刑法第134条1項は，「医師，薬剤師，医薬品販売業者，助産師，弁護士，弁護人，公証人又はこれらの職にあったものが，正当な理由がないのに，その業務上取り扱ったことについて知り得た人の秘密を漏らしたときは，6月以下の懲役又は10万円以下の罰金に処する」と定めている（2項は宗教者について同様の規定）。ここでは，医師，弁護士などが例示されているが，各種国家資格職種は，それぞれの資格法に同様の規定を設けており，その罰則は，おしなべて刑法が定めるものよりも重い（例えば，精神保健福祉士法では，1年以下の懲役又は30万円以下の罰金）。

ところで，刑事訴訟法第160条には，「証人が正当な理由がなく宣誓又は証言を拒んだときは，決定で10万円以下の過料に処し，（以下略）」と，裁判での証言義務が規定されている一方で，同法第149条には，「医師，歯科医師，助産師，看護師，弁護士（外国法事務弁護士も含む），弁理士，公証人，宗教の職に在る者又はこれらの職に在った者は，業務上委託を受けたため知り得た事実で他人の秘密に関するものについては，証言を拒むことができる。」と証言拒否の権利が定められている。つまり，一般の人は，証言を拒むことができないが，これらの専門職種従事者は，証言を拒否しても法的制裁を受けることがなく，いわば専門職の守秘義務が優先される形になっている。もちろんタラソフ判決に見るように，個別の事例では，とにかく秘密を守れば良いということではないが，法律の構成を見ても，専門職種の判断の自律性がいかに重んじられているかが理解できる。

3．法と倫理と常識の範囲

個別の例は省くが，総じて国家資格である専門職（精神保健福祉士，看護師等々）に係る法的罰則規定はごく大ざっぱなもので，名称の使用制限以外には，「秘密の保持義務」と「名誉失墜行為の禁止」がある位で，臨床心理士会の倫

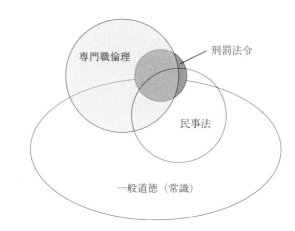

図1 法と専門職倫理と常識

理綱領のような詳細なものではない。おそらく「心理士」が国家資格化され,「心理士法」ができたとしても,事情は同じで,法律上の禁止規定はごく簡単なものになると考えられる。ここから見ても,専門職倫理は法に先んじて,自らを厳しく,かつ細かに規制する役割を担っていることがわかる(法と専門職倫理と常識の関係は,図1のように考えられる)。これは,「法や一般常識はともかく,臨床心理士の一員である以上,守り,目指さなければならないことがある」ということであるが,他方で,その「守り,目指す」ものが,法や一般常識の目から見て,高度ではあっても「非常識」で逸脱的なものであってはならないのである。専門職が社会化されればされるほど,「私たちの間ではこうなっているので」という論理は通用しなくなるだろう。

このような問題意識から,次項では,心理療法という特殊な営みが,社会的,法的文脈ではどのように理解されるのかを考えたい。

心理療法はいかなる社会的行為か

1.心理療法の社会的意味

心理療法や心理カウンセリング(以下心理療法とする)というと,いかにも特殊な技術,知識によるもののように見られがちだが,滝川(2004)が指摘するように,働きかけの技法の基本的な部分は,人々の日常の営みのなかに存在

するもの（共感，支持，労り，関心の表明等）であって，ただ，それらを専門知識と見立てに従い系統的，集中的に提供することによって，様々な刺激や行動が錯綜し相互干渉する日常生活のなかでは起き得ないような効果を生じることが期待できるに過ぎない。

また，心理療法は，人間関係の特別なあり方と言えるので，クライエント側には，「暖かみのある先生だ」「親身になってくれる」「尊重してくれる」，あるいは逆に「冷たい」「不親切だ」などといった治療者の人格や人間関係の質に関わる評価，感情が生じ，それが治療の成否を左右しさえする。

だから，心理療法，心理援助にあたって，クライエントの側は，単に専門性を持った人に援助を求めることに留まらず，「よき出会い」を期待していることを念頭に置くべきだろう。クライエント側の不満，怒りの多くが，この点に関わっていることも疑いのない事実なのである。

2．心理療法は法的にはどのような行為か

心理療法では，クライエントが希望し，治療者側も引き受けることを表明すると，治療契約が成立し，その後面接が継続していくことになる。

このように私たちは心理療法用語としても「契約」の言葉を使うが，そのとき法的にも民事上の契約が成立したものと見なされる。この契約は民法に定める13の典型契約の一つである委任契約の一種と解することができる。「委任」は，民法643条に「委任は当事者の一方が法律行為を為すことを相手方に委託し相手方が之を承諾するに因りて其効力を生す（原文カタカナをひらがなに置換）」と記されている通り，一方が他方に一定の行為をすることを委託して，他方が承諾することによって成立する契約行為である。この条文では，委託する行為を「法律行為」（法的効力を生じる行為）としているが，心理療法は，法律的効力を生じない「事実行為」であるため，厳密には，民法656条に規定する「準委任」ということになる。ただ，準委任にも委任に関わるすべての条文が準用される（代理の可否を除く）ので，実質的に区別するメリットはなく，ここでは煩雑を避けるためにまとめて委任契約と記すことにする。

委任契約に基づいて心理療法が始まったとき，臨床心理士には，どのような法的義務が生じるのだろうか。

まず，外形的には，面接の場と時間を確保し，その時間クライエントに向き合わなければならないことは言うまでもない。ただ，問題になるのは「実質的に」

どのような仕事をする義務があるのかである。むろん，臨床心理士は，クライエントの要望に添って，クライエントの問題が解決するように援助を行うのだが，委任契約では，例えば「料金の支払いを受けて家を建てる」といった「請負契約」とは異なり，一定の結果（成果やでき映え）を約束するものではない。あくまで，クライエントの問題の解決，改善に向けた「専門的行為」を提供することが義務とされているに過ぎないので，結果がでなかったことをもって，非難されることにはならない。だとすると，次に問題になるのは，この「専門的行為」の質もしくは水準がどのようなものであったら，委託に応えたものと言えるかである。民法644条は，「受任者は委託の本旨に従い善良なる管理者の注意を以て委任事務を処理する義務を負う」と定める。「善管注意義務」と言われるもので，「受任者＝債務者の職業・地位・知識等において一般的に要求される平均人の注意義務を指す」（中川，1996）とされるが，これは抽象的な一般人の注意義務ではなく，具体的な状況における行為者（医師なら医師，教師なら教師といった立場，専門性を持った者）に即した注意義務を想定するものである。医療裁判例等で「現在の医療水準に照らして」云々といった言い回しがなされるように，その領域の専門家であれば，**基本的に持っていなければならない知識，技能などに基づいた注意義務**と理解して良いだろう。他方，委任契約上の善管注意義務と不法行為上の注意義務とは異なるとする有力説もあり（中川，1996），受託者の不法性が問われる場合の注意義務の水準は異なる（より水準的には低い）可能性があるが，いずれにしてもその仕事に従事しているものであれば，当然に期待される能力，知識といったものが基準となると考えておかなければならないだろう。また，委任契約の本質が「信任」にあることからすれば，その信任に応える「誠実性」も強く期待されていると考えなければならない。

民事上の契約は口頭で足り，必ずしも書面によることを要しない。また，委任契約は有償であるか無償であるかで，その法律効果は変わらないとされているので，無料相談の場合も，このような注意義務が軽くて済むことはない。

3. インフォームドコンセント

さて，法的に見た心理療法の性格と治療者の義務について述べたが，それらが心理療法の具体的局面で，どのように実現されなければならないかが次の課題である。

通常の委任契約では，委任する者は委任する行為内容を明確にし，受託者はその内容を確実に実行しなければならない。ただ，心理療法契約の場合，大多数の委任者は，主訴の改善という希望こそ明確に持っていても，そのために「何をして欲しいか」についてはほとんど具体像を持っていないのが普通である。このような事態は，一般人が委任者で，専門職が受任するような委任契約では，多かれ少なかれ生じるものだが，心理療法の場合，委任者が委任する内容こそが委任者自身が理解も解決もできずに困っていることなのだから，委任者は心理療法にあたっても何をどうしたら良いのかさえわからずにいることが多い。また，受託者側も，最初の段階では，大枠の理解と当面の方針は立てられても，その先の進行については曖昧であることが珍しくなく，進行につれて変ってくることが多い。

　従って，心理療法では，最初の段階で，心理療法についてのクライエントの一般的理解を増す意図も込めて，可能な限りの説明をした上で契約合意することが大切なのは言うまでもないが，さらに加えて，その後の経過のなかでも，治療者として，クライエントの委任の趣旨に沿って行うべきことが明らかになるに従って，その都度説明し同意を得ていく（すなわち契約の明確化，再確認の）作業が，必然的に求められていると言えるだろう。

　このように考えると，心理臨床の倫理的要請であるインフォームドコンセントは，契約時点に留まらず，心理療法過程を通じて要請される継続的，実質的過程であることがわかる。また，心理療法論から見ても，心理治療過程で生じる改善が，クライエント自身に自らの努力や気づきによってもたらされたものとして自覚的に体験されることが極めて大切であることからすれば，この法的要請は心理治療論的な要請とも一致していると言えるだろう[注1]。

　心理療法の理論的，技法的な幅は広く，都度の説明や確認など現実的，具体的作業は，治療（もしくは治療関係）の深化にとって妨害的に働くと考える立場もあろうが，今後心理臨床を社会のなかにより一層安定的に位置づけていくためには，こうした作業は，避けて通れないものと考えるべきだと思う。

　心理療法がクライエントと治療者の共同作業であることは言うまでもないことだが，既述したような意味での実質的，継続的インフォームドコンセントの不足は，心理療法過程からクライエントを疎外することにつながり，心理治療へ不満（倫理的申立て）の相当数がそこから生じている。

4．守　秘

「守秘」は，先のインフォームドコンセントとはやや異なり，委任の中身に関わるというより，契約履行上の前提条件と位置づけられるように思う。

「守秘義務」は，既述のように，人のプライバシーに関わる専門職業には幅広く課せられる原則であり，十分な注意を払うべきものだが，仕事の具体的場面を検討すると，ことはそれほど簡単ではなく，とにかく頑なに秘密を守れば良いというものではなさそうである。

日本語で「守秘」というと文字通り「秘密を守る」という外形的行為を示すように見えるが，APAの倫理綱領の該当場所を見ると，「秘密（secret）」に関わる言葉はなく，confidentialityという言葉が使われている。confidenceは「（理性，根拠に基づく）信頼，信用」「自信，確信」「打ち明け話，秘密」であり，形容詞のconfidentialは「秘密の，内密の，他言無用の」「信用のおける，頼りになる」「態度などが打ち解けた，内緒ごとを打ち明ける」，そしてconfidentialityは「内密であること，秘密性，秘密を守れること」となる。また，英英辞典でconfidentialityを見ると，「秘密あるいはプライベートな情報を他の人に話さないと誰かを**信じている状況**」とされており，いずれにしても，秘密を漏らさないという行為の背景にある「信頼」やそれを可能にしている関係や状況を示す言葉であることがわかる。

そもそもクライエントがプライベートな情報や心に秘めた事柄を明かしてくれるのは，その情報を「**（治療者が）大切に扱い，自分のために役立ててくれるだろう**」と考えるからに違いない。そこには大きな信頼がある。そして，この信頼は，根拠に基づかない直感的な信用（trust）ではなく，専門家の肩書きやその社会的信頼度，場の条件や治療者の言動などを見た上での根拠のある信頼ということになる。だから，この守秘の課題で専門家がクライエントから求められているのは，打ち明けられた情報をクライエントのために役立てることと，本人がその事柄に感じている重みを本人と同等に感じるよう最大限の努力を図りながら，向き合うことであろう。もちろん，その大前提に秘密を漏らさないという行為もあるのだが，それは，私たちの仕事の目的ではない。

守秘義務の除外事由は，本人の同意があるときに加えて，①緊急事態・自傷他害の恐れがあるとき，②虐待，犯罪行為，その他法令による通告義務があるとき，③援助関係に関わる重要な第三者との情報共有に必要があるとき，と整

理されるが，これを覚えて当てはめることが倫理的なのではなく，クライエントの支援という目的に沿い，託された情報をどのように生かすかという視点から，多角的，実質的なぎりぎりの判断をすることが求められているのである。クライエントの行為を通告せざるを得ないときであっても，可能な限りクライエント本人と当該行為について話し合いをし，その通告がクライエントに与える不利益と利益を十分に勘案するとともに，その後のクライエントを巡る人間関係の推移にまで目を配った上で（おそらく人間的「痛み」を抱えつつ）行うことが期待される。

　そういったプロセスが不足し，自身の問題解決に役立ててもらおうと提供した情報が他の用途に使われたり，十分に生かされていないと感じたりしたとき，クライエントは不当と感じ，傷つき，怒るのである[注2]。

おわりに

　心理療法という行為について，法的視点から枠づけをし，基本倫理の意味を再吟味することを試みた。紙数の関係で実例をあげることもできず，いささか観念的な文章になってしまったが，こうした考察を通じて，心理臨床の倫理の本質に対する感受性を高めていくことができたらと考えている。

　心理臨床の世界では，様々な技法が生み出されるが，実はそれらの技法はそれ自体としては成立せず，技法を使う「人」に依存している。その「人」が一個の人格であるクライエントに接する際に，必然的に期待される倫理的姿勢を「基本動作」として共有していくことが，これからの心理臨床の社会的発展には必須のものと考える。

❏ 注釈
注1) 下坂幸三は，著書『心理療法の常識』の中で，「こういう治療的合意をめぐる話し合いというのは，治療の場に参加するもの全員のコモン・センスを触発するというふうに考えております。ですから，こういう治療的合意というのは，私は時間的な余裕があるときには，初回面接に限らないで何度もくりかえし行います。」と述べている。
注2) 東京地裁平成7年6月22日民事31部判決「カウンセラーが面接により知り得た相談者の私的事柄等を無断で書籍に記述したことについて，守秘義務違反として債務不履行責任が認められた事例」（判例時報1550号，1996, pp40-44.）

❏ 参考文献

American Psychological Assosiation (2002) Ethical principles of Psychologists and code of conduct. American Psychological Assosiation.
幾代通,広中俊雄編(1997)新版注釈民法(16) 債権(7) 雇傭・請負・委任・寄託.有斐閣.
金沢吉展(2006)臨床心理学の倫理を学ぶ.東京大学出版会.
慶野遙香(2007)心理専門職の職業倫理の現状と展望.東京大学大学院教育学研究科紀要, 87.
松田純他(2009)ケースブック心理臨床の倫理と法.知泉書館.
下坂幸三(1998)心理療法の常識.金剛出版.
滝川一廣,青木省三(2004)〈対談〉心理療法と生活の知恵.村瀬嘉代子,青木省三(編)すべてをこころの糧に.金剛出版.
谷口知平,五十嵐清編(2006)新版注釈民法(13) 債権(4) 契約総則[補訂版].有斐閣.
津川律子,元永拓郎編(2003)心の専門家が出会う法律 臨床実践のために.誠信書房.
Zaro, J. S., Barach, R., Nedelman, D. J. et al. (1977) A Guide for Beginning Psychotherapists.(森野礼一,倉光修(1987)心理療法入門.誠信書房.)

[講師略歴]

村山 正治［むらやま しょうじ］
　1958 年　京都大学教育学部卒業
　1963 – 1965 年　京都市教育委員会指導部カウンセリングセンター
　1967 年　九州大学教養部助教授，1974 年，教育学部助教授，1986 年より教育学部教授
　1990 年　九州大学教育学部長，同大学院教育学研究科長
　1997 年　九州大学名誉教授，久留米大学文学部教授
　1999 年　東亜大学大学院総合学術研究科後期博士課程指導教授
　2003 年　九州産業大学大学院国際文化研究科教授，臨床心理センター所長
　2009 年　関西大学大学院臨床心理専門職課程客員教授，21 世紀研究所主宰
　2010 年　東亜大学大学院臨床心理学特任教授専攻主任
　現在，関西大学大学院臨床心理専門職課程客員教授，東亜大学大学院臨床心理学特任教授専攻主任，九州大学名誉教授，21 世紀研究所
　臨床心理士，教育学博士，学校臨床心理士ワーキンググループ代表
　著書―『エンカウンターグループとコミュニティ』，『カウンセリングと教育』，『新しいスクールカウンセラー』ナカニシヤ出版，『エンカウンターグループ』（編著），ジェンドリン著『フォーカシング』（共訳），ジェンドリン著『夢とフォーカシング』（訳）福村出版，『エンカウンターグループに学ぶ』（共編）九州大学出版会，『ロージャズ全集』全 23 巻（共編訳）岩崎学術出版社，『ロジャースをめぐって』，『学校臨床のヒント』（編著）金剛出版，『「自分らしさ」を認める PCA グループ入門』，『新しい事例検討法 PCAGIP 法入門』，『心理臨床の学び方』（監修）創元社，他多数

平木 典子［ひらき のりこ］
　1959 年　津田塾大学学芸学部英文学科卒業
　1964 年　ミネソタ大学大学院修士課程修了（MA）
　立教大学カウンセラーを経て
　1991 年　日本女子大学人間社会学部心理学科教授
　2005 年　跡見学園女子大学教授
　2007 年　東京福祉大学大学院教授
　2011 年より　統合的心理療法研究所（IPI）所長
　臨床心理士，家族心理士，日本家族心理学会理事，産業カウンセリング学会理事
　著書―『新版 カウンセリングの話』，『カウンセリングとは何か』朝日新聞社，『改訂版 アサーション・トレーニング』，『自己カウンセリングとアサーションのすすめ』，『カウンセラーのためのアサーション』（共著），『ナースのためのアサーション』（共著），『親密な人間関係のための臨床心理学』（共著）金子書房，『統合的介入法』東京大学出版会，『図解 自分の気持ちをきちんと〈伝える〉技術』，『子どものための自分の気持ちが〈言える〉技術』PHP 研究所，『アサーション入門』講談社現代新書，『心理臨床の深まり』（共著）創元社，『カウンセリングスキルを学ぶ』，『カウンセリングの心と技術』，『心理臨床スーパーヴィジョン』金剛出版，他多数

村瀬 嘉代子［むらせ かよこ］
  1959 年　奈良女子大学文学部心理学科卒業
  1959 - 1965 年　家庭裁判所調査官（補）
  1962 - 1963 年　カリフォルニア大学大学院バークレイ校留学
  1965 年　大正大学カウンセリング研究所講師，1984 年より同助教授
  1987 - 2008 年　同教授
  1993 - 2008 年　大正大学人間学部並びに大学院人間福祉学科臨床心理学専攻教授
  2008 年より，北翔大学大学院人間福祉学研究科教授，大正大学名誉教授（2009 年より，同大学客員教授）
  臨床心理士，博士（文学），日本臨床心理士会会長
  著書―『子どもの心に出会うとき』，『子どもと家族への援助』，『新訂増補 子どもと大人の心の架け橋』，『子どもと家族への統合的心理療法』，『統合的心理療法の考え方』，『心理臨床という営み』，『心理療法と生活事象』，『すべてをこころの糧に』（共著），『電話相談の考え方とその実践』（共著），『詳解 子どもと思春期の精神医学』（共著），『完全版 心理療法の基本』（共著）金剛出版，『聴覚障害者の心理臨床』，『聴覚障害者への統合的アプローチ』日本評論社，『柔らかなこころ，静かな思い』，『小さな贈り物』創元社，『子どものこころと福祉』（監修）新曜社，他多数

[編者略歴]

伊藤 直文［いとう・なおふみ］

　大正大学人間学部臨床心理学科教授，大正大学カウンセリング研究所所長
　臨床心理士。日本犯罪心理学会理事。
　立教大学文学部心理学科卒，1975 年，立教大学大学院文学研究科心理学専攻修士課程修了，1978 年。浦和家庭裁判所家庭裁判所調査官補，1978 年。同調査官，1982 年。大正大学人間学部人間福祉学科臨床心理学専攻専任講師，2003 年より現職。
　著訳書　『十代の心理臨床実践ガイド』（共訳，ドメス出版，2001），『家族の変容とこころ』（共編著，新曜社，2006），『こころに気づく』（共編著，日本評論社，2007），『臨床家が知っておきたい子どもの精神科』（共著，医学書院，2010），『よくわかる生徒指導，キャリア教育』（共著，ミネルヴァ書房，2010）

[第Ⅱ部　インタビュアー紹介]

●村山 正治 先生

日笠 摩子（大正大学臨床心理学科教授）

　保坂 怜（埼玉県精神保健福祉センター）

　笠井 恵美（特定非営利法人メンタルケア協議会）

●平木 典子 先生

森岡 由起子（大正大学臨床心理学科教授，大正大学カウンセリング研究所）

　生地 新（北里大学大学院医療系研究科）

　柴田 康順（東洋大学学生相談室）

　福島 靖（児童養護施設カルテット・調布市教育相談所）

　吉村 梨紗（大正大学大学院臨床心理学専攻博士課程前期）

●村瀬 嘉代子 先生

伊藤 直文（同上）・西牧 陽子（大正大学カウンセリング研究所）

[第Ⅲ部　執筆者紹介]

卯月 研次（大正大学臨床心理学科教授，大正大学カウンセリング研究所）
青木 聡（大正大学臨床心理学科教授，大正大学カウンセリング研究所主任）
井潤 知美（大正大学臨床心理学科専任講師，大正大学カウンセリング研究所）
玉井 邦夫（大正大学臨床心理学科教授，大正大学カウンセリング研究所）
栁田 多美（大正大学臨床心理学科准教授，大正大学カウンセリング研究所）
廣川 進（大正大学臨床心理学科教授，大正大学カウンセリング研究所）
伊藤 直文（同上）

心理臨床講義
しんりりんしょうこうぎ

2015年8月15日　印刷
2015年8月25日　発行

編　者　伊藤直文
講　師　村山正治，平木典子，村瀬嘉代子
発行者　立石正信

印刷・製本　日本ハイコム
装　画　HITO
装　丁　臼井新太郎

発行所　株式会社 金剛出版
　　　　〒112-0005　東京都文京区水道 1-5-16
　　　　電話 03-3815-6661　振替 00120-6-34848

ISBN978-4-7724-1442-5　C3011　©2015

村瀬嘉代子のスーパービジョン
事例研究から学ぶ統合的心理療法

［編］＝奥村茉莉子　統合的心理療法研究会

●A5判　●並製　●230頁　●定価 **3,200**円＋税
● ISBN978-4-7724-1416-6 C3011

多岐にわたる心理臨床の仕事をめぐる事例研究。
達意のスーパーバイザー（村瀬嘉代子）による誌上スーパービジョンから
心理援助の本質を学ぶ。

心理臨床スーパーヴィジョン
学派を超えた統合モデル

［著］＝平木典子

●A5判　●上製　●204頁　●定価 **3,800**円＋税
● ISBN978-4-7724-1254-4 C3011

日本の現状にあったスーパーヴィジョンの基本書。
スーパーヴァイザー，スーパーヴァイジー双方の
心構えをわかりやすく説く。

ロジャースをめぐって　POD版
臨床を生きる発想と方法

［著］＝村山正治

●A5判　●並製　●250頁　●定価 **4,500**円＋税
● ISBN978-4-7724-9011-5 C3011

スクールカウンセリングや学生相談，エンカウンターグループ，
コミュニティへの援助など長年にわたる実践と，
それを支える理論をまとめた論集。